COMUNICAÇÃO VISUAL
MASSIMO CANEVACCI

editora brasiliense

COMUNICAÇÃO VISUAL

Copyright © 2009 Massimo Canevacci

Nenhuma parte desta publicação pode ser gravada,
armazenada em sistemas eletrônicos, fotocopiada,
reproduzida por meios mecânicos ou outros quaisquer
sem autorização prévia da editora.

Primeira edição, 2011
Primeira reimpressão, 2015

Diretora editorial **Maria Teresa B. de Lima**
Diagramação **Digitexto Serviços Gráficos**
Capa **Carolina Peres** (na foto, Paulinho Ecerae Kadojeba)
Revisão **Ricardo Miyake**
Fotografias **acervo do autor**

Dados Internacionais de Catalogação na Publicação (CIP)
(Câmara Brasileira do Livro, SP, Brasil)

Canevacci, Massimo
    Comunicação visual / Massimo Canevacci ;
[tradutora Elena Versolato]. -- São Paulo : Brasiliense, 2009.

    Bibliografia
    ISBN 978-85-11-00127-3

    1. Antropologia social 2. Comunicação visual I. Título

09-03344   CDD-302.23

Índices para catálogo sistemático:
1. Comunicação visual : Sociologia 302.23

editora brasiliense ltda.
Rua Antônio de Barros, 1839
Tatuapé - São Paulo - SP
CEP 03401-001
www.editorabrasiliense.com.br

SUMÁRIO

Premissa da nova edição	9
Introdução	19

CAPÍTULO 1

Fetichismo metodológico	25
1. Fazer-se ver	25
2. O valor das mercadorias visuais	27
3. Para um fetichismo metodológico	29
4. A biografia cultural das mercadorias	33
5. A máquina biológica	36
6. O corpo da Tigra	38
7. A fantasmagoria visual	41

CAPÍTULO 2

Comunicação e representação	43
1. As tramas da comunicação	43
A trama que conecta	43
Duplo vínculo	50
A comunicação visual	54
Emoções fusionais	64
2. As tramas da representação	69
O caráter e o corpo balinês	69
A caderneta e a Leica	72
Dez categorias para cem quadros	75
O comitente esquizoide	83
O corpo e as emoções	86
Montagens	88

CAPÍTULO 3

A escrita e o visual	93
6. A escrita com montagem...	93
... e o paradoxo do prisioneiro	93

1. Primeiro *spot*: a caixa preta de *A bela da tarde*   97
5. Pular na mídia   98
2. Segundo *spot*: Super-Homem e a metacomunicação   99
4.O *plot* invisível   101
3. Terceiro *spot*: *jeans* liminoides   102
3. O equivalente visual   104
4. Quarto *spot*: *Egoïste* entre injúrias e atrações   107
2. Oxímoros vinculadores   109
5. Quinto *spot*: torcida étnica   111
1. A obscura caixa do desejo: o paradoxo liberado   114
6. Sexto *spot*: o paradoxo desenfreado - corpos *vice-versa*   118

CAPÍTULO 4
Cabeças cortadas   129

1. O rosto   129
2. O primeiro plano   131
3. A máscara   135
4. O *visus*   140
5. A voz *off*   149
6. Minorias-não-minoritárias   156

CAPÍTULO 5
Autorrepresentação   159

1. O nativo diretor   159
2. Os trânsitos da representação   169
    A morte da entrevista   169
    Xavante e Cherokee   173

CAPÍTULO 6
O sincretismo mítico em Pasolini   183

1. Medeia   184
2. Édipo Rei   197
3. Comparação   205

CAPÍTULO 7

O híbrido incorporado: *Videodrome*   209

1. A sequência   209
2. Nicky: Radio 101   212
3. O'Blivion: Cathodic Ray Mission   214
4. Barry Convex: Spectacular Optical   216
5. Max: Canal 83   218
6. Duplo-vídeo   222
7. Same Time Tomorrow   224

CAPÍTULO 8

Web-etnografia   227

1. As pesquisas na *web*   227
     Fisionômica   230
     My-selves   231
     Realidade mediagênica   234
2. *Videoscape* e *visualscape*   235
     Polimorfismos: Prince, estorninhos metropolitanos   237
     Polimorfo I: Prince   238
     Polimorfo II: estorninhos metropolitanos 240
     Polimorfo III: Epizoo   244

Últimas desconexões   249

Bibliografia   255

PREMISSA DA NOVA EDIÇÃO

1. POLÍTICAS COMUNICACIONAIS

Este livro viveu diversas aventuras – não apenas editoriais – sempre em trânsito. Talvez não pudesse ser diferente, uma vez que sua trama inicial resultou de uma das primeiras pesquisas que enfrentavam a comunicação emergente em conexão com os panoramas visuais. E, portanto, também o texto só poderia mudar em sua relação imanente com essa comunicação visual, sempre mais central não apenas pela nova mídia, dos celulares aos *celluware*, da internet à cultura digital em geral, mas também por aquela que se chamava *política* e que agora parece expressar uma desolada inadequação. De fato, tal conceito referia-se à *polis*, àquela ideia de cidade e de cidadania relacionada com um certo modelo de estratificação urbana e, portanto, também social. A praça, os partidos, a esfera pública, a produção, a dialética, eram todas determinações práticas desta visão simbólica da política.

Tudo isso está se esvaindo no ar dos *pixels*: a comunicação, sempre mais visual, tornou-se o conceito material/imaterial que substitui o historicamente determinado conceito de sociedade. A mudança determinante é que a sociedade é um conceito abstrato que não consegue mais dar um sentido ao que está acontecendo: é *histórico* demais. Em consequência, uma política que não esteja dentro da comunicação – que não assuma a comunicação como parte constitutiva de um projeto crítico transformador, em particular nos fluxos metropolitanos – é inexistente, e os lamentos contínuos contra tal mutação não fazem outra coisa que aumentar a distância entre uma política adequada à contemporaneidade – *uma política comunicacional* – e os vários arquipélagos de uma esquerda embaraçada e ancorada às tradicionais formas do moderno.

Esta foi a hipótese forte – quase espontânea – do trabalho desde o início. Sua articulação não procurou afirmar uma transição do tipo "*from society to communication*" que, na linguagem anglo-saxônica caracteriza tantos títulos e até modalidades do pensar – de um certo tipo de lógica – a meu ver, ambos inadequados. Tal tipologia subentende uma concepção do mundo criptoevolucionista, segundo a qual se passa de um conceito central, mas datado (a *sociedade*, neste caso) a um emergente que substitui chutando o outro: a *comunicação*. Essa lógica dualista e evolutiva era e é profundamente diferente do meu modo de focalizar e expressar os processos da transformação, determinados por disjunções parciais, tensões conflituais, coexistências sincréticas, fraturas compositivas.

No decorrer da pesquisa, foi necessário ressaltar que também no corpo da sociedade sedimentou-se aquela dimensão histórica que justamente "ela" – "sociedade civil" – reivindicava quando emergiu contrapondo-se ao *Estado*, em cujo nome cumpriram-se extraordinários processos revolucionários e emancipatórios das classes trabalhadoras, a partir do início de 1800 até o segundo pós-guerra. A sedimentação dialética entre sociedade e Estado (isto é, da política) estava relacionada a um tipo de formação jurídica e filosófica, por sua vez ligada àqueles sistemas produtivos de tipo industrial. Nesse quadro, as ciências sociais foram vistas com desconfiança e finalmente assimiladas quando foram perdendo as tensões críticas. No interior desse sistema político, enquadravam-se as dinâmicas das classes, os conflitos sociais delas emergentes, o afirmar-se dos partidos em chave universalística (proletários, burgueses, religiosos), a dialética como instrumento lógico que ordena os conflitos antitéticos numa perspectiva de síntese, o dualismo como braço armado às ordens das visões universalísticas. Estas últimas utilizam tal força dicotômica "policial" com poderosas conotações emotivas e regressivas, funcionais para a difusão de um esquema pulsional simplificado que opõe amigo-inimigo, nós-eles, bem-mal, ordem-anomia, macho-fêmea, orgânico-inorgânico, natureza-cultura etc.

O universalismo estende-se no versante ético, enquanto o paradigma autoritário dualista cobre, alinha, ordena o recortado e irrequieto *multiverso* interno. Dessa forma, tudo o que se apresenta como dividido ou singular, excêntrico ou dissonante, é reconduzido sob o domínio do universal. De um, na verdade, *parcialíssimo* universal. Infelizmente, a função de *ministro do interior* do dualismo continua a funcionar, até bem demais, às ordens das diversas morais universalísticas, que muitas vezes utilizam justamente a comunicação visual e até digital para enfrentar os conflitos que se lhes apresentam com muita desenvoltura e até perícia em relação a quem gostaria de praticar visões mais progressivas e críticas.

Uma visão diferente não evolutiva, mas sim processual, procura, com doçura e dificuldade, desenvolver conceitos não mais dicotômicos do tipo referido: em que *antes* existiria a sociedade e *agora*, a comunicação. A processualidade é obliqua e desordenada, é como um atrator que se move em um plano inclinado com diversos ângulos, pelo qual, muitas vezes vai para a frente e às vezes para trás, estanca perplexo, como que em uma espera, em geral privilegia a coleta de fragmentos significativos que se envolvem, misturam, distinguem, mudam, regridem – precipitam! – segundo lógicas diferenciadas, não unitárias e muito menos universalísticas. Esse trânsito processual em direção a multiplicidades descentradas – que poderá continuar por longo tempo sempre mais híbrido e confuso – acende tensões, coexistências, conflitos e alguma incursão no além do controle dualístico férreo e funcional do universal. Assim sendo, a escolha expressa por este livro de posicionar-se a favor de diversas metodologias escolhidas com o fim de penetrar uma multiplicidade comunicacional fluida e plural que entra no lugar "industrialista" e pesado do social. Um peso político e identitário, lógico e erótico com que a sociedade impôs – e tenta continuar impondo – suas construções dualísticas e universalistas.

As consequências são transparentes: os espaços comunicacionais dos panoramas visuais contêm na importância afim àquela que, na era industrial, era expressa pelos tempos produtivos aplicados às classes sociais; por isso, os primeiros devem ser enfrentados com a mesma seriedade com que se realizava a pesquisa operária para mudar as condições de trabalho e para identificar as condições materiais do conflito. Todo o resto deve mudar: dos métodos de pesquisa às modalidades da representação das composições multissensoriais aos desenvolvimentos plurilógicos. Nesse processo, as instâncias inquietas podem emergir entre os interstícios de pensadores pós-coloniais, fragmentos etnográficos que misturam periferias e centros, movimentos comunicacionais que inventam modalidades digitais do conflito "político", uma espécie de "internacionalismo digital" ao qual foi subtraída toda utopia universalística – *internacionalismo-não-universalista* – precursores solitários no campo do *design* arquitetônico, inéditos panoramas visuais e sônicos. É urgente favorecer os atravessamentos dos diversos panoramas visuais que muitas agências gostariam de manter *fixados* aos diversos âmbitos disciplinares e institucionais: que erguem paliçadas e confins, para continuar a exercitar o próprio controle político e acadêmico.

2. BIOGRAFIA DE UM LIVRO

Quando, em 1990, saiu a primeira edição deste livro – ao mesmo tempo no Brasil, pela *Editora Brasiliense* e, na Itália, pela *Sapere* –, já se anunciavam prefigurantes valores simbólicos: como a recusa de enfrentar as distinções entre cultura de massa, popular e de elite. De fato, para mim essas tipologias já tinham se tornado inúteis desde o final dos anos 1970. Assim, enquanto para muitos intelectuais – habituados à centralidade da escrita – os anos 1980 eram o início da regressão político-cultural, para mim, eles manifestavam uma radical ruptura e um desafio diante de um passado recente extraordinário e não-repetível, também e principalmente pelo emergir de uma comunicação visual *outra* em relação à tradicional, que se cruzava com uma tecnologia também inédita. E, portanto, publicidade, videoartistas, MTV, documentários antropológicos, diretores de ficção nativos com filmadoras e videocâmeras, transformações urbanísticas, políticas para juventude, rádio e TV, apresentavam-se como um emaranhado cujos tantos fios eram enlaçados, amarrados, destrinchados segundo aquela bela citação de Rossini que ainda resiste no capítulo 3.

Tratava-se, então, de atravessar todos esses fios sem definir o novelo

Esta foi a virada metodológica que reivindico com força e paixão: o problema não está em definir a comunicação (veja as banalidades filológicas segundo as quais ela coloca em comum, ou filosóficas, segundo as quais ela é o mal do mundo), mas atravessá-la, circunscrevê-la, compô-la com fragmentos em constelações móveis. E de corroer com uma nova ótica os processos crescentes de *reificação visual* ligados à proliferação irresistível de uma etérea geração de fetichismos.

Sucessivamente, o livro saiu por diversos outros editores em ambos os países e sempre com alguma variação significativa, um ajuste compositivo, algumas clarificações teóricas ou invenções icônicas: Costa&Nolan em seu melhor momento entre Gênova e Milão; uma pequena editora do Rio de Janeiro, a DpA, durante a momentânea crise da Brasiliense após a morte repentina de Caio Graco Prado, meu amigo, além de editor; depois *Meltemi*, que abria a editoria às pesquisas inovadoras entre antropologia crítica, estudos culturais, de gênero e pós-coloniais com Marco Della Lena e Luisa Capelli. E toda vez com algo a mais e com algum indefinido corte. Mas faltava ainda a dimensão digital, que estava presente, em parte, apenas na análise do filme de Cronenberg, *Videodrome* (1984!), somente porque esse filme tinha um extraordinário *visual* antecipatório. Mesmo não tendo nenhuma competência técnica, tinha curiosidade pelos aspectos culturais do digital, pois me parecia que estivessem modificando a aguda análise sobre a aura e a reprodutibilidade que Benjamin tinha desenvolvido por volta da metade dos anos 1930. Essa evidente lacuna do texto – que deu vida à revista *Avatar*, dirigida por mim por volta do final dos anos 1990, junto com o incentivo de meus alunos e de amigos insubstituíveis – requer ser preenchida. A perspectiva que emerge é uma *comunicação aurática reprodutível* que o digital entrelaça além do dualismo das tecnologias (e filosofias) analógicas. Então, a escolha de eliminar algumas passagens já assimiladas ou ultrapassadas e de inserir dois ensaios: um sobre conceitos sensoriais que a cultura digital oferece à comunicação visual; e outro sobre cenários abertos pelo emergir da autorrepresentação entre sujeitos "nativos". E sobre a descoberta de que esses dois níveis – considerados separados pelo senso comum, pelas mídias e pelas instituições universitárias – estavam estreitamente interligados.

3. TÍTULO, AUTOR, EDITORES MUTANTES

O título sempre quis ressaltar uma abordagem antropológica desde o primeiro termo. Para mim, isso significava, além da especificidade disciplinar que realmente existia e que na época eu queria reivindicar, a ideia de que a comunicação visual foi atributo dessa disciplina desde as primeiras pesquisas de campo. E o texto queria continuar nesse sulco, iniciado nada mais nada menos que por Malinowski, primeiro estudioso que deixa as poltronas para fazer etnografia e aconselha, em sua célebre premissa metodológica, a levar, além da caderneta, a máquina fotográfica. Mas o autor fundamental era Gregory Bateson que, junto com Margaret Mead, desenvolveu uma abordagem metodológica, pragmática e compositiva durante as pesquisas de campo, até hoje não superada, utilizando filmadora e máquina fotográfica. E que, justamente graças a tudo isso, tanto elaborou alguns conceitos até hoje decisivos, como *duplo vínculo* e *ecologia da mente*, como compôs sequências de imagens e escritos no texto final e também participou do nascimento da cibernética junto com Wiener.

A radical diferença que emerge em relação àquela época pioneira é que, por volta dos anos 1980, a comunicação visual torna-se *fieldwork*. Não é mais apenas um método para aplicar durante a pesquisa de campo: **ela é a pesquisa de campo**.

As revoluções, primeiro eletrônica e, depois, digital, transformam aqueles que eram instrumentos tecnológicos na realização da pesquisa (filmadora, máquina fotográfica, computador etc.) num ambiente comunicacional: em um *videoscape* tão desconhecido quanto um ritual trobriandês[1] ou um funeral bororo. Tal excesso de *videoscape* apresenta-se como desconhecido justamente por ser percebido

---

[1] Trobriandês – habitante das Ilhas Trobriand, um arquipélago da costa oriental da Nova Guiné. (N. do E.)

como a coisa mais familiar por parte da experiência de todos nós. E, então, o clássico dualismo *familiar* e *estrangeiro* inverte-se, depois se amarra e, enfim, mistura-se colocando em discussão a nitidez dos limites taxonômicos. A comunicação visual vai estendendo-se na vida cotidiana em quase todas as populações do mundo, compenetrando os corpos mentais e junto cruzando gêneros, estilos, linguagens, produtos, identidades bem além das distinções disciplinares ou das dicotomias funcionais.

Não só. Com o tempo, também a especificidade antropológica começou a subtrair-se por diversos motivos. O principal é o seguinte: seu método clássico – a etnografia – estendeu-se além de toda fronteira disciplinar e cada pesquisador que trabalhe no campo empiricamente não pode deixar de praticar o método etnográfico; contextualmente, a *comunicação visual* expressa uma força difusiva que visa eliminar qualquer gaiola disciplinar. Por isso, a nova edição decidiu mudar o título e apresentar-se com apenas a *comunicação visual*. A especificidade antropológica pode cair tendo perdido seu significado de indicador disciplinar. Mas, talvez, a própria antropologia esteja morrendo... Por isso, a titulação quer ser – em vez de transdisciplinar – *indisciplinar*. Fazer da comunicação uma disciplina, como ocorreu com a sociologia em relação à sociedade, é um erro de base que se torna sempre mais perverso quanto mais procura ligar-se profissionalmente a jornalismo, *infotainement*, mídia de massa. Um simples suicídio epistemológico.

Ao mesmo tempo, também minha identidade anagráfica transformou-se e entrelaçou sobrenomes italianos e brasileiros depois do casamento (*Canevacci Ribeiro*), segundo um destino bizarro e amorosamente significativo, que estava quase prefigurado – talvez intuído ou, pelo menos, desejado – desde as simultâneas edições ítalo-brasileiras, que faço votos, deverão continuar também nesta ocasião.

Concluindo, as mutações do nome e do título pertencem, ambas, às biografias do texto e do autor, que se transformam em conexão com uma comunicação visual indisciplinada, que recusa qualquer identidade compacta e unitária, para praticar olhares polifônicos, fetichistas, sincréticos, dissonantes, atravessando e cruzando grande parte das culturas contemporâneas e daquilo que resta da sociedade. E tentando continuar perfurando o crescente poder das reificações visuais.

4. LIGAÇÕES QUE CONECTAM

O texto atravessa a comunicação visual de pontos de vista diversificados cujas tramas conectam e movimentam ligações ambíguas: um plano-sequência perturbador, a simples vinheta de um quadrinho, algumas propagandas comerciais, fotos publicitárias ou politicamente esportivas, três filmes de dois tão grandes quanto diferentes diretores, o corpo-*cyborg* de um *performer*, as mutações do primeiro plano (caveira e *visus*), a citada pesquisa antropológica visual, o uso do vídeo pelos nativos, o grafismo dos estorninhos no céu de Roma, a realidade *mediagênica* por meio da web-etnografia.

Para cada fragmento, procurei aplicar um método e um estilo de escrita icônica a ele adequados. Em certos casos, escolhi narrações extensas, quase intermináveis, na busca obsessiva de cada mínimo detalhe semioticamente significativo; em outros, malhas interpretativas que, ao mesmo tempo colocam em discussão a necessidade da malha; em outros, ainda pratiquei saltos lógicos entre paradoxos que aprisionam e talvez liberam; ou, então, breves e truncadas análises quase aforísticas; encostei o *videomaker* xavante Divino Tserewahu ou o artista cherokee Jimmie Durham como Levi Strauss (como *Levi's*) em vez de a Lévi-Strauss: e as ausências do hífen e do acento conferem significado ao trânsito de épocas, da antropologia clássica à comunicação visual contemporânea.

O sentido dessa última reside em identificar e compor a crescente importância de olhares oblíquos simultâneos: inovação, conflito, poder, reificação, experimentação, interpretação, mutação, metacomunicação, autorrepresentação e, principalmente, fetichismo. Seja o *fetichismo visual*, que prolifera colado nas novas mercadorias também visuais, seja o *fetichismo metodológico*, que procura dissolver-lhe o poder ao custo de arriscar a sedução no interior do corpo dos fluxos visuais. Minha hipótese é que a comunicação visual e, em particular, digital, contém potencialidade de expansão das tramas corpóreas e não de regressão imobilizada: a digital pode multiplicar, sincretizar, *extender* polifonicamente o corpo. De qualquer maneira, este cenário móvel não pode deixar de ser parte constitutiva do conflito ou, se quisermos, da política atual. A comunicação visual é incorporada: *bodyscape* e *videoscape*...

INTRODUÇÃO

> Frederic Jameson está errado a respeito do panorama visual pós--moderno. Disney World sugere que a arquitetura é importante, não porque seja um símbolo do capitalismo, mas porque é a capital do simbolismo[2]. ZUKIN (1991, p. 232)

Atribuir a denominação *visual* à comunicação que será analisada no texto não significa delimitar o campo da pesquisa, mas o oposto: significa afirmar a centralização da comunicação que se realiza com uma pluralidade de meios tecnológicos. O aspecto visual está assim relacionado com as diferentes formas passíveis de reprodução do "ver". A crescente importância dessas formas é testemunhada por sua expansão semiótica nos territórios visuais circundantes, os que viveram no *hic et nunc* da vida quotidiana (da política ao cenário urbano). Focalizar o visual da comunicação significa, pois, selecionar esse espaço da cultura contemporânea, enquanto em seu interior se concentram o poder e o conflito, a tradição e a mudança, a experimentação e o hábito, o global e o local, o homologado e o sincrético.

Por fazer parte da cultura analisada etnograficamente, o visual refere-se às muitas linguagens que ele veicula: a montagem, o enquadramento, o comentário, o enredo, o primeiro plano, as cores, o ruído, as linguagens verbal, corporal e musical. Ao mesmo tempo, o visual refere-se também aos diferentes gêneros que podem utilizar as mesmas linguagens ou inventar outras novas: o cinema (ficção ou documentário), a televisão, a fotografia, a *videomusic*, a publicidade,

---

[2] Na língua inglesa há um jogo de palavras pelas quais se pode entender Disney World também como "o" capital do simbolismo (N. do T.).

a videoarte, o ciberespaço. Em suma, o visual envolve também diferentes tipos de subjetividade que estão aprendendo a empregar esses gêneros e essas linguagens: não só ocidentais (em sentido amplo), mas também das populações nativas.

Quanto ao substantivo – a comunicação –, atesta e reforça o caráter compositivo aplicado ao visual, que precisa ir em busca dos muitos significados que se concentram em seus textos. Em relação à comunicação visual, de fato, os sujeitos que entram ativamente em seu *frame* – isto é, como intérpretes que negociam os significados – são três, e todos com igual direito à plena subjetividade: o autor do texto visual (*filmmaker*, fotógrafo, publicitário ou cibernauta), o ator em cena (informante nativo ou profissional), o espectador performático.

O sistema da comunicação, portanto, não se situa na tradição mecanicista do século XIX (um emissor que remete uma mensagem a um destinatário) e talvez nem na tradição cibernética (na qual, por meio do *feedback* ou retroatividade, o sistema se torna complexo e circular). O texto visual deve ser visto como o resultado de um contexto inquieto que envolve sempre esses três participantes, cada qual com seus papéis duplos de observados e observadores: autor, informante e espectador são atores do processo comunicativo.

Dessa inquietação emerge um projeto sobre a comunicação visual impregnado de valores móveis, plurais e descentralizados: eles não centralizam a autoridade do autor, mas a descentralizam como possível autorialidade, multiplicando a subjetividade no campo, no cenário, na plateia, na tela do computador.

É nesse cenário que se define aquela negociação dos significados que envolvem a pesquisa etnográfica contemporânea mais avançada. Depois de entrar em crise, tanto o sistema mecanicista unilinear quanto o retroativo bidirecional (ambos de tipo cientificista, funcionando por meio das mídias tradicionais, mas não pela complexidade da comunicação digital inter e intra-humana), o observado – em vez de objeto passivo – torna-se um sujeito que, por sua vez, observa o observador, o modifica (e, portanto, "se" modifica) e o interpreta. E este, em vez de sujeito único da observação, é também sujeito observado, cuja interpretação – a ser apresentada como uma das possíveis

– é modificada pela presença, talvez só de fundo, do observado; e, por fim, o espectador que, como já foi enfatizado por diversos autores, em vez de receptor passivo é um decodificador ativo *in fabula* e que se apresenta sempre mais como performático.

Os significados visualizados por todo esse enredo nunca são estáticos, não são ditos, vistos e interpretados de forma definitiva, mas variam nas biografias e nas geografias. O significado é negociado pelas muitas linguagens postas em ação durante o *set* da filmagem, da montagem e da visualização: "A comunicação é um sistema de múltiplos canais nos quais o ator social participa a cada instante, querendo ou não: com seus gestos, seu olhar, seu silêncio, até com sua ausência..." (WINKIN: 1981, p. 7). E, se o significado é sempre contextual, agora o contexto já não é dado como certo, fixo, estável. A identidade do contexto – e, portanto, dos possíveis significados – assimila-se à identidade do sujeito: ambas são sempre mais móveis, inquietas, flutuantes.

No entanto, o conceito de canal parece-me inadequado numa impostação contratual e construcionista do significado, porque esta se forma ao longo do próprio evento (a tomada), da montagem (*editing*), da exibição (visualização): isto é, o código que se realiza no canal já é parcialmente modificado pelo receptor, porque se adapta a ele, às suas supostas expectativas, ou o contesta, modifica-se ao longo da emissão, banca o neutro e assim por diante. O canal não é nem inocente nem indiferente. Já faz parte do jogo. O canal é de-canalizado.

É necessário fazer um acerto inicial sobre outro aspecto de um método que, consequentemente, fluidifica-se, tenta adaptar-se ao seu "objeto", furá-lo também emocionalmente, dissolver os contínuos e renováveis traços de poder que se manifestam particularmente na expansão proteiforme dos fetichismos visuais. Assim, o método se faz compositivo: entra na orquestração sonora dos panoramas visuais, parece assimilar-se a eles, mascara-se quase de fetiche entre fetiches, atravessa-os em suas dissonâncias cognitivo-emocionais, escriturais e visuais, ensaísticas e narrativas. O método faz-se comunicacional e, nesse sentido, político.

Com efeito, a abordagem da comunicação visual configura-se em três níveis:

– com o primeiro, entende-se o emprego direto, pelo pesquisador, das técnicas audiovisuais para documentar e/ou interpretar, modificar ou legitimar a realidade, seguindo metodologias diversificadas (antropológicas, poético-artísticas, sociológicas, publicitárias, fílmicas, jornalísticas etc.);

– com o segundo, aplica-se a análise cultural nos produtos da comunicação visual em sua totalidade (do documentário etnográfico à videoarte), a fim de buscar valores, estilos de vida, inovações dos códigos veiculadas por eles, para elaborar modelos simbólicos e formais, para estudar e modificar a já mencionada pesquisa prática[3].

– com o terceiro, apresenta-se uma *abordagem compositiva* – aquela aqui aplicada – na qual a montagem transitiva e autorreflexiva compõe a atração entre os vários trechos, planos-sequência, autores, imagens, sons. Eles são selecionados com base em suas diferenças (Bateson, Cronenberg e Chanel ou, melhor ainda, o jovem xavante Divino Tserewahu ao lado de Levi Strauss [Levi's] ou, então, os *jeans 501*, não o célebre antropólogo) por meio das quais se tenta fixar uma constelação móvel *composta* de fragmentos visuais que, justamente, não podem ser fixados: nesse sentido, o livro torna-se visual.

Os produtos da comunicação visual são um "terreno" bom para fazer pesquisa empírica, além de teórica, semelhante em importância à realização de materiais visuais, desde que, na apresentação, se procure desenvolver mais métodos compositivos para dar sentido a esses produtos (os fetiches visuais), assimilando-os e atravessando-os. De fato, esses três níveis devem ser entendidos como parte de um todo – móvel, flutuante e parcial – que constitui o âmbito específico da comunicação visual.

Dessa forma, concretiza-se uma comunicação visual transitiva e reflexiva: esta inclui – além da alteridade interna – todo produto visual como material empírico, descentraliza o processo interpretativo e triplica-o numa forte tensão dialógica entre o sujeito focalizado,

---

[3] Aqui, caminha-se seguindo (e, em parte, renova-se) a trilha de uma importante tradição da pesquisa antropológica: o estudo de uma cultura por meio do cinema de massa, realizado à distância por Rhoda Metraux, Margaret Mead, Gregory Bateson, devido à impossibilidade de deslocar-se para o campo, em países nazi-fascistas como a Itália e a Alemanha (Mead-Metraux, 1966).

o sujeito que focaliza e o sujeito espectador. Na tensão compositiva entre essas três subjetividades, a comunicação emerge como uma inquietude contextual que tende a substituir o conceito oitocentista de sociedade.

Hoje, a difusão planetária da comunicação visual – relacionada às condições históricas modificadas – comportou a tendência à afirmação de uma cultura *glocal* que torna cientificamente superado o âmbito heurístico do "caráter nacional" em que se movimentavam as pesquisas pioneiras (BOURGUIGNON: 1983). As novas tecnologias de produção, recepção, autoprodução, a dilatação transcultural do mercado da mídia, as correntes dos *mediascapes digitais* levam a utilizar, como campo de pesquisa, o conjunto de produtos diferenciados da comunicação visual. Estes, em sua flutuante totalidade, tornam-se, assim, o âmbito de uma pesquisa cada vez mais "de distância aproximada", ao mesmo tempo local e global, familiar e estrangeira.

Tudo isso complica muito as coisas, pois diminui aquela instância de estranhamento que facilitava ao pesquisador (etnógrafo ou não) o levantamento das diferenças culturais: o objeto de estudo afirma-se impetuosamente como coincidente com a própria identidade cultural e, ao mesmo tempo, em contínua mutação. Por causa dessa viscosidade do objeto visual, nasce a exigência de definir métodos e perspectivas: é necessário, pois, aprender a observar os produtos individuais da comunicação visual como se fossem exóticos, utilizar um olhar não familiar por parte do observador e modificar a própria sensibilidade perceptiva na atitude de "fazer-se ver".

O texto aborda todas as linguagens, os gêneros e as subjetividades anteriormente enunciadas. Na introdução, busca-se renovar o tradicional (e formidável) conceito de fetichismo, para transformá-lo em método – fetichismo metodológico – adequado às novas mercadorias visuais, caracterizadas por biografias e biologias. O primeiro capítulo, sobre Gregory Bateson, é, no meu entender, decisivo; ele se divide em duas partes: na primeira, aplicam-se seus conceitos de trama que conecta duplo vínculo à comunicação visual; na segunda, desenvolve-se a análise crítica de um texto que ele escreveu com Margaret Mead, sua mulher (até hoje, a melhor pesquisa aplicada de antropologia visual), para definir as formas plurais e inovadoras da representação etnográfica.

A seguir, aplica-se o que foi teorizado ao longo de um capítulo elaborado como uma autêntica montagem de escrituras e imagens. Esse é um capítulo experimental em sua composição textual que "salta" entre cinema, quadrinhos, publicidade, torcida, crítica. Por isso, entram dois capítulos em que se desenvolve uma pesquisa sobre o primeiro plano como linguagem visual em mutação (máscara, *visus* e voz *off*); e sobre a autorrepresentação pela utilização do vídeo pelas populações nativas brasileiras.

Os dois capítulos seguintes analisam separadamente e colocam em tensão dialógica dois diretores de cinema tão diferentes e, ao mesmo tempo, tão afins: Pasolini, antropólogo espontâneo, com seus filmes míticos, e Cronenberg do *Videodrome*, metáfora máxima do vídeo incorporado. Finalmente, enfrenta-se a urgência de mudar métodos, lógicas e composições pesquisando a *web*-comunicação e sua relação com diversos corpos polimorfos, que define uma corporalidade da comunicação mutante: a guitarra-falo de Prince, os estorninhos romanos, o videocorpo de um artista de vanguarda. Assim, emerge o *videoscape* como panorama digital para uma nova composição da comunicação visual. No corpo nu de um videoartista, que literalmente incorporou o vídeo, prenuncia-se um dos cenários possíveis que a arte, às vezes, tem a capacidade de antecipar e radicalizar.

CAPÍTULO 1

FETICHISMO METODOLÓGICO

> Em muitas sociedades históricas, as coisas não são tão separadas
> da capacidade das pessoas de agir e do poder das palavras em co-
> municar. Que essa visão das coisas não tenha desaparecido nem
> sob as condições do capitalismo industrial ocidental é uma das
> intuições que subjaz à famosa tese de Marx sobre *O capital* a res-
> peito do fetichismo das mercadorias. (APPADURAI:1986, p. 4)

1. FAZER-SE VER

O objetivo deste ensaio é o de explorar as possibilidades inovadoras
para uma etnografia compositiva da comunicação aplicada à crescente
importância da cultura visual. Com essa finalidade, tentou-se elaborar
um quadro teórico de referência para focalizar a "natureza" particular
das mercadorias contemporâneas: suas características intrínsecas de
mercadorias-visuais com um valor acrescido de caráter comunicativo.

As mercadorias-visuais são, por "essência", fantasmáticas. Todavia,
as formas contemporâneas, assumidas pela fantasmagoria visual, di-
ferenciam-se profundamente do poder estranhante das mercadorias
tradicionais. Para captar os códigos das novas fantasmagorias, é necessário recomeçar pelo conceito de fetichismo e adaptá-lo aos novos
níveis da mercantilização. Então, os fetiches visuais, que proliferam na
comunicação de alta tecnologia, são de tal forma incorporados pelas
novas mercadorias que o próprio método de observação deve levar
isso em conta. Este se redefine como *observação observadora*[1], porque

---

[1] Ela não pode ser "participante" na práxis quotidiana, de acordo com a tradição etnográfica, mesmo que a
realidade virtual possa modificar essa proposição de forma imprevisível.

coloca todas as potencialidades cognitivas do ser espectador dentro do *frame* da observação e, ao mesmo tempo, todas do lado de fora. Este saltar do observar ao observar-se – essa *metaobservação* – é a abordagem conforme a decodificação dissoluta da comunicação visual.

Uma perspectiva adequada à nova fase não pode mais retirar-se desdenhosamente da práxis comunicativa; ao contrário, entre a atividade interpretativa da pesquisa empírica, aplicada à comunicação visual e a práxis comunicativa que põe em ação as novas linguagens visuais, deveria haver trocas e enxertos sempre mais ricos e recíprocos. Para enfrentar essa premissa de fundo, também o estilo da representação utilizado neste texto, especialmente em alguns capítulos, é – ou pretenderia ser – uma tentativa exploradora aplicada à comunicação no momento exato de sua reflexão interpretativa crítica. A hermenêutica neutra e distante não nos pertence. "Ler" um texto visual – uma mercadoria ou um filme – é também uma tentativa de dissolver seus fetiches.

Fazer-se ver[2]. Para desenvolver o ponto de vista da observação reflexiva, é preciso colocar-se nesta *pró-posição*. Uma posição sensível não tanto à semiótica, à estética, à comunicação quanto ao ato "passivo" de ver. *Fazer-se ver*: não no sentido de aparecer, mas nos variados sentidos de desenvolver qualidades sensitivas fundadas nas percepções do olhar, na sensibilidade do ver, do transformar-se além do sujeito-em-visão, do mudar-se em ver, em coisa-que-vê. Tornar-se olhar, fazer-se olho, *fazer-se*.

No *fazer-se*, enfatiza-se uma atividade transformadora de tipo reflexivo que envolve o sujeito até sua mutação em coisa-que-vê; no *ver*, concentra-se o processo reflexivo na atividade polimórfica, sensível, emocionada do olhar interpretativo. *Fazer-se* ver significa colocar-se na posição – na ótica – que está totalmente dentro dos fluxos visuais e, ao mesmo tempo, totalmente fora. Fazer-se ver significa treinar a auto-observação enquanto se observa. Significa saltar entre um todo interior ao *frame* da visão e um todo exterior. *Fazer-se* ver significa

---

[2] Com esse conceito, procurarei desenvolver o enfoque de Perniola sobre fazer-se sentir (1994), antes de sua reação filosófica anticomunicação. Sobre "fetichismos visuais", ver Canevacci (2008).

desafiar a fantasmagoria das mercadorias visuais, tornando-se "coisa" vidente, fetiche "em" visão e "da" visão.

Com essa finalidade, esta pesquisa baseia-se numa metodologia que utiliza quatro indicadores conceituais: a *vida social* das mercadorias-visuais, a *biografia cultural* das mercadorias, as *máquinas biológicas* e o *fetichismo metodológico*.

Esses quatro indicadores são articulações diferenciadas do fetichismo aplicado à contemporaneidade. Com efeito, é por meio da reelaboração do fetichismo que se determina a especificidade de uma abordagem etnográfica, à qual – entre outras coisas – o termo pertence por competência. E o fetichismo visual "vê" as novas mercadorias sempre mais como sujeitos, com biografia própria, biologia e vida social. Nessa "visão", o fetichismo visual transforma-se em fetichismo metodológico. Em *fazer-se ver*. A finalidade do fetichismo metodológico é favorecer a dissolução das mercadoriasfetiche de tipo visual, rasgando e exasperando sua sedução: seu *sex-appeal* inorgânico[3].

A antropologia da comunicação enquadra as mercadorias-visuais como seu objeto, que se transforma em sujeito biográfico, em fetiches biológicos; redefine seu valor e tenta chegar, por meio das mesmas tramas da representação, a uma crítica da economia político-comunicativa. Por isso, o sujeito-pesquisador precisa "fazer-se", ou seja, precisa enxertar-se dentro de um processo igual e contrário ao antecedente e transformar-se em coisa-que-vê e que-se-vê.

2. O VALOR DAS MERCADORIAS VISUAIS

Um novo método crítico não poderá mais nascer de uma ideologia política, mas de uma invenção da composição que, em seus próprios módulos de representação, dissolva os novos fetiches. Nesse sentido, desenvolveremos algumas tentativas para delinear uma teoria do valor adequada às mercadorias visuais.

---

[3] O termo, elaborado por Walter Benjamin, presta-se a sucessivos desenvolvimentos que captem o poder irresistível de trazer para si as mercadorias visuais (do seu seduzir). Em virtude de o inorgânico ser essencialmente visual, seu *sex-appeal,* a ascensão erótico-pornográfica das videoimagens precisa ser aberto e dissolvido a partir do interior do processo comunicativo.

Na forma atual das mercadorias, não é a quantidade de trabalho abstrato incorporado que explica seu valor de troca. Esse desmoronamento acaba com a teoria do trabalho-valor de caráter quantitativo (e, portanto, objetivista, naturalista, oitocentista). Com efeito, Marx pensava que o processo produtivo em si tornaria o trabalho puro fornecimento de força-trabalho, quantitativamente mensurável como uma mercadoria entre mercadorias.

Os mesmos clássicos dualismos entre trabalho vivo e trabalho morto, trabalho abstrato e trabalho concreto, estrutura e superestrutura são absolutamente inadequados para compreender a "natureza" das novas mercadorias. O trabalho vivo pós-fordista é marginal em relação ao processo de valorização pautado em bases digitais. Enquanto o trabalho abstrato, em vez de ser considerado puro fornecimento quantitativo indiferente de força de trabalho estranhada, pode ser repensado como força cognitiva e projetual extraída do saber técnico-científico e da valorização. É por isso que a restauração do trabalho concreto se torna uma invenção regressiva que idealiza comunidades e saberes inexistentes.

As mercadorias visuais contêm em seu corpo fantasmático um conjunto articulado de fluxos. Estes foram definidos em uma abordagem de tipo antropológico-econômico por Arjun Appadurai, estudioso de origem indiana e docente nos Estados Unidos. Ele delineou um modelo para enquadrar as diferenças da economia cultural contemporânea em cinco fluxos, sob forma de panoramas: *technoscape, mediascape, finanscape, ideoscape, ethnoscape* (1990). Nessa rede panoramática globalizante, se constitui a nova forma flutuante e disjuntiva do poder, sem haver mais nenhum centro de tipo estrutural para evocar velhas terminologias simplificadoras[4].

Nesse cenário panoramático e flutuante, a mais-valia relativa é somente uma metáfora obsoleta que não resiste à prova dos panoramas na rede *glocal* ou da lógica digital. Alguns pesquisadores chegam a

---

[4] Emprego o termo com o mesmo sufixo – *scape* – para indicar, em primeiro lugar, não serem essas relações objetivamente dadas (que parecem idênticas de qualquer ângulo visual, mas que são construtos que partem de suas perspectivas internas) muito influenciadas pela situação histórica, linguística e política dos diferentes tipos de atores: tanto comunidades de Estados-Nação, multinacionais, diásporas, como grupos ou movimentos subnacionais, inclusive grupos *face-to-face* (APPADURAI: 1990, p. 296).

conclusões segundo as quais capital e trabalho assalariado ter-se-iam tornado supérfluos há tempos. Todavia, após terem se apercebido da morte terminal da mais-valia relativa, fazem-na ressurgir como mais--valia cognitiva. De acordo com este enfoque de cunho cognitivo, o trabalho mental – como saber necessário às inovações tecnológicas – não seria aproveitável pelo capital como força produtiva, sendo o saber "biologicamente" afixado na mente do operador. Essa posição percebe a importância do momento da invenção-cognição, porém, o encerra num organicismo mentalista isolado das relações comunicativas dominantes para colar em cima dele o mistério da mais-valia: isso depende de sua incapacidade de ver a economia comunicacional como determinante dos novos fluxos globalizantes.

A teoria do valor-trabalho foi assim dissolvida por causa dessa incessante mutação comunicativo-produtiva. Por isso, é necessário explorar novos critérios classificadores que possam ser adequados a uma nova crítica da economia político-comunicativa. O terreno da crítica constrói-se aceitando o desafio dos novos territórios do conflito, que se baseiam na tríade cultura-consumo-comunicação da qual a mercadoria-visual reassume e multiplica os sentidos e os valores.

3. PARA UM FETICHISMO METODOLÓGICO

Alguns filões das ciências humanas aceitaram o desafio da mudança, unindo a pesquisa de campo, a reflexão teórica e a crítica interna à cultura a que pertencem. Só desenredando esse tríplice nível inter--relacionado (pesquisa-teoria-crítica) é possível repensar o novo.

Vimos de que forma a "natureza" das novas mercadorias se apresenta como comunicação visual. Ela conduz, pois, ao território da cultura, que não pode mais ser definida como aquele "conjunto complexo" unitário e homogêneo de crenças e visões de mundo – cuja matriz também é oitocentista – mas como culturas plurais, tanto dentro como fora de um determinado contexto, culturas fragmentárias e competitivas, dissipadoras e descentralizadas, conjuntas e conflitantes. Uma cultura *glocal*, ao mesmo tempo, global e local; participa, simultânea e conflitantemente, das ampliações globalizantes e das restrições localizadoras. O conceito de homologação – que apavorou e emocionou o público da década de 1960 – não é mais adequado à percepção da realidade de um processo complexo e conflitante, cheio de tensões globalizantes e de reclassificações localizantes.

É inútil dissecar essas mercadorias-visuais para delas extrair a quantidade de trabalho socialmente necessário nelas incorporado que determinaria seu valor. Sua anatomia revela-se bem mais rica do que se pode imaginar: dentro delas não há mais puro trabalho abstrato, quantificável pelo fornecimento de força-trabalho. Ao contrário, é justamente a ideia de um trabalho abstrato, não especializado, homogeneizado, quantitativamente simples, que não resiste à força dessas novas mercadorias. Por isso, por um paradoxo apenas aparente, a anatomia dessas mercadorias-visuais só pode ser fetichista. E as mercadorias – como as pessoas – têm uma vida social própria, sustenta Appadurai (1986, p. 3). Elas não são mais "objetos", mas plenamente *sujeitos*, isto é, possuem uma individualidade própria inscrita em suas formas, em seus empregos, em suas idades. Também as mercadorias nascem, amadurecem, envelhecem, adoecem e morrem. Possuem nomes, parentescos, genealogias, evoluções e mutações, sensibilidade e inteligência. Possuem uma *biografia*. Possuem um "corpo" cheio de símbolos e sinais. São fetiches. São animadas.

Diante desse poder multiplicador das mercadorias-fetiche e das mercadorias-visuais, o método da dissolução deve caracterizar-se como um *fetichismo metodológico*. Ainda segundo Appadurai, o primeiro a elaborar esse conceito, deveria ser um corretivo para o peso excessivo dado a uma sociologia das transações, que vai de Marx a Marcel Mauss e chega até Baudrillard.

> Mesmo que nossa abordagem das coisas seja necessariamente condicionada pelo ponto de vista de que as coisas não têm significado algum separado daquele que lhe é associado pelas transações, atributos e motivações do homem, o problema antropológico é que esta verdade formal não ilumina a circulação concreta, histórica das mercadorias. Por isso, não temos de seguir as mercadorias, posto que o significado está inscrito em suas formas, em seus empregos, em suas vicissitudes (APPADURAI: 1986, p. 5).

Torna-se necessário, portanto, desenvolver a análise das transações humanas ao longo daquelas trajetórias que vivificam as coisas.

Assim, ainda que, de um ponto de vista teórico, sejam os atores humanos que codifiquem as coisas de significado, do ponto de vista metodológico são as mercadorias-em-movimento que iluminam seu contexto humano e social. Nenhuma análise social das mercadorias pode eliminar um mínimo nível daquilo que se define como fetichismo metodológico (ibidem).

Ao longo do ensaio, avançarei nessa perspectiva, pois o fetichismo metodológico se apresenta, a meu ver, como uma chave filiforme, recortada e agitada, adequada a penetrar no interior dos novos arcanos visuais incorporados pelas novas mercadorias com alto índice de comunicação. Levar-se-á a sério até demais esse conceito – talvez além das intenções de Appadurai – por sua aderência a um objeto da pesquisa que foi transformando-se cada vez mais em sujeito, com uma verdadeira biografia animada, biografia-coisa, feita de histórias de vida das coisas.

Defino *fetichismo metodológico* como a abordagem das formas comunicacionais das coisas-animadas que dissolve o caráter de mercadoria por meio do deslizamento semiótico dos códigos nelas incorporados. A interpretação é, ao mesmo tempo, uma destruição. É essa destruição que assume as espirais linguísticas da desconstrução. O fetichismo metodológico é, por assim dizer, *homeopático*. Ele cura o fetichismo, exasperando e dilatando as construções interpretativas encenadas pelas próprias coisas ao longo de sua vida comunicativa. É animista.

As mercadorias têm corpo e alma. São cheias de fetichismos e animismos. Têm uma idade, biografia, ciclos vitais. Um *sex-appeal*, normas de atração e repulsa, não somente para os consumidores culturais, mas também entre si. Certas "coisas" ficam bem juntas, costuma-se dizer: como amantes. Ou, então, acostumaram-se a ficar juntas: como velhos cônjuges.

Combina com elas o que chamamos de método polifônico, ou seja, a multiplicação dos pontos de observação e dos estilos de representação a respeito do mesmo objeto (CANEVACCI: 1992). Dessa forma, descobre-se que este não é mais algo estático, que permanece imóvel diante do sujeito que observa, mas que se transformou, por sua vez, em sujeito, um sujeito móvel que (com)participa de toda uma série de indicadores normalmente considerados pertencentes à mera esfera orgânica do que vive. Por essa razão, contextualmente deve acontecer a mutação do sujeito observador em coisa-que-vê. Em fazer-se ver.

A tentativa de enfrentar, numa nova perspectiva, a circulação das mercadorias na economia comunicacional contemporânea consiste em observar como as atuais formas de troca criam valor nesse setor. A dimensão visual cria um valor acrescido entre o corpo da mercadoria e o corpo do consumidor. Esse valor acrescido vivifica-se nas novas formas do fetichismo. O valor não é mais uma metáfora genial que deveria permitir-nos penetrar no arcano dessas mercadorias. As novas mercadorias-visuais multiplicam o valor das coisas com seu "espectro".

As dimensões visuais das mercadorias não se circunscrevem somente na estilização que assumem antes de entrar na corrida do mercado. Esse é um primeiro ponto de crescente importância: as mercadorias estetizadas comunicam significados definidos e múltiplos com sua linguagem ventríloqua. Há tempos que as mercadorias deixaram de ser mudas (e talvez nunca o tenham sido totalmente); falam de forma sempre mais loquaz com seu estilo nelas incorporado, que é decodificado[5] no momento do consumo, de modo muito polissêmico e ativo, pelo consumidor *glocal*, ou seja, cada comprador--consumidor – que pertence aos diferentes contextos geográficos no cenário do consumo cultural – consegue exprimir um nível crescente de interpretação própria. Ele, por assim dizer, localiza o produto. Plasma seu significado de forma relativa, com base em seu contexto. Essa adaptação localizada da produção cultural mundializada descentraliza o sentido das coisas. As linguagens ventríloquas incorporadas pelas mercadorias-visuais se exteriorizam, de certa forma, nos vários

---

[5] Toma posse exatamente para "fazer-se ver", no sentido aqui proposto.

dialetos. Em vez de uma homologação plana, tudo isso desenvolve e acentua uma tensão irredutível entre mundialização e localização.

Nesse enfoque, baseado na economia comunicacional (que se situa no rastro inaugurado pelas teses sobre a indústria cultural, embora com perspectivas profundamente modificadas), se misturam e entrelaçam produção, comunicação e cultura. A tarefa específica atual é a de assumir a cultura produtivo-comunicativa como espaço central da pesquisa, adotando, para sua decodificação, metodologias, conceitos, paradigmas e formas de representação a ela adequados. Então, uma mercadoria-visual é, ao mesmo tempo, publicidade, intermediário cultural, *soap opera*, videoclipe, a curva sul da torcida, um político também[6].

As dimensões visuais das mercadorias, portanto, são tanto as que emanam de suas formas estetizadas e estilizadas (*design, packaging*), isto é, inscritas em seu corpo, da criação à produção, quanto aquelas comunicadas pela circulação (publicidade), pela troca (cartão de crédito)[7] e, obviamente, pelo consumo (a mercadoria em seu reino: os *shoppings*). Todos esses níveis estão inscritos nos fluxos produtivos, simbolicamente e em termos de valor, que apresentam acelerações imprevisíveis com o aperfeiçoamento do novo nível comunicado, imposto pelas tecnologias digitais interativas nos pós-mídia. O conjunto de todos esses níveis constitui a comunicação visual.

4. A BIOGRAFIA CULTURAL DAS MERCADORIAS

Seguindo essa abordagem inovadora de etnografia econômico--comunicacional, a produção de mercadorias desenvolve também um processo perceptivo, devido ao qual essas mercadorias deixam de ser compreensíveis apenas como coisas, mas como mudança significativa que penetra sua própria "natureza" simbólica (KOPYTOFF: 1986, p.

---

[6] A "curva sul" indica o espaço do estádio ocupado pela torcida radical do Roma (N. do T.).

[7] Lembre-se do episódio paradigmático descrito por Brett Ellis sobre o conflito simbólico por meio dos diversos níveis de cartões de crédito "jogados" como uma arma num restaurante nova-iorquino da moda por um grupo de *yuppies*: um verdadeiro *status-game* (1991).

64). No pensamento ocidental, produziu-se uma polaridade opositiva ideal-típica entre o universo das pessoas (que participam da humanidade de forma singular) e o universo das mercadorias (baseado numa dimensão despersonalizada, homologada graças ao poder nivelador do equivalente). Essa dicotomia "humanística" entre pessoa como sujeito e mercadoria como objeto não funciona mais.

Se a heterogeneidade caracteriza as coisas singulares – os indivíduos são todos diferentes entre si: são *singular, unique, and unexchangeable* (p. 69) –, pelo contrário, a homogeneidade deveria determinar as mercadorias equivalentes, que são sempre idênticas entre si. Porém, as mercadorias podem não ser mais somente "coisas", quando os termos de avaliação são totalmente heterogêneos.

Por meio de uma operação de classificações constantes e de reclassificações, a pesquisa realizada por Kopytoff demonstrou como as diferentes culturas do mundo modificam os termos com os quais o heterogêneo se transforma em homogêneo, para tornar-se objeto de troca das mais diversas maneiras. E vice-versa: assiste-se a uma sacralização das coisas transformadas em sujeitos singulares, aos quais não se podem impor transições econômicas, porque não têm valor (parques naturais, monumentos, obras de arte, símbolos políticos, religiosos etc.).

Dessa premissa, infere-se que, se as histórias de vida pertencem a um tipo de abordagem das ciências sociais que, pelo menos até hoje, tratou somente de indivíduos em sua qualidade de universal singular, agora, essa abordagem biográfica pode ser estendida às mercadorias. Segundo Kopytoff, os mesmos problemas culturais podem ser levantados, concentrando a pesquisa "na biografia das mercadorias" (p. 66).

Para compreender tais biografias, deve-se responder a problemas em grande parte semelhantes aos que concernem às pessoas: quais são, sociologicamente, as possibilidades biográficas inerentes a seu *status*, de onde vêm as mercadorias, quem as produziu; qual poderá ser "uma carreira ideal para essas mercadorias" – quais são as idades reconhecidas para as mercadorias e seu ciclo vital – quais são os sinais culturais nelas inscritos; como muda seu emprego com a mudança de sua idade; o que acontece quando se reconhece nelas uma falta de utilidade final. Assim, com base em sua experiência pessoal no campo, Kopytoff afirma que "a biografia de um carro na África revelaria uma mina de dados culturais" (p. 67): a forma de sua aquisição, como foi obtido o dinheiro para essa troca, a relação entre o vendedor e o comprador, o emprego quotidiano do carro, a identidade de seus passageiros mais frequentes, as eventuais relações com garagem e mecânicos, o abastecimento, as trocas de propriedade, o preço inicial e os preços do carro usado; o que resta depois, quando, com o passar dos anos, o carro está acabado e seu ciclo vital fecha-se na fase terminal. "Todos esses detalhes revelariam uma biografia totalmente diferente daquela de um carro que pertenceu a um americano de classe média, a um índio *navajo*, ou a um colono francês" (*ibid.*). Em suma, um carro que supere intacto um ciclo de 30 anos – pelo menos assim foi calculado com base no espaço de geração – entra na categoria das "antiguidades", e seu valor começa a subir.

Gostaria de dar o exemplo de um caso biográfico por mim levantado entre os jovens da contracultura de Berlim: a partir do final da década de 1980, difundiu-se uma moda que modificou o sentido vital do Ascona. Esse carro da Opel, em seus primeiros anos de vida, dirigia-se decididamente a uma clientela de classe média-alta, socialmente bem estruturada, de família sólida, culturalmente conservadora. Quando o Ascona saiu da linha de produção – poderíamos dizer que foi pré-aposentado – e surgiu o mais jovem e belo Vectra, aconteceu um estranho fenômeno de reclassificação. Alguns anos antes, havia surgido um filme de sucesso em meio a certo tipo de jovens alternativos muito presentes em Berlim – *The Blues Brothers* – em que esses irmãos da grande família do *blues* utilizam um velho carro de polícia, com o teto e as extremidades (do tipo "três volumes", com os cantos bem marcados) de cor clara e, no centro, a estrela prateada de xerife em fundo preto. Pois bem, o aposentado Ancona foi escolhido por esses jovens para ser reconstruído exatamente de acordo com esse estilo: submetidos a um *lifting* e a um *restyling* – portas pretas com estrela prateada no meio –, não poucos ex-aposentados Ascona se viram transformados (ou seja, reclassificados) em irônicos xerifes-voadores para jovens berlinenses alternativos começando a viver uma segunda mocidade. Sua *biografia* tinha-se modificado inesperadamente, graças ao encontro fortuito com um filme, uma cidade particular e um certo tipo de sensibilidade juvenil[8].

Isso testemunha que as mercadorias são classificadas e reclassificadas culturalmente.

Ao estabelecer essas inquietantes analogias entre indivíduos e mercadorias, Kopytoff conclui assim:

> No mundo homogeneizado das mercadorias, uma biografia nascente das coisas torna-se a história de suas diferentes singularizações, de classificação e reclassificação em um mundo de categorias incertas, cuja importância muda a cada mínima mudança do contexto. Como para as pessoas, aqui, o drama está nas incertezas de avaliação e de identidade (p. 90).

As mercadorias, como os homens, têm ciclos de vida, problemas de identidade, modelos classificatórios: a trama que as diferencia dos humanos torna-se cada vez mais fina e mutante.

5. A MÁQUINA BIOLÓGICA

E foi justamente às identidades das mercadorias que se direcionou a socióloga alemã Knorr Cetina, que desenvolveu outra pesquisa original sobre as "condições psicológicas e idiossincrasias comportamentais de um detector" – fruto de seis anos de observação participativa (segundo suas palavras) junto ao CERN[9] para captar os modelos epistêmicos incorporados nas mais avançadas instituições científicas. O que surgiu, entre outras coisas, são as metáforas utilizadas pelos físicos nucleares que trabalham em Genebra para reclassificar esses objetos de altíssima tecnologia (30 milhas de diâmetro para um de-

---

[8] Alguma coisa semelhante irá acontecer, após a queda do muro de Berlim, com os míticos Trabant, aqueles carros de papelão prensado da RDA que, abandonados por todas as hostes, foram usados novamente como símbolo de *status* irônico-político pelos *squatters* berlinenses. Perto de um centro ocupado, pude fotografar um deles, estacionado na calçada, sem teto e com toda a parte interna transformada em vaso cheio de flores: uma extraordinária recuperação pós-terminal e libertadora das mercadorias.

[9] European Laboratory for Particle Physics (N. do T.).

tector, ao longo de sete andares subterrâneos, com 10 mil jardas de fios a cabo etc.).

Pois bem, não somente no plano da linguagem quotidiana, mas nos comportamentos próprios dos cientistas e, pode-se dizer, das máquinas, desenvolveu-se uma linguagem pela qual os contatos com o detector não ocorrem como se fosse uma máquina, mas como se fosse um "organismo biológico com uma vida e um tempo de vida próprio" (KNORR CETINA: 1994, p. 11). As categorias utilizadas são do tipo psicológico e referem-se às qualidades de um organismo vivo: "Elas sugerem um ser autônomo que, como agregado, pode ser também um ser social" *(ibid.)*. É interessante observar a forma pela qual a taxionomia utilizada trata esses detectores, como indivíduos reais (portanto, não homologáveis nem indiferenciados, com base na lei do equivalente próprio, conforme sustentou Kopytoff, mas *unique and unexchangeable*), com suas idiossincrasias comportamentais e dimensões psicológicas: estas máquinas supercaras e superperfeitas assumem *status* bionatural. No esquema de Knorr Cetina, que aqui resumimos, um detector vive uma condição que pode ser, a cada vez, definida como a de um ser vivo morto, assassinado, cego, confuso etc. Uma idade caracterizada pelo tempo de vida: quando se torna velho, se é demasiado jovem, ou se é necessário acelerar sua idade, e assim por diante. Possui um corpo com possíveis doenças a serem diagnosticadas e tratadas. Em suma, cada detector é diferente de outro, possui o seu *background*; pode, ou não, ser capaz de simular; é mais ou menos inteligente, sensível, simpático etc.

Diante dessa pesquisa importantíssima, a explicação oferecida pela socióloga parece discutível: nessas classificações plasmar-se-ia a capacidade, por parte dos membros da instituição científica, de produzir interações concretas entre eles, e entre si e as coisas, como alteridade. Talvez uma orientação mais interessante teria utilizado justamente as categorias do neofetichismo e do neoanimismo. Mas o que importa aqui é outra coisa: é a sensação difundida entre os pesquisadores que exploram os territórios inovadores de que as mercadorias – um simples automóvel ou um detector complexo – têm uma subjetividade crescente, um corpo que comunica, fala, dialoga com quem as emprega. Algo mais do que simples jogos e metáforas.

O ensaio testemunha, entre outras coisas, que uma socióloga renomada pode sustentar com toda a tranquilidade – isto é, sem precisar motivar o sentido – que é "normal" poder aplicar a clássica metodologia etnográfica da observação participativa, nascida nos contextos bem delimitados das culturas étnicas, às máquinas de valor tecnológico absoluto mais alto, como as do CERN. A aceleração das partículas subnucleares – em busca da nova energia não-poluente – é tratada sociologicamente como se fosse um nativo trobriandês antes da Grande Guerra.

Já nas décadas de 1920-1930, a escola de Chicago havia aplicado o método holístico da etnografia aos guetos da metrópole. Hoje, a sociologia "construtivista" da década de 1990 orienta-se para o gueto mais complexo e iniciático de uma cidade-sem-lugares: o laboratório do CERN. A relação com essas máquinas desenvolveu, a tal ponto, uma linguagem metafórica, que os físicos nucleares podem comunicar (entre si e com as máquinas), simplesmente como se não houvesse uma diferença de natureza subjetiva. As metáforas se transformam de modo animista em metonímias: elas interligam de forma contígua as estratégias comunicativas entre os vários atores "viventes". E o cientista social consegue interpretar essas complexas relações simbólicas por meio da observação participativa. A máquina "superinteligente" é tratada como o "selvagem" trobriandês.

6. O CORPO DA TIGRA

Gostaria agora de demonstrar como uma empresa automotiva constrói essa estratégia comunicativa que anima e subjetiviza a mercadoria por meio do elo publicidade-marketing-venda.

Dentro de um retângulo de forte cor ocre, está o novo carro da *Opel*, situado numa estrada impossível e feroz, cujo fundo parece saído de uma mina de ardósia. Nesse cenário pontiagudo, cheio de pedras verticais, lascas agudas, chapas cortantes e iluminado pela cor ocre computadorizada, destaca-se o azul do carro. Um texto diz:

"Quem tem medo de *Opel Tigra?* Quem nunca ri". É importante sublinhar o "de" e não "da" – para comunicar algo subjetivo, dotado de corpo e alma, de biografia. *Opel Tigra* é gente, é mercadoria da vida social e comunicacional. Sobrenome: *Opel,* nome: *Tigra.* Do outro lado há uma longa, e um tanto chata e tradicional, definição gravada no modelo ideal do comprador que "leva a vida com o sorriso" (confundindo-o com o riso, muito mais forte e agressivo). E esse "novo cupê esportivo divide o mundo entre quem o entende e quem não o entende".

Obviamente, a coisa mais eloquente está no desenho do cupê: o valor acrescido fica, pois, em sua mercadoria-visual, no estilo carregado de estética, forte e inovador. O para-choque parece um focinho que persegue a presa antes de dar o bote final. A janela desenha dois olhos animalescos, oblíquos, felinos, adequados ao sujeito-mercadoria e ao sujeito-consumidor. É uma janela-quadrinho. Duas janelas-olhos-de-tigresa. O desenho da porta ao redor da janela-olho exalta um olhar de felinidade oblíqua. Embaixo, curva-se uma boca escancarada: as quatro rodas de magnésio (sem a calota que cobre e esconde) acentuam cada uma a potência de cinco garras, mais do que de simples raios. Elas transfiguram a mediação entre motorista e terreno, numa verdadeira mordida. As rodas são maxilares. O vidro é fumê com as linhas do desembaçador, de modo a acentuar sua "animalização", quase uma crina. O *spoiler* final é pontiagudo, com dois pontos vermelhos nas extremidades (os faróis); o para-choque ondula como se fosse "pelo" movido pelo vento. A silhueta como um todo é mais alta na traseira do que na frente, acentuando a propensão para o impulso.

Toda essa potência visual da mercadoria-automóvel completa-se com outro reforço linguístico: *Tigra,* que nomeia a mercadoria-animal, individualizando-a. "*Tigra:* salto e potência de felino de raça, mas dócil e obediente com o domador", informa o *folder* publicitário.

Já na década de 1960, o *slogan* "ponha um tigre no motor" denotava a irrupção de um ser masculino dentro do corpo do carro e, consequentemente, dentro do eu de quem o dirigia. Hoje, a mudança volta-se para o feminino, forçando as barreiras da linguagem: de tigre passa a tigresa. Aliás, desaparece o artigo definido "a" que ainda confere objetividade: *Tigra* e pronto. Ou melhor, *Opel* de sobrenome e *Tigra* de nome. Essa é sua genealogia, sua carteira de identidade.

A visão publicitária "holista" – entre código icônico, código verbal escrito, código mercadoria – produz um isomorfismo compacto tanto quanto seu alvo potencial. A mercadoria-carro comunica com toda a potência visual de suas muitas linguagens: ela estetiza de forma agressiva seu estilo (embora diluído no sorriso). A mercadoria-carro é agora mercadoria-visual, com vida própria, um corpo e uma alma, pronta para o mercado e para sua biografia. Em toda essa narrativa visual, está o valor.

Parece que os publicitários contemporâneos levaram muito a sério a ecologia da mente de Gregory Bateson. Nessa imagem, tirada de um jornal, é fácil observar uma verdadeira trama de códigos conectando o mundo mineral, com seu fundo "selvagem", levemente diluído numa estrada pedregosa; o mundo animal, dos tigres mutantes prontos a dar o bote; mundo mecânico, feito de uma mercadoria que se apresenta como um grande fetiche; e o mundo humano, segmentado em possíveis compradores que, ao tomar posse das chaves do carro, transformam-se animista e fetichisticamente (isto é, ecologicamente) em rocha pontiaguda, besta feroz, monstro mecânico... e funcionário modelo. Motorista e domador.

7. A FANTASMAGORIA VISUAL

O problema, então, apresenta-se em como conectar os quatro níveis recém-apresentados: o fetichismo metodológico – que os resume um pouco a todos – desdobra-se em seu fazer-se ver, com o qual tenta dissolver as novas e acesas fantasmagorias fetichistas ao longo de sua representação. A observação observadora não só obriga o sujeito pesquisador a fazer-se ver, a modificar-se em coisa-que-vê, mas penetra essas mercadorias-visuais que são transfiguradas em biografias individuais definidas, com um sistema de códigos compartilhados que atesta sua pertinência a um ciclo vital biológico, com uma cultura e um valor que se vitalizam na circulação das próprias mercadorias.

Como se sabe, nas Exposições Universais da metade do século XIX, Benjamin já tinha percebido a transfiguração em fantasmagoria, não apenas da mercadoria em si, mas também da mercadoria em geral. Ela captura a consciência operária, não porque se apresente como poder estranho, mas, pelo contrário, porque justamente penetra, seduz e captura a consciência de classe, arrastando-a como cliente para os reinos das fantasmagorias fetichistas. Ou seja, justamente porque a mercadoria universal apresenta-se como a coisa mais disponível e mais familiar. Ao reverter o estranhamento da familiarização, ocorre o primeiro verdadeiro revés das mercadorias e sua entronização visual de exposição[10].

Partindo do fato de que o novo fetichismo da mercadoria – interconectada aos canais visual da economia comunicacional – reside em sua característica de familiaridade, trata-se de transformar este aspecto familiar em estrangeiro. É necessário, pois, executar um trabalho exatamente oposto ao dos tempos de Marx: observar as mercadorias-visuais paradoxalmente como estranhas, justamente por causa de seu excesso de familiaridade. Ao tornar estrangeiras as mercadorias-visuais, é preciso representá-las como se fossem vistas

---

[10] No começo do século XX – por exemplo, na Exposição Universal de Saint Louis – também os chamados "primitivos" foram expostos como mercadoria exótica, "transformados em coisa, em objeto a ser admirado ou temido" (CANEVACCI, 1994).

pela primeira vez: com a mesma curiosidade exótica ou ingenuidade infantil. Se o fetichismo da mercadoria é a coisa mais familiar na fase da comunicação visual, deve "fazer-se ver" como a coisa mais estranha. Isso vale tanto para a conhecidíssima publicidade como para o grande filme de autor, tanto para Pasolini ou Cronenberg como para o perfume *Egoïste* ou as *Levi's 501*. No processo dissolvente de transformação das mercadorias visuais, de familiares a estrangeiras, pode realizar-se a sua (e a nossa) desreificação[11].

O fetichismo compacto, que se coagula dentro da mercadoria visual e que encanta seu consumidor, pode dissolver-se por meio da narrativa maravilhada de sua factualidade. E essa narrativa deve jogar – ou seja, arriscar – no campo das estratégias comunicacionais simbólicas: penetrar nos códigos, desvelar suas carnes e almas internas, recolher as biografias das mercadorias-visuais. Finalmente, o *fetichismo pode fazer-se ver*.

Com esse objetivo, além dessas estratégias benjaminianas, aplicaremos aquelas perspectivas ecológico-mentais que Bateson tinha aplicado às patologias da comunicação e que, não por acaso, foram influenciadas pelo animismo e pelo totemismo por ele experimentados no campo de pesquisa. Por isso, o primeiro capítulo será dedicado ao mestre da ecologia da mente, porém, para arrancá-lo do emprego hagiográfico dos atuais ambientalistas e para inseri-lo em suas competências específicas – históricas e etnográficas – de experimentador, rumo a novas formas da representação, sejam escritas ou visuais. Animismo, fetichismos, totemismos serão assim retirados de seus contextos etnográficos e inseridos nas novas formas da comunicação visual, cujos retalhos empíricos serão levados muito a sério: da publicidade ao cinema de ficção e à autorrepresentação. Neles, é possível entrever toda uma etnografia da contemporaneidade a ser dilacerada.

---

[11] Para Walter Benjamin, desreificar significa emancipar as mercadorias de sua obrigação de utilidade. Benjamin foi o primeiro que interpretou a categoria do fetichismo em Marx de forma oposta. Para ele, cada construção interpretativa de um evento comunicacional deve ser, ao mesmo tempo, um ato de destruição. A própria forma da representação (escrita, fotografia, cinema etc.) precisa incorporar a dissolução dos fetiches. Benjamin joga com o risco e contra a apologia: coloca-se no fio da navalha do desafio comunicacional de tipo experimental e, ao mesmo tempo, culturalmente difusivo. Em vez de ensimesmar-se com o objeto da pesquisa, por meio de sua reconstrução plana, trata-se de dissolver os fetiches das mercadorias por meio de sua explosão narrativa.

CAPÍTULO 2

COMUNICAÇÃO E REPRESENTAÇÃO

1. AS TRAMAS DA COMUNICAÇÃO

> Que será! / Este é um mundo abrangente / Este é um grupo re-
> trançado / Quem mais desenvolve mais envolve / Quem mais
> desagrega mais congrega. / E nisso a minha cabeça / Voa, voa, e
> depois para, / Vou tateando no ar escuro / E começo a delirar
>
> (GIOACCHINO ROSSINI, Cinderela, *ato II, livreto de Jacopo Ferretti*)

A TRAMA QUE CONECTA

O destino do antropólogo inglês naturalizado americano Gregory
Bateson é realmente singular. Filho de William, célebre geneticista,
teve a sorte – depois de ter abandonado a biologia e a Grã-Bretanha
pela antropologia cultural e pela Nova Guiné – de se casar com Margaret Mead, a mais famosa das antropólogas. Contudo, essas pessoas próximas dele, que poderiam ser vistas como fonte de privilégios
sociointelectuais, revelaram-se, com referência a experiências biográficas, causa de desagradáveis discriminações, comparações, assi-
milações. É suficiente folhear um manual "clássico" da antropologia
cultural, como *L'evoluzione del pensiero antropologico* [A evolução do
pensamento antropológico], de Marvin Harris, para verificar a pro-
fundidade dessas discriminações assimiladoras; aqui, de fato, num
parágrafo já por si só indicativo (*L'uso della fotografia da parte della
Mead*) [O emprego da fotografia por parte de Mead], sustenta-se que
esta, para superar diversas críticas que lhe foram feitas após seus célebres livros a respeito de Samoa,

> (...) procurou aperfeiçoar a capacidade demonstrativa de suas observa-
> ções, recorrendo a máquinas fotográficas e gravadores para capturar os

eventos significativos de comportamento, do ponto de vista de seu caráter, em seu contexto situacional, e publicando ou exibindo essas gravações juntamente com as descrições verbais (...). O recurso de Mead à máquina fotográfica e à filmadora foi uma consequência direta das críticas levantadas sobre seus primeiros três livros de caráter configuracional (HARRIS: 1971, p. 560).

Nesse contexto, portanto, a figura de Bateson é a do acompanhante da "célebre antropóloga". É Mead que leva consigo "um arsenal sem precedentes de material e filmes", com o qual realiza em torno de 25 mil fotos com a Leica e 22 mil pés de película com a filmadora de 16 mm. E, assim, conclui Harris: "Pode muito bem ser que essas primeiras experiências no emprego de meios mecânicos, para fornecer a etnografia de bases documentais irrefutáveis, constituam o contributo mais duradouro de Mead para o desenvolvimento da antropologia como disciplina" (p. 261).

Na verdade, foi somente Bateson que utilizou de forma original, sistemática e, de certa forma, ainda dificilmente igualável, fotografia e filmagem: "Normalmente, trabalhávamos juntos, Margaret Mead recolhendo anotações verbais sobre o comportamento e Gregory Bateson movimentando-se dentro e fora das cenas com duas câmeras" (BATESON-MEAD: 1942, p. 49). Mead tinha uma capacidade extraordinária de observar o fato etnográfico e transcrevê-lo em seu caderno sem precisar olhá-lo. Bateson inventou uma forma inovadora (como veremos a seguir) de reunir, em cada página, um determinado conjunto de fotos com o comentário ao lado. *Balinese Character* permanece como um texto fundamental para compreender como a forma de representar a pesquisa se constitui no sentido mais profundo do que se chama de *método*. Apesar disso, não resta sequer a sombra da lembrança: para Harris, o papel de Bateson é de "acompanhante" genérico. Este papel subalterno na história da disciplina (com exceção daqueles autores que, a partir da década de 1980, estão procurando renová-la) torna-se mais ou menos ausência, logo que chegamos à Itália. Alguns antropólogos lembram-se dele por seus trabalhos, na década de 1930, com a "esposa": de todo o resto não se fala. Recentemente, foi traduzido *Con occhi di figlia* [Com olhos de filha], o belíssimo livro de Mary Catherine, filha dos dois antropólogos, uma extraordinária reconstrução de um relacionamento complexo numa família decididamente fora do comum, num denso enredo entre níveis interpessoais e transcientíficos. Pois bem, esse livro também foi ignorado pelos ambientes "acadêmicos".

Bateson foi redescoberto, no final da década de 1970, pelo contrário, por dois pontos de vista que não encontrarão, apesar de algumas tentativas nessa direção, a possibilidade de intercomunicar-se: por um lado, o movimento ecológico e sua variante epistemológica do chamado "desafio da complexidade", que herda a dimensão oracular de "mestre da ecologia da mente"; por outro, a antropologia crítica que, na relação entre pesquisa empírica de campo e formas de representação, encontra o núcleo experimental de uma metodologia reversiva.

Os primeiros o canonizam como santo, os segundos o renovam como pesquisador.

Preocupados com uma crítica justa contra os vários reducionismos (enxugar uma seção da realidade, desde a patologia médica aos relacionamentos de parentesco, e nela, concentrar um raciocínio adequado somente àquela finalidade específica), ecologistas e epistemologistas dispersaram-se numa visão holística sem conceito, de tipo vagamente místico e autorreferencial entre xivaísmos, taoísmos e politeísmos (FORMENTI: 1987). Pelo contrário, a crítica antropológica retomou a instância da pesquisa empírica como elemento caracterizador de toda experimentação batesoniana, relacionando-a à inquietação transdisciplinar que o viu colaborar com a incipiente cibernética de Wiener. O emprego experimental das novas tecnologias – não mais vistas apenas como incorporação reducionista de domínio ou estranhamento, mas também como espaço plural de inovações comunicacionais possíveis – cruza-se com a renovação em sentido polifônico e com a aplicação de seus conceitos determinados em âmbitos comunicacionais contemporâneos. Vejamos como estabelecer uma ordem.

Seu conceito de *mente* representa a tentativa mais radical de superação dos velhos dualismos entre matéria e espírito, e de fusão entre natureza e cultura[1]. Para Bateson, com efeito, cada "unidade que apresenta características de funcionamento por tentativas e erros será chamada legitimamente de um sistema mental" (1976, p. 477). Em consequência disso, a "mente" pertence de direito não só ao ser humano, mas também a cada "unidade imanente no grande sistema biológico, o ecossistema" (p. 478). Uma floresta de sequoias ou uma lagosta comunicam, e ambas agem com esse tipo de "mente", e "no interior da mente, na acepção mais ampla, haverá uma hierarquia de subsistemas, cada um deles podendo ser chamado de mente individual" (p. 477).

Nesse sentido, "a mente individual é imanente, porém não só ao corpo: é imanente também a canais e mensagens externas ao corpo" (p. 479). Isso significa que, por exemplo, um homem está conectado *no plano mental* com a fonte de suas informações, pelo meio específico, por meio do qual "a estrutura que conecta"[2] expande a mente nos canais externos por onde viaja a informação. "O mundo mental – a mente – o mundo da elaboração da informação – não é delimitado pela epiderme" (p. 471). E ainda: "Obviamente há uma quantidade de canais de informação fora da epiderme, e esses canais, e as mensagens por eles transportadas, devem ser considerados parte do sistema mental toda vez que são pertinentes" (p. 476).

Em sintonia com *Cenerentola* [Cinderela] de Rossini, em que se canta a ária "abrangente" da epígrafe deste capítulo, para Bateson, "a mente individual é imanente também a canais e mensagens externas ao corpo; e ali há uma Mente maior da qual a mente individual é somente um subsistema. Essa Mente mais ampla é comparável a Deus, e talvez seja isso o que alguns entendem por 'Deus', mas ela é ainda imanente ao sistema social total interconectado e à ecologia planetá-

---

[1] A respeito dessas questões, ver ensaio de Geertz sobre relação entre mente, cultura e evolução, que possui o mérito de colocar essa conexão em termos mais rigorosos: "A cultura, mais do que agir para integrar, desenvolver e estender capacidades em base orgânica lógica e geneticamente antecedente a ela, pareceria um ingrediente dessa sua capacidade (...). Como a couve-flor, à qual se assemelha tanto, o cérebro do *Homo sapiens*, tendo surgido no contexto organizado da cultura humana, não seria eficiente fora dela" (1973, p. 114).

[2] A palavra *pattern* foi traduzida como "estrutura", em vez de "modelo", segundo a tradição antropológica, produzindo sérios mal-entendidos sedimentares sobre esse conceito. Às duas, prefiro "trama", por ser evocativo de uma multiplicidade de fios que compõem ("tecem") o conceito.

ria" (p. 479). Disso, ele retira uma consequência que não é enfático julgar "enorme": "A psicologia freudiana dilatou o conceito de mente para dentro, até incluir todo o sistema de comunicação no interior do corpo (o componente neurovegetativo, o do hábito e o vasto leque de processos inconscientes). O que estou dizendo dilata a mente para fora" (p. 479-480).

Não se trata mais, portanto, de seguir Freud, em seu célebre princípio de dilatar o *eu* onde antes havia somente o *id* para iluminar os incômodos da civilização, mas, pelo contrário, trata-se de anular, o mais que se pode, o âmbito de controle do eu consciente, e de começar a aprender a pensar de forma profundamente diferente, colocando em discussão a separação entre o eu e a natureza; ou então, entre o eu e a música, para voltar a Rossini, de modo que o sujeito que percebe e a coisa percebida se fundam "numa unidade só".

Nisso, Bateson seguiu coerentemente as "descobertas" feitas durante suas primeiras pesquisas empíricas na Nova Guiné, sobre o rito *Naven* (1936), que o convenceram da importância de uma visão neototêmica e neoanimista, que se enriqueceu mais tarde com as filosofias orientais, particularmente a Zen. No totemismo, com efeito, afirmam-se paralelos com a organização do homem, das plantas e dos animais; e, no animismo, experimenta-se um sistema de comunicação simbólica que atravessa as distinções de ser humano. Este último não é o único a possuir uma alma (ou como se queira chamá-la), mas ela percorre e vitaliza qualquer coisa viva ou não: uma pedra particular é fonte de uma corrente animista e animada, como uma árvore ou um animal. Todo o cosmo é visto sendo movido por um espírito que conecta e mistura aqueles reinos que normalmente nós estamos acostumados a ver separados em ordens diferentes: reino mineral, vegetal e animal. Na verdade, tudo é *mentalmente* (diria Bateson) interligado, o que significa dizer que a natureza é holisticamente não-separada e que, quando a reduzimos a seções – a "fatias" –, realiza-se uma operação *autodestrutiva*. Tudo está em tudo, portanto. Até meu dente cariado, meu sexo entediado, a dificuldade em fazer amizades, em realizar uma pesquisa, em pensar na morte.

Dessas premissas, podemos retirar algumas conclusões decisivas, não tanto por uma ecologia da mente que restaure um holismo pré--individual. Em certo sentido, de fato, Bateson participa de um clima cultural que é ainda o de Nietzsche: um desejo de superação do homem (*super-homem*) enquanto sujeito separado da natureza, como razão que condena e se contrapõe aos instintos e às emoções[3]. Todavia, esse cruzamento singular entre neoanimismo ecológico e empirismo cibernético é aplicável, talvez contra as intenções de seu autor, justamente à comunicação visual que é compreensível somente em sua espessura ecológica. *A trama que conecta* já é, paradoxalmente, mas não muito, realizada no mundo contemporâneo, embora às avessas, em relação aos auspícios batesonianos, justamente pela *comunicação visual reprodutível,* cujos canais e mensagens tornaram-se imanentes à mente do indivíduo planetário. A mídia, pois, por sua penetração nos canais internos da mente do espectador-plateia, realizou uma verdadeira trama ecológica que conecta as informações no interior desse conceito dilatado de mente.

No sentido batesoniano, as tramas que a mídia combina por interfaces entre homem e máquina são ecológicas. Isso significa desenvolver, por um lado, uma crítica da comunicação que nos envolve no signo da dominação, por outro, desenvolver uma prática alternativa irredutível a tais sistemas de comando, historicamente estabelecidos, e ainda voltados contra eles. As redes alternativas *cyberpunk* são, portanto, algumas legítimas herdeiras ecológicas de Bateson, com seus espaços temporariamente liberados, suas interzonas autoproduzidas, desencorpadas e desterritorializadas (e não os ambientalistas antitecnológicos, organizadores de mundos perfeitos, estáticos e compatíveis). Consequentemente, aqui se reivindica um direito a descontextualizar a reflexão batesoniana que gira ao redor do conceito de

---

[3] O próprio Nietzsche foi decisivo para Ruth Benedict, que interpretou as diferenças entre as populações nativas pueblo e as da planície utilizando *A origem da tragédia*, confundindo "tragicamente" as categorias apolíneo e dionisíaco – retiradas daquele livro extraordinário – por dois tipos de motivos: o primeiro, eurocêntrico, por *patterns* utilizados pela cultura grega clássica serem aplicados a nativos pré-colombianos; o segundo, filológico, porque, para Nietzsche, as categorias apolíneo e dionisíaco estão misturadas dentro do próprio espírito grego e são, portanto, ontologicamente inseparáveis.

comunicação e suas patologias, que Cronenberg chamou *videodrome*, e é endereçável ao âmago da comunicação visual contemporânea.

O segundo aspecto do pensamento de Bateson, que será distorcido em relação ao seu significado originário, refere-se a seu conceito de "duplo vínculo", aplicado a alguns modelos surgidos da cultura visual. Gostaria de enfatizar o valor metodológico dessa tentativa descontextualizadora, partindo de um aforismo de Nietzsche: "Toda grande verdade deve ser criticada, não adorada". E a de Bateson é realmente uma grande verdade. Por isso, deve ser criticada: interpreto a frase de forma muito simples. Uma grande verdade é tal justamente por estar ligada a um determinado contexto histórico-cultural. Sua própria verdade ilumina com poder particular exatamente esse ângulo do ser que está situado naquele espaço e naquele tempo. O seu ser "verdadeiro" depende, portanto, de um conjunto de relações históricas que, quando modificadas, obrigam à crítica. Por isso, a verdade nunca é estática, e deve ser sempre desafiada.

A verdade não aquieta, pelo contrário, leva à inquietação: a uma ansiedade que perscruta as diferenças entre aquela verdade – que foi tal naquela fase – e aquele sentido de falsidade que emana aqui e agora. Há mais: cada verdade pode permanecer tal justamente porque se modifica. Então, o sentido profundo de ser fiel a uma verdade é o de traí-la. Somente traindo a verdade permanece-se fiel a ela. Portanto, somente traindo e revertendo os neoanimismos batesonianos nos circuitos da internet pode-se continuar a permanecer fiel à sua mensagem. Ou seja, a verdade está em transformar sua ecologia numa *antiecologia da mente e da mídia*. Ela oscila entre o bom comportamento autoritário do poder comunicacional e a perversão de uma crítica opositiva, incipiente e minoritária.

Em consequência, essa antiecologia deve ser verificada empiricamente nos fluxos comunicacionais contemporâneos, sistematizada criticamente numa teoria inquieta, experimentada praticamente com formas inovadoras e multiplicadoras da representação.

Por isso, é necessário trair dois conceitos básicos de Gregory Bateson: em primeiro lugar, a trama que conecta e, agora, o duplo vínculo.

DUPLO VÍNCULO

"Certa vez contou-me que ela [M. Mead] e Gregory encontravam-se num quarto muito quente, e ela o via suando, sabia que estava morrendo de calor, mas não pretendia tirar o casaco; sabia que se [Margaret] lhe sugerisse tirá-lo, ele se incomodaria com a sua interferência, ficaria irritado porque ela havia compreendido a situação antes dele" (BATESON: 1985, p. 109).

Essa memória de uma dinâmica intrafamiliar é relatada pela filha, para configurar a gênese de um conceito analítico, já adquirido (embora discutido) por parte da psiquiatria contemporânea, que é vivenciado pelo próprio Bateson dentro de seu território psiquiátrico. Uma vez mais, o inventor de um modelo terapêutico coincide, pelo menos em parte, com o experimentador da patologia em sua experiência pessoal. É do pós-guerra, com efeito, sua decisão de fazer análise, no momento em que seu casamento com Margaret Mead estava tornando-se sempre mais crítico. A função da figura feminina da esposa coincidia cada vez mais com a figura da mãe. É a filha que diz: "A década iniciada com a revolta contra Margaret, uma revolta cheia de ressentimento contra a própria família, e particularmente contra a mãe, terminou com uma análise dos modelos de comunicação nas famílias dos esquizofrênicos e, principalmente, nesse contexto, do papel da mãe" (p. 159).

As ressonâncias entre o pessoal e o profissional[4] remontam aos primeiríssimos anos decisivos de Bateson, quando, após a morte do irmão mais velho na Primeira Guerra Mundial e o subsequente suicídio do segundo irmão, justamente no dia do aniversário daquela morte, toda a pressão das expectativas familiares sobre a continuidade científica voltou-se para ele. Por isso, da biologia passou à antropologia, mudando-se da Inglaterra para a Nova Guiné.

---

[4] É ainda a filha quem diz: "Quando Gregory respondia às perguntas sobre os conflitos [com Margaret] daquele período, eu pensava com horror que tinha o mesmo tom dos pacientes dos quais eu havia escutado as gravações" (p. 55).

> Gregory cultivava sentimentos obscuramente complexos em relação às mulheres, a partir de sua própria mãe, da qual ele havia desejado ardentemente afastar-se; porém, algumas elaborações sobre a mãe esquizoide me pareciam uma expressão de antipatia em relação à cultura americana e ao papel da mulher na família americana daqueles anos: o papel descrito como excesso de maternalismo, uma armadilha para a mãe que, por sua vez, tornava-se uma armadilha envolvente para os filhos (p. 55).

Foi assim que a contradição dos "tipos lógicos", que Bateson retomou de Bertrand Russel, foi aplicada à família "esquizoide" que produz essa desordem mental. O conceito de "duplo vínculo" deriva dessas pesquisas, que se tornaram possíveis graças a uma bolsa de estudos.

A "função fraca do ego" de um esquizofrênico não possui aquele "processo de separação entre formas comunicativas dentro do eu, ou seja, entre o eu e os outros" (BATESON: 1976, p. 248); esse "apego ao ego" é direcionado contra o emprego daqueles "sinais que identificam as mensagens", "isto é, contra aqueles sinais sem os quais o ego não se arrisca a diferenciar os fatos da fantasia, ou o literal do metafórico" (p. 242). Ora, é preciso ter em mente que existem níveis "fracos" de esquizofrenia que, pode-se dizer, estão presentes em toda pessoa "normal": quem já não teve um momento de incerteza, ao acordar, acreditando ter vivenciado realmente aquilo que, na verdade, era somente um sonho? Pois bem, é justamente essa incapacidade discriminatória, sustenta Bateson, que caracteriza a esquizofrenia, não somente em relação ao sonho, mas também em relação às metáforas e, em caso extremo, em qualquer tipo de mensagem que não seja definida, razão pela qual se vive num mundo cronicamente desfocado. E também por isso as mensagens de "jogo" e de "agressividade" foram por ele analisadas entre os esquizofrênicos e os golfinhos.

Com frequência, Bateson citava a lembrança do dia em que havia levado para casa um paciente que tinha estado ausente por cerca de cinco anos: "A casa parece uma daquelas casas 'padrão', decoradas pelos corretores de imóveis para vender ao público outras casas: não uma casa mobiliada para viver nela, mas para parecer uma casa decorada" (p. 241). Sentindo-se desconfortável, depois da chegada da mãe do paciente, Bateson saiu e decidiu comprar alguma coisa que fosse "bonita e desordenada": flores; quando voltou para buscar seu paciente, ofereceu um buquê de gladíolos à mãe, dizendo-lhe que desejava que a casa tivesse alguma coisa "bonita e desordenada". "Oh! — ela respondeu — essas não são flores desordenadas: logo que uma murcha, pode-se cortá-la" (p. 241).

Esse caso, tremendamente exemplificador da difusão de patologias domésticas "normais", nos introduz à temática do *duplo vínculo*. A origem do conceito deve-se a Bateson, devido às suas pesquisas sobre a esquizofrenia: na família esquizoide desenvolve-se uma contradição por meio da qual a "função fraca do ego" de um esquizofrênico não possui aquele "processo diferenciador entre formas comunicacionais no interior do eu, ou seja, entre o eu e os outros" (p. 248) de que já se falou. Isso produz o envolvimento de um duplo vínculo entre a "vítima" (isto é, o filho "fraco") e, pelo menos na maioria dos casos, a mãe, com um dilema insolúvel do tipo: "se quero manter o elo com minha mãe, não devo demonstrar-lhe que a amo, porém, se não demonstro que a amo, acabo perdendo-a" (p. 264).

Os "atores" presentes devem ser pelo menos dois: aquele que Bateson chama de vítima – por uma questão de clareza e simplicidade de definição – e a mãe que "inflige" o duplo vínculo, geralmente sozinha, mas algumas vezes também com o pai ou os irmãos. Nesse contexto, a mãe do esquizofrênico expressa *simultaneamente* duas categorias de mensagens contraditórias entre si, que oscilam entre um comportamento hostil ou de aceitação, que é estimulado cada vez que a criança se aproxima dela; e um afeto simulado, ou um comportamento cativante, expresso quando a criança reage ao comportamento materno hostil, e que é uma falsa negação.

> Em outras palavras, se a mãe começa a sentir-se afeiçoada e próxima do filho, começa também a sentir-se em perigo e precisa afastar-se dele; porém, ela não pode aceitar esse ato de hostilidade e, para negá-lo, deve simular afeto e propensão pela criança (p. 258).

Por causa dessa simulação, a criança fica na condição de não poder interpretar com clareza a comunicação da mãe e, assim, precisa sistematicamente distorcer sua percepção de "sinais metacomunicativos". Por exemplo, uma mãe poderia dizer ao filho uma frase deste tipo: "Vá dormir, está cansado e quero que descanse"; uma frase que, no entanto, tende a negar um sentimento diferente, do tipo: "Saia daqui, que estou cansada de você".

> Se o filho interpretasse corretamente os sinais metacomunicativos, deveria considerar que a mãe não deseja tê-lo por perto e, além disso, o está enganando, ao mostrar-se carinhosa. Ele seria 'punido' por ter aprendido a diferenciar com cuidado as ordens das mensagens e, portanto, em vez de reconhecer o engano materno, tenderia a aceitar a ideia de estar cansado. Isso significa que, com o objetivo de sustentar o engano da mãe, a criança precisa enganar a si mesma a respeito de seu estado interno: para continuar a viver com ela, precisa diferenciar de forma errada suas mensagens internas, além de diferenciar de modo errado as mensagens dos outros (p. 259).

Em consequência, a criança não desenvolve capacidades de "comunicar sobre a comunicação" e, por isso, torna-se incapaz de determinar o verdadeiro significado daquilo que os outros dizem e de expressar aquilo que ela mesma entende. Dessa forma, um indivíduo envolvido numa relação intensa, de importância vital, acha-se prisioneiro, "vinculado" a outra pessoa – a mãe – que emite, ao mesmo tempo, mensagens de dois tipos, "uma das quais nega a outra": "a criança é punida se diferenciar corretamente as mensagens da mãe, e é punida se as diferenciar erroneamente: é apanhada num duplo vínculo" (p. 260)[5]. No primeiro caso, compreende que a mãe não a quer, e isso, para a criança-vítima, é insuportável; no segundo caso, só pode incorporar um cansaço inexistente e ir para a cama.

Essa conclusão é o resultado de uma interação familiar que não se cristaliza numa experiência traumática durante a infância, mas em estruturas sequenciais com características pelas quais o paciente irá

---

[5] Essa relação é semelhante àquela do exemplo do budismo Zen, no qual o mestre, procurando induzir o discípulo a obter a iluminação, levanta o cajado sobre a cabeça dele e diz: "Se disseres que este cajado é real, eu te golpeio. Se disseres que este cajado não é real, te golpeio. Se não disseres nada, te golpeio" (p. 251).

"assumindo" os hábitos mentais exemplificados na comunicação esquizofrênica. A repetição de um tema recorrente com três tipos de ordens contrastantes entre si – cada uma das quais nega a outra – impede a vítima de fugir do conflito. Comportamentos hostis pela aproximação da criança e afeições simuladas para seu afastamento são alternados sem que a "vítima" possa ou consiga decodificar os sinais metacomunicativos, isto é, os que comunicam alguma coisa que vai "além" da simples linguagem verbal de tipo explícito. E, por isso, é punida.

Esse tema recorrente consiste em três ordens: uma primeira, de caráter negativo, do tipo: "não faça assim, senão a castigarei" em que por punição entende-se a negação do afeto, ou uma demonstração de ódio ou cólera, ou ainda, "e é a forma mais terrível, naquela espécie de abandono que deriva da manifestação de absoluta impotência por parte do genitor" (p. 250). Uma ordem secundária, "em conflito com a primeira em um nível mais abstrato e, como a primeira, sustentada por castigos ou sinais que ameaçam a sobrevivência".

Muitas vezes, esse tipo de comunicação é não-verbal e transmite-se com a atitude, o gesto, o tom de voz etc. Por exemplo, "Não considere isso um castigo", "Não duvide do meu amor", "Não pense que sou um carrasco" etc. Uma ordem negativa terciária, que impede a vítima de fugir do conflito. Em suma, quando o duplo vínculo foi "apreendido" pela vítima, pode ocorrer uma única sequência parcial desse processo para "desencadear pânico e raiva".

A COMUNICAÇÃO VISUAL

É possível extrair o modelo do "duplo vínculo" de Bateson da dinâmica familiar, em que, como grade metodológica para a compreensão de um certo tipo de desconforto psíquico, pode favorecer determinadas terapias. Já em diversos pontos, o próprio Bateson sustenta que o duplo vínculo pode ser aplicado a fenômenos diferentes, como o humor, que contém sempre o salto entre diferentes tipos lógicos (por exemplo, o sentido metafórico torna-se literal e viceversa); o jogo, que confunde, une e publiciza módulos agressivos e módulos lúdicos, que somente o contexto – em seus comportamentos implícitos, como gestos, tom de voz, expressão facial etc. – permite selecionar como pertencendo ao primeiro ou ao segundo gênero (uma metamensagem mal interpretada[6] pode desencadear a luta tanto entre animais como entre os homens); o rito, que confere de forma extraordinariamente real determinados tipos lógicos, defendidos "com o mesmo vigor com o qual o esquizofrênico defende a 'realidade' de suas ilusões" (p. 268); a poesia, cujas metáforas, às vezes "bastante insólitas", têm uma capacidade de comunicação muito forte, em contraste com "as metáforas não-qualificadas" dos esquizofrênicos.

Em geral, Bateson está interessado também em todo o campo da "comunicação fantástica", não tanto no plano de análise do conteúdo quanto no dos "problemas formais implícitos na existência simultânea de níveis múltiplos de mensagens, na apresentação fantástica da 'realidade'" (p. 269). Com esse objetivo, ele cita o teatro, que produz uma interação entre a realidade da dramaturgia e a realidade efetiva, e uma transmissão radiofônica de sucesso na época, como *Big Sister*, em que essa personagem imaginária, quando, na ficção, fica resfriada, recebe um tubo de aspirina ou conselhos de tratamento dos ouvintes. "Esses ouvintes evidentemente estão sem rumo, na identificação do tipo de comunicação que seu aparelho está transmitindo" (p. 239).

Na verdade, é impreciso afirmar que os espectadores estão "sem rumo", pois todo o sistema da mídia – a partir justamente do rádio: basta pensar na transmissão de Orson Welles sobre a invasão dos marcianos até *Big Brother* – é levado a buscar aquelas linguagens inovadoras que têm de fazer parecer sempre mais "real" o que é metáfora. Mas, e até nessa afirmação, permanece uma certa inadequação: cada mensagem da mídia, no momento em que é captada pelo cérebro, não é mais apenas metáfora, justamente porque viaja dentro de

---

[6] Por metamensagem entende-se aquela comunicação geralmente não-verbal (por exemplo, um piscar de olhos) que comunica um sentido diferente e adjuntivo à linguagem verbal. Ela comunica sobre a comunicação. Se um pai diz ao filho "agora vou te devorar", o filho percebe muito bem, por um conjunto de códigos corporais, que o pai está brincando. Pelo contrário, se ele levar ao pé da letra a brincadeira, significa que o filho não consegue decodificar os sinais lúdicos, expressos de forma metafórica, e desatará a chorar. Ou, então, pensará que o pai exagerou. Toda comunicação visual baseia-se na relação extremamente hábil entre metáfora e verdade, cujo limite deve ser desafiado a cada vez e superado pela mídia, para que obtenha sucesso.

uma trama (anti)ecológica da mente. Uma imagem visual ou uma voz radiofônica são tão "reais" quanto uma cadeira.

A expansão planetária da comunicação visual, antes com o cinema, depois com a TV e, agora, com a internet – cujas mensagens são sempre mais apreendidas numa contiguidade literal, em vez de como discurso metafórico – e a mudança da estrutura-família, particularmente na sociedade ocidental, produziram a possibilidade e também a necessidade de aplicar o modelo do duplo vínculo à comunicação visual, que pode assumir a função de um paradigma psicocultural mais amplo.

a) *A comunicação visual*. Alguns autores assinalaram, com grande antecipação, a crise da ideologia, por ser incapaz de configurar um projeto unitário e universal, "escondendo" em seu interior interesses definidos de parte e de classe, de sexo e de etnia (ADORNO-HORKHEIMER, 1966b). Diante e contra essa dissolvência, foi-se afirmando outra tendência mais descentralizada e micrológica que difunde conjuntos de ideias e minivisões do mundo espontaneamente do lado de dentro daquelas "coisas" que se caracterizam como pós-industriais. Entre essas, as mercadorias-visuais parecem falar diretamente por si – graças à sua "natureza" transcultural, polissêmica e ventríloqua – assim se rompem os limites de gerações, as identidades nacionais, as solidariedades de classe, os vínculos étnicos. Por tudo isso, a comunicação visual marca o tempo da mudança ideológica, de acordo com módulos perceptivos novos e vinculantes, cujos canais e mensagens conectam o indivíduo particular, o ambiente cultural e simbólico, os meios reproduzíveis numa trama comunicacional mental unitária e imanente. A cultura visual mais geral caracteriza-se ecologicamente por uma circularidade contínua entre o nível tecnológico e o nível aurático. Isso significa que, diferentemente da célebre análise de Walter Benjamin, na comunicação digital a aura e a reprodutibilidade não se opõem dualisticamente, mas se mesclam sincreticamente.

b) *A estrutura-família*. Já faz tempo que as ciências sociais descobriram uma profunda mudança na estrutura-família da sociedade ocidental (e não só), que agora vamos resumir de forma esquemática. Como se sabe, a decadência da figura paterna (particularmente nas classes médias e no operariado) produziu, entre as décadas de 1930/40, a difusão da chamada personalidade autoritária. A impotência do papel social do pai repercutia no seio da família, fazendo surgir uma demanda de "substituto" de configuração sadomasoquista que será projetada na figura social do "chefe" ou *duce*.

As pesquisas do grupo de Bateson enfatizaram o viés "patológico" individual que essa dinâmica desenvolveu e envolveu ao redor do sujeito fraco, dentro da família. Não é por acaso que o duplo vínculo nasce na década de 1950 e baseia-se na ausência da figura paterna e na "perversa" função da excessiva e distorcida presença da mãe (o maternalismo). Porém, a partir da década de 1960, esse processo mudou de direção. A figura da mãe, que trabalha e dá à luz sempre menos, quebra grande parte dos liames primários com o filho (único), que, acostumado a conviver com babás, creches e televisores, vivencia o bloqueio da relação afetiva. Esse processo, amplamente analisado, produz a ausência da figura materna e difunde a chamada personalidade narcisista[7]. Por isso, de acordo com nossa hipótese, o modelo de Bateson sobre o novo vínculo deve "emancipar-se" – por assim dizer – da presença-ausência da mãe ou do pai, para ser aplicado às relações objectuais (em sentido psicanalítico) com as "coisas" que emanam da cultura visual. Como conclusão, é possível afirmar que o modelo comunicacional das mensagens visuais herda e difunde a "normalidade patológica" do duplo vínculo, em toda uma série de manifestações, mesmo dramatizadas, emancipadas das dinâmicas intrafamiliares originárias.

Serão agora analisados em detalhes alguns desses âmbitos que envolvem os espectadores ou os atores sociais num verdadeiro *crescendo* rossiniano – "enfaixado e retrançado" – partindo do conceito antropológico por excelência de aculturação, que oferece o cenáriomundo conceitual da mudança cultural[8].

---

[7] Sobre a personalidade autoritária, confiram-se os célebres estudos coordenados por Adorno (1973); sobre a personalidade narcisista, Strzyz (1981), Lasch (1981).

[8] Entre neoanimismo batesoniano (as coisas da natureza são animadas por forças internas) e o fetichismo marxista (as mercadorias da produção são animadas como forças estranhas) configura-se, dessa forma, uma afinidade singular, simétrica e oposta (Canevacci, 2007).

> Quando certas sociedades, outrora relativamente isoladas, entram em contato direto e intenso com sociedades maiores, mais poderosas, com maior progresso tecnológico, ambos os grupos passam por um processo de adaptação, chamado *aculturação* (BOCK: 1978, p.247).

Também resulta claro que as mudanças por aculturação são fundadas num desnível que envolve muito mais os grupos mais fracos e periféricos[9]. Assim, um indivíduo, um grupo ou uma etnia – obrigados a conectar-se com um mundo *glocal* que se irradia do Ocidente – precisam praticar a mudança e recusar o isolamento que, no mundo que muda, os tornaria escórias marginais: mas se o movimento for praticado (*diacronia*), eles perdem o elo com os modelos tradicionais, e o fato de abandoná-los é vivenciado como culpa e fracasso; o mesmo ocorre se permanecem estaticos (*sincronia*), pois o elo inverso, de modelos inovadores, é sedutor, e a renúncia é vivenciada como ressentimento marginalizado. Isto é, o modelo aculturante que se difunde irresistivelmente nas "periferias" pode produzir um *duplo vínculo antropológico*, pois envolve todo o leque das expressões culturais explícitas e implícitas.

A transição para a "modernidade" é obrigatória e julgada como perda da identidade. O consumidor periférico de Dalla ou do Clone, do Big Brother ou de Indiana Jones é punido se diferenciar corretamente as mensagens visuais do tipo aculturante, indissoluvelmente ligadas a um mundo "outro", e é punido se as diferenciar erroneamente como passíveis de serem vivenciadas logo em seu próprio mundo: ele é, então, apanhado por um duplo vínculo visual.

A aculturação apresenta-se como uma espécie de antiecologia da mente. Partes da humanidade cada vez mais numerosas acham-se envolvidas por laços contraditórios, segundo os quais ou é preciso revitalizar-se para morrer culturalmente, ou então, para não mudar, é preciso refugiar-se em atitudes de tipo passivo, de anomia folclórica: o velho modelo de vida não serve mais, e o novo é inutilizável.

---

[9] Já Malinowski havia citado o conceito de aculturação, tendo aceito o de transculturação elaborado por Fernando Ortiz (1940). Minha escolha em continuar utilizando um termo equívoco deve-se ao fato de ser um termo difundido, reproduzindo um sistema linguístico e político dominante, que deve ser desafiado.

Dessa forma, a mudança cultural que acontece ao longo desse processo aculturante, sempre mais fragmentário e incessante, pode constituir um *frame* antiecológico para interpretar uma série de estilos de vida relacionados a códigos comportamentais particulares.

A *mochilinha*. A função da moda atual é profundamente diferente da tradicional, porque sua mudança não é somente mais rápida, mas também porque multiplicou-se numa série de "sinais" articulados por diferentes classes e subclasses, numa espécie de subsistemas que envolvem os sinais tradicionais "maiores". Por exemplo, a mochila escolar tradicional foi substituída, em determinado momento da evolução dos símbolos e dos costumes, por uma mochilinha, por sua vez fonte de várias subclasses de sinais geralmente feitos a mão, com canetas e pincéis atômicos. Neste novo "sinal", parece preservar-se e iluminar--se um tipo de "espírito de aventura ecológico" de cores fortes, a ser carregado – especialmente pelos estudantes mais velhos – com uma tira só, apoiada num ombro só. Quando este novo modelo começou a difundir-se, especialmente entre os estudantes da escola primária, cada jovem acabou preso numa espécie de duplo vínculo da comunicação coetânea: ou ele aceita adquirir a mochilinha e se conforma com a grande e crescente maioria dos colegas da escola ou, então, recusa-a e, por não adequar-se, terá a impressão de não estar vivendo seu tempo e de ser discriminado. Aceitando a moda da mochilinha, ele tem de conformar-se com o modelo implícito que faz propaganda da aventura, mas que, na realidade, resolve-se na ida à escola: isto é, no exato oposto em relação às premissas. A saída poderia ser o uso da velha mochila jogada no sótão ou inventar uma pasta absolutamente pessoal. Porém, em geral, a escolha da adequação é a que ganha, por ser vinculante: seu "sinal" revitaliza seu dono, para depois morrer de tédio (a aventura é um engodo); ou, então, por não aceitar a mudança, nos bloqueamos e regredimos a um passado imóvel. Renunciar aos sinais "emergentes" é um preço pago com a discriminação; aceitá--los significa vivenciar a não-realização[10].

---

[10] Atualmente, pude verificar a existência de uma mochilinha para a creche, que possui imagens desenhadas retiradas de um artista *hip hop* transgressivo como Keith Haring, em que os homenzinhos que fogem podem ser utilizados como inócuos desenhos para crianças.

O controle remoto. O controle remoto é, provavelmente, o instrumento que mais herdou – juntamente com a publicidade televisiva – as funções "maternas" do duplo vínculo. Ele, de fato, permite a busca constante e inexaurível de trechos de programas, em geral curtíssimos, particularmente quando os programas "totais" são vistos como inaceitáveis. Paradoxalmente, a restrição da possibilidade de consumo por fração de canal prolonga o consumo total do sistema televisivo. O controle remoto remete e renova, graças à multiplicidade dos canais e da oferta, a disponibilidade à felicidade, à diversão, à distração, que invariavelmente é negada e reproposta – numa espécie de paródia da "negação da negação" hegeliana – ao infinito. Se cada programa é inadequado em relação às suas promessas, a soma de fragmentos mínimos dos programas totais não é apenas tolerável, mas é uma "brincadeira" agradável e infinita de conjunções casuais; o sentido de onipotência renovável e inexaurível do controle remoto "fica esmagado" diante da paralisia de experiência, dos recortes de uma comunicação já indiferenciada.

A função hipnótica e "vinculante" do controle remoto é evidente. A possibilidade ansiosa de alcançar o programa certo e definitivo acelera os ritmos. Ameaças e promessas lúdicas seguem-se umas às outras nas passagens entre tipos lógicos diferentes. A cartomante que realiza gestos cúmplices, o padre inspirado, a publicidade implacável, a cena mais ousada colocam-se no mesmo plano horizontal e puntiforme; e a discriminação entre mensagens diferentes não se torna mais difícil, mas inútil. Cada *frame* é como uma peça de um novo jogo, no qual a sorte dos dados atirados com as mãos é substituída pela pressão dos dedos nas teclas do próprio controle remoto.

A revitalização do vídeo passa pelo vazio das histórias. Por outro lado, quem escolhe, um tanto pateticamente, a linha de resistência (ou da firmeza) manual é obrigado a levantar-se continuamente para mudar os programas e, assim, só poderá ver – talvez fingindo adormecer – sempre o mesmo canal soporífero. Ou, então, terá de agarrar-se simbioticamente à TV e, mudando e verificando os canais,

CAPÍTULO 2 – COMUNICAÇÃO E REPRESENTAÇÃO

acabará por envolver-se com o meio, numa estimulação sensual e ensurdecedora que embota. O controle remoto (que é, contudo, um grande instrumento de "democracia visual", pois permite fazer com que desapareçam, rapidamente, os programas que não agradam) tanto pode desacostumar o usuário à decodificação de longas mensagens metafóricas quanto incrementar as capacidades perceptivas, posto que o espectador consegue decifrar em fração de segundos uma série crescente de códigos (número do canal, logotipo da TV, gênero do filme, tipo de ator, cantor, comerciais etc.). O consumo de fragmentos de programa aumenta somente quando aparece um sinal visual que pode impressionar pelo alto teor da imagem, então sobrevive alguns segundos a mais, ou é imediatamente substituído pelos seguintes.

A *publicidade*. A mensagem da publicidade televisiva parece mais propensa a espalhar confusão e falta de distinção entre os sinais de amizade e de punição. São muitos os tipos de comercial que começam ou com a comunicação de um afeto simulado ou com a ameaça que deriva de não seguir determinado conselho. Sedução e desprezo estão copresentes nas metalinguagens publicitárias (a roupa suja e o sabão que resolve): isso implica uma confusão que, em alguns casos, é resolvida, não por acaso, pelo humor. A frase inteligente e o achado cômico permitem facilmente a passagem de um tipo lógico a outro. Essa confusão entre promessa e ameaça, instalada na mensagem publicitária, desenvolve relações contraditórias que parecem envolver o esquema de Bateson. A mensagem inicia dizendo: "Cuidado com seus dentes, seus cabelos, seus cheiros, com a celulite, a garganta, o nariz, os olhos, veja como anda, como respira, como dorme"... E logo após, conclui: "Mas eu amo você e lhe ofereço este produto". Uma vez mais, comportamentos hostis e afetos simulados...

Foi calculado que um espectador "normal" assiste, em média, a 120 horas de publicidade por ano; pois bem, essa quantidade de comunicação visual produz um duplo vínculo; com efeito, a mesma fonte de comunicação emite determinados tipos de mensagem que para o receptor não podem deixar de parecer contraditórias. Já a mesma "natureza" publicitária apresenta-se como um sujeito materno, que toma conta do usuário-filho vinte e quatro horas por dia, para informá-lo, cuidar dele, diverti-lo, distraí-lo. O tipo de mensagem "primária", emitida de modo explícito, entra abertamente em contradição com a mensagem "secundária", implícita, que, em analogia com o que diz Bateson para o duplo vínculo "clássico", é percebido pelo espectador – o filho "fraco" – não tanto em sua linguagem verbal, mas na gestual e comportamental. Ao final de toda a cota de publicidade absorvida diariamente pelo indivíduo e, ainda mais anualmente, esse puro "destinatário" achar-se-á vinculado por uma série infinita de produtos em contraposição ou justaposição entre si, introduzidos em sua "mente" sem que seu "corpo" jamais tenha a possibilidade de realizar, certamente não a totalidade, mas, tampouco, uma discreta parcela de todo esse investimento visual. Então, ansiedade e rancor são gerados nessa tesoura implícita que vincula e, ao mesmo tempo, não resolve a relação visual.

O *esporte*. Ainda mais evidente e, também, sempre mais socialmente trágico, é o duplo vínculo realizado pelo esporte, particularmente de tipo competitivo em times. Por exemplo, no futebol, é claro o paradoxo de uma extrema difusão entre os torcedores de times, inclusive os mais antagônicos, dos módulos expressivos de tipo verbal, gestual, escrito (faixas, bandeiras "esvoaçantes", coros triunfais, códigos neonazistas, a "ola" humana); mas essa imitação recíproca precisa ser acompanhada simultaneamente por uma diferenciação do adversário que, para tornar-se visível, precisa ser cada vez mais acentuada. Esses códigos extremos de mimese e de negação entram em sintonia perfeita com a simples constatação de que esse esporte só pode realizar-se em dupla e, por isso, embora sempre em competição, com pelo menos um reconhecimento mínimo e obrigatório de solidariedade ou de complementaridade. Ao time adversário, pelo contrário, cabem as ameaças de morte mais explícitas, num clima de guerra civil, porém com uma metalinguagem implícita que vale para as duas metades em competição; cada torcida "redescobre", em cada tempo do jogo, a perversidade da reciprocidade imposta (entre dois times) e, ao mesmo tempo, da almejada anulação (de uma das duas). Na incapacidade de escolher entre esses dois polos extremos que são, infelizmente, os verdadeiros "extremismos" estruturais e vinculantes – surge a necessidade de elevar o nível da diferenciação, para controlar a confusão com o outro, aumentando as cotas de violência "audiovisual" em público.

Essa desordem da identidade ignora as puras condenações verbais, pois a comunicação caminha em outro código linguístico (corporal, gestual e visual). Mas o paradoxo é que, a cada semana, verifica-se uma espécie de homeostase geral que restabelece um equilíbrio autorregulador entre as diversas torcidas, e que a mídia, prescindindo de sua mais ou menos declarada boa vontade, contribui para difundir exatamente sob forma de visibilidade autoevidente. As "leis" antropológicas da reciprocidade e do etnocentrismo cruzam-se no fenômeno esportivo contemporâneo numa espiral de duplo vínculo na qual é difícil ver uma tendência contrária. Uma vez mais, as ideologias que se difundem não residem nas palavras cheias de bons sentimentos e, com mais frequência, de hipocrisia, mas diretamente e "ventriloquisticamente" nos sinais que os vários grupos manifestam de forma eloquente em público: fogos de artifício, moedinhas, bombinhas de papel, minissímbolos de morte, preferivelmente em língua saxônica (a língua dominante no plano da mídia), e que não precisam de outras palavras para difundir-se espontânea e irresistivelmente. O mais extremista dos torcedores está tão carregado de instâncias de morte em relação ao parceiro quanto está a ele vinculado sem poder desistir dele nem mesmo por um segundo (veja-se o sentido espectral e cadavérico difundido durante um jogo de futebol realizado sem público, porque "desqualificado").

Em conclusão, os exemplos descritos no processo de aculturação – a mochilinha, o controle remoto, a publicidade televisiva e o esporte – são um campo possível de aplicação dos conceitos batesonianos de "duplo vínculo" e "trama que conecta". Tendem a demonstrar quão frágeis são os limites entre "normalidade" e "desvio", mas também, e sobretudo, na comunicação visual que difunde, por assim dizer, espontaneamente metalinguagens contraditórias entre si, de modo que o público tem uma dificuldade objetiva em decodificar de forma não-conflitante. A esquizofrenia é um precipitado indefeso contra um mecanismo totalizante que se coaliza dentro da particularidade familiar e que agora transborda sempre mais na cultura visual em geral; também por isso, o salto para a transformação da "normalidade" – em nível individual, de grupo e, ainda mais, de massa – em comportamentos "patológicos" é um mecanismo que envolverá cada vez mais os países chamados "adiantados". No grande esporte ou no filme espetacular, a passagem entre os dois códigos diferentes, porém contíguos – o amistoso e o agressivo –, será sempre mais uma prática "normal", pois cada vez mais torna-se indiferenciada a linha metafórica que separa as mensagens de "jogo" das de "guerra", especialmente por grupos socialmente fracos de pessoas, organizados por um nível tão externamente excessivo, quanto internamente fraco, demasiado semelhantes àqueles contra os quais pretenderiam contrapor-se. O torcedor do Juventus está, de fato, duplamente vinculado ao seu sósia romanista. Porém, reconhecer essa simples verdade seria realmente demais para ambos.

EMOÇÕES FUSIONAIS

Talvez seja aconselhável lembrar que, dentro da mesma pessoa – Gregory Bateson – conviveram configurações diferentes entre si. O próprio antropólogo, durante a Segunda Guerra Mundial, na qualidade de membro do Office of Strategic Service, excogitou o estratagema de lançar sobre o Japão, por avião, as cinzas dos soldados nipônicos mortos e cremados para derrubar o moral dos inimigos.

"A aviação dos Estados Unidos recusou firmemente envolver-se naquela que parecia uma operação macabra", recorda a filha (M. C. BATESON, 1985, p. 36). E foi justamente Bateson, que arrastou consigo até o fim da guerra as cinzas do pobre soldado japonês, quem levantou esta objeção: "Por que dizer ao piloto o que havia no pacote?". É esse o mesmo Bateson que fazia a filha dizer: "Sua ternura, seja em relação às crianças, seja para com os animais, continha sempre um elemento da solicitude do naturalista, tolerante e cheio de admiração pela graça do ser vivo" (p. 30). Aquele que recolocava cuidadosamente as pedras em seu lugar ao longo da praia californiana, depois de tê-las levantado para descobrir eventuais caranguejos. Sobre sua visão de mundo é possível fundar uma estética em que simetria e equilíbrio fornecem as bases de uma paz ecológica. A trama que conecta é o conceito antropológico que pode abrir as portas à ecologia da mente e à sua moral. Mas também, como veremos, o seu oposto: a mídia como *videodrome*, que penetra, conecta e modifica as mentes que se tornaram espectadores na busca desesperada de novos videotextos; ou então, como sincretismos infinitos pós-mídia que podem multiplicar as formas de percepção e as expressões retóricas, os modelos de valor e os esquemas teóricos.

A mais bela citação que se pode retirar de seus escritos talvez seja justamente esta: "Qual é a estrutura que relaciona o caranguejo à lagosta, a orquídea à prímula, os quatro a mim e eu a vocês?". A contiguidade e a profunda identidade entre "mente" humana e "mente" natural emerge com a descoberta mais viva e sugestiva de um discurso em forma de corrente significante (caranguejo-orquídea-eu-vocês) que é, ao mesmo tempo, poética e autopoiética.

Assim falou a filha Mary Catherine a respeito do pai: "Para ele, era fundamental ver a floresta, não as árvores em si" (1985, p. 91). Esse juízo nos introduz em alguns nós problemáticos da ecologia da mente, aos quais não podemos deixar de voltar constantemente. De acordo com Bateson, por meio de níveis sucessivos de abstração, é possível estabelecer conexões com todos os campos do conhecimento; em suma: "o invólucro de pele ao redor de um organismo nada mais é que uma variação de consistência nas estruturas de transferência de informações e de controle cibernético" (p. 229). A mesma separação entre pensamento e sentimento deve ser rejeitada: "uma lágrima é um fator intelectual". É neste ponto que se pode ouvir o som extremo: "o som de uma só mão que aplaude pode conduzir [os discípulos] à iluminação" (p. 95).

Em sentido oposto a esse processo "ecológico", os perigos reais provêm, sempre segundo Bateson, das *ideias*. Não somente delas. Ele acreditava que "a tentativa de corrigir aumentava o erro, num processo que, em cibernética, chama-se *feedback* regenerativo" (p. 93). Contra esse modelo lógico, organizou, junto com a filha, um seminário interdisciplinar em Burg Wartenstein, na Áustria – financiado pela Wenner-Gren Foundation for Anthropological Research – que tinha por tema a discussão desta proposição: "A natureza cibernética do eu e do mundo tende a fugir da consciência na medida em que os conteúdos do "reparo" da consciência são determinados por considerações de finalidade" (p. 180).

A distorção psíquica produzida pelas finalidades (o *a priori* de toda hipótese de pesquisa que vê, seleciona e interpreta os "próprios" fatos) seria a causa principal de uma crise que envolve e arrasta a cultura ocidental.

É essa a parte mais delicada e "trêmula" de Bateson: a fusão com a natureza ou, melhor dizendo, a natureza fundida no homem. Para resolver o andar dos finalismos catastróficos, a ecologia da mente realiza-se pensando como pensa a natureza, "vivendo", mais do que afirmando, nos comportamentos quotidianos, a "trama que conecta" caranguejos, orquídeas e homens.

O itinerário iniciado com a definição das emoções como espaço inevitável da pesquisa de campo, que se volta tanto para os "observados" quanto para os "observadores" conclui-se paradoxalmente com a tradicional mutilação do sujeito individual que precisa retroflexionar-se numa trama indiferenciada. Mas é justamente essa nebulosa do indiferenciado que é indiferente às emoções, cujo sentido é perceptível justamente porque podemos também observá-las. Em vez de regressões mutiladoras em direção a um zero indiferenciado, um nirvana em que tudo é – ou seria – cheio de sentido, a crítica comunicacional escolhe a multiplicação dos pontos de vista e afirma: somente observando-nos enquanto nos emocionamos, aprendendo a perder-nos enquanto nos fundimos, somente colocando o próprio eu emocionado e trêmulo num *frame* que é, ao mesmo tempo, observado por um outro eu exterior à moldura; somente aprendendo a saborear as nossas emoções como componentes inevitáveis do ato cognitivo – ao lado, acima e abaixo da atividade racional – e, portanto, também separado dele, é possível explorar novas fronteiras do conhecimento. Fechar-se à atividade consciente, não ver suas possibilidades produtivas, estéticas, emotivas, irracionais significa render-se à centralidade comunitária tradicional do século XIX, de carnes e solos, que tudo funde num único bloco de aço contra uma alteridade cada vez mais passível de construção. Ao contrário, razão, consciência e conhecimento podem ser multiplicados, em suas atividades específicas, graças a misturas descentralizadas com tudo aquilo que é visto tradicionalmente como inimigo deles.

É na quebra do caráter monológico das finalizações e das emoções, das racionalizações e das comunicações que se produz uma mutação progressiva. Somente a certeza de um retorno das emoções e da possibilidade de fusão com a natureza não só me permite gozar o abandonar-se, mas *pensá-lo*. O modelo de uma antropologia alternativa deve ser multiplicador e não deve deixar-se envolver pelo fascínio do ato de zerar – a regressão ao zero absoluto pré-individual.

Além disso, todo esse discurso é mutilado por uma tradicionalíssima aporia do pensamento ocidental que deseja anular o pensamento racional por meio de um discurso igualmente racional; desse ponto de vista, a finalização racional é idêntica à finalização ecológica: é sempre finalização. Esse é um problema relacionado com os tipos lógicos: não se pode argumentar que pensamos como pensa a natureza e, ao mesmo tempo, expressar esse pensamento por um tipo lógico diferente que se relaciona com a cultura.

Mas é justamente a natureza que pode ser pensada somente por meio de um ato que pressupõe uma tensão com o polo separado da cultura. Uma cultura que, coevolutivamente, contém a natureza em seu interior e que, por sua vez, é por ela contida. Como naquele quadro de Escher que mostra o anel de Moebius, no qual, por uma "falsa" perspectiva (e, justamente por isso, corretíssima!), os monges que sobem as escadas são os mesmos que descem delas. Por isso, não pode haver outra solução a não ser aquela prevista por uma abordagem fragmentada, descentralizada e plural, feita de corridas fusionais e de corridas conscientes (e vice-versa).

É a alteridade: são as muitas alteridades possíveis – polifônicas, sincréticas, dialógicas – que deslocam a ecologia da mente de uma fusão indistinta para fragmentos plurais, tanto mais radicais, porque gozados ao longo de justaposições instáveis e irrequietas.

O desejo de fusão com a natureza é tão mais realizável concretamente, na medida em que é possível manter como irrenunciável e irredutível a declaração de alteridade da própria natureza. Se eu soubesse, ou ainda mais, se declarasse que não quero voltar dessa fusão, veria minha profissão de identidade como regressão irreversível. A unidade com a natureza é a premissa para a afirmação da identidade e, ao mesmo tempo, da não-identidade com ela, por parte de uma antropologia sincrética, polifônica e dialógica. Esta última proposição, de fato, derruba os princípios lógicos da nossa civilização, que se basearam no princípio de identidade e não-contradição. Uma identidade sem distinções com a natureza é somente um anseio do homem urbano: é uma legítima invenção da metrópole. É a angústia do trabalho assalariado.

A perspectiva que se abre talvez possa ser resumida desta forma: no cruzamento da complexidade dissolvente, da qual parte, em forma de raios, a comunicação visual, Gregory Bateson precisa encontrar Walter Benjamin, solitário exilado na *Bibliotheque Nationale*, que entrevê as experimentações libertadoras da reprodutibilidade técnica. Aquele Benjamin que viaja nas múltiplas alegorias das identidades plurais.

É hora de subverter a ecologia da mente.

Mas, ainda antes de começar a viagem experimental no próximo capítulo, é preciso apresentar criticamente, e em detalhes, o outro lado do pensamento batesoniano – aquele ligado à pesquisa de campo e à experimentação das linguagens – que nos empurra para dentro do nexo entre método compositivo descentralizado e formas plurais da representação.

2. AS TRAMAS DA REPRESENTAÇÃO

Juntar os dados é o que eu entendo por explicação.

(Gregory Bateson)

O CARÁTER E O CORPO BALINÊS

Agora quero analisar criticamente o mais importante texto antropológico que utilizou (como já foi dito) de forma sistemática a filmadora e a fotografia na pesquisa de campo: *Balinese character,* de Margaret Mead e Gregory Bateson. Este último elaborará alguns traços distintivos da antropologia visual de forma tão paradigmática, que esse texto permanece exemplar até hoje, após mais de sessenta anos de sua publicação, para a pesquisa etnográfica. Todavia, esses resultados deverão ser reconsiderados com o olhar "indisciplinado", iluminando alguns aspectos por vezes criticáveis. Por outro lado, como já foi dito, a verdade de um texto nunca permanece "fixa", mas modifica suas sugestões em relação à mudança das sensibilidades dos diferentes observadores e das condições histórico-culturais. Entre texto original, contexto histórico e leitor, estabelece-se uma tensão insolúvel de uma vez por todas.

É possível sustentar, de fato, que com esse texto firma-se a passagem da antropologia visual, em sentido técnico, à antropologia da comunicação em sentido metodológico. Bateson constrói um paradigma da representação etnográfica que a perspectiva ecológico-mental seguinte (anteriormente discutida e, em qualquer caso, já presente desde seu primeiro ensaio, *Naven,* 1936) infelizmente abandonará, pois se dedicará somente à pesquisa, à exposição oral, a conferências, e não mais ao aspecto decisivo – em conjunção inquieta com as perspectivas críticas dos paradigmas científicos, das formas inovadoras e experimentais da representação. A seguir, queremos afirmar que os resultados da pesquisa de campo não se diferenciam mais da forma de sua exposição. Isto é, que entre formas, ou melhor, as diferentes *tramas* da representação (um conjunto não-redutível a unidades de linguagens, mas multiplicador dos pontos de vista do sujeito) e perspectiva crítica estende-se uma linha cognitiva complexa e intricada, não mais passível de resumo do ponto de vista do sujeito pesquisa-dor, mas nas inovações experimentais e multiplicadoras (polifônicas e dialógicas) da própria representação.

Em consequência, a nova crítica da comunicação não é mais colo-cada em lugar seguro na opção de campo (ideológica) do pesquisador – reduzida a uma espécie de salvo-conduto por bons sentimentos e adequações analíticas – mas nas capacidades de saber atravessar, de-compor, multiplicar e dialogizar as linhas da narração. As tramas da representação devem conter em seu interior a capacidade de saber dissolver – por meio do fetichismo metodológico – os aspectos reifi-cados visuais da "coisa".

Procuraremos observar *Balinese character* por esses pontos de vis-ta instáveis, a fim de que as observações críticas sobre alguns de seus conteúdos (aqueles em grande parte datados) estejam em tensão com o valor paradigmático ainda não-esgotado do método.

Essa premissa serve para esclarecer que a oportunidade de refletir sobre um livro como *Balinese character* deriva do fato de que o casal mais célebre da antropologia foi rediscutido, especialmente nos Esta-dos Unidos, com resultados opostos acerca do debate sobre as novas tendências das ciências antropológicas[11].

Na mesma medida em que Mead foi criticada[12], tornou-se cres-cente o interesse de alguns antropólogos inovadores – fora dos flu-xos ecológico-ambientalistas ou dos epistemólogos da complexidade – a respeito de um autor singular como Bateson, "um pensador iso-lado que trabalha nos interstícios das disciplinas" (MARCUS, 1984, p. 427).

As análises das formas retóricas da escrita etnográfica desvincu-laram-se das semiologias ascéticas ou neutras que confundem – para usar a terminologia de Bateson – os códigos (o mapa) com o universo

---

[11] Cf. o debate que atravessou *Current Anthropology* e *Dialectical Anthropology.* Webster (1982 e 1983), Sangren (1988, com as intervenções de Clifford, Fischer, Marcus, Rabinow, Tyler), Keesing (1989), Crane (1991).

[12] Cf. Freeman (1983) e sua intervenção posterior em *Current Anthropology* com respectiva bibliografia (1991).

CAPÍTULO 2 – COMUNICAÇÃO E REPRESENTAÇÃO

(o território); aliás, nelas está novamente presente o conflito contemporâneo, reconstruído por meio do *poético e o político da etnografia*. Esse é também o subtítulo do livro organizado pelo próprio George Marcus e por James Clifford (1986), que – juntamente com as forças mais inovadoras da antropologia dos Estados Unidos – repensaram o estatuto epistemológico da disciplina e a experimentação de novas formas de escrita, de acordo com aquele extraordinário modelo que foi a dupla troca entre vanguarda artística e pesquisa etnográfica das décadas de 1920-30 na Europa, particularmente o surrealismo etnográfico de Leiris, Bataille, Metraux e, inclusive, Mauss[13].

Não é um acaso, pois, que o próprio Marcus – reintérprete de Bateson – seja também promotor do seminário sobre as formas da escrita. Um é a premissa do outro. O Bateson que interessa a esse grupo, e particularmente a Marcus, é o primeiro Bateson, aquele mais especificamente etnográfico. Não tanto porque ali está contido o desenvolvimento posterior da ecologia mental, mas porque em seus dois primeiros textos – para ele *Naven* e, para mim, também *Balinese character* – ele experimenta novos modelos de representação da pesquisa de campo, novas formas da linguagem: no primeiro caso, com a escrita dos Iatmul e, no segundo, com a fotografia e o cinema com os balineses[14].

Concluindo, o Bateson que interessa aqui não é aquele cuja biografia pessoal representa "a transmissão das ideias do século XIX ao XX, por meio da tradição familiar" (p. 427); nem o pensador socrático que influenciará os ambientalistas. Mas,aquele em cujas formas da representação – escrita, fotografia, cinema – "está inserida uma crítica precoce e profunda do paradigma etnográfico, que a torna uma inspiração para as tendências contemporâneas da escrita etnográfica experimental" (p. 428). Infelizmente, o visual está ausente. Esse foi o limite daquele grupo de estudiosos cuja a crítica aos "clássicos" não corresponde a uma elaboração da mesma forma avançada na produ-

---

[13] Clifford-Marcus (1986), Clifford (1988), Crapanzano (1980), Tedlock (1983), Rosaldo (1989), Boon (1982), Marcus-Fisher (1986), Rabinow (1977).

[14] É óbvio que os funcionalistas da época (Malinowski) não compreenderam, e sustaram aquelas obras.

71

ção de textos experimentais, uma vez que baseado apenas na escrita. Estava nascendo a internet e eles não a "viram".

A CADERNETA E A LEICA

Então, entre 1936 e 1938 – com breves intervalos – Mead e Bateson estão em Bali para desenvolver sua pesquisa conjunta.

Mas seu verdadeiro problema tinha começado antes. Na introdução da obra, eles afirmam explicitamente que o estímulo para essa nova pesquisa situa-se entre o ano de 1929 e 1936, quando, separadamente, escrevem alguns livros que serão duramente criticados. Por um lado, *Coming of age in Samoa, Growing up in New Guinea, Sex and temperament* são acusados de ter "transgredido os cânones de uma exposição científica precisa e operacional que é característica da ciência" (1942: XI), pelo fato de escorregar para o terreno "idiossincrático" da literatura, embora não exatamente do jornalismo mais impressionista. Por outro lado, *Naven* busca representar um ritual de travestimento na Nova Guiné, segundo um método julgado demasiado analítico e demasiado interessado nas emoções, cujas soluções, mesmo formais, ultrapassam os truísmos do funcionalismo. O que interessa a Bateson é o *ethos* dos Iatmul, por ele definido como "um sistema culturalmente padronizado para a organização dos instintos e das emoções dos indivíduos" (ibid.). São as emoções do observado e do observador – removidas por Malinowski e desviadas na escrita "noturna" de seu diário escrito em polonês e não destinado à publicação – que se tornam, pela primeira vez, objeto específico da pesquisa etnográfica.

O encontro dos dois no campo – fatal também para o casamento deles, chamado etnológico[15] – favorece um projeto ambicioso. Para superar as críticas – sobre "seleção arbitrária de casos muito coloridos" ou sobre os excessos analíticos ausentes de "ordem" intelectual – Mead e Bateson decidem seguir estratégias narrativas diferentes.

---

[15] O casamento deles, escreveu ele à mãe, tinha sido o resultado de motivos antropológicos e não românticos. Já que precisavam desenvolver uma pesquisa comum, que duraria pelo menos quatro anos de trabalho conjunto, casar-se pareceu a coisa mais simples a ser feita (LIPSET, 1980, p. 149-150).

Nesta monografia estamos experimentando um novo método de enunciar as relações intangíveis entre tipos diferentes de comportamentos culturalmente padronizados, colocando lado a lado fotografias reciprocamente relevantes (XII).

Com esse objetivo, Mead arma-se de seu eterno caderno e Bateson da Leica (com a qual realiza as 25 mil fotos mal conservadas e ainda não catalogadas na Academia de Washington). Dessa forma, Margaret observa as cenas, faz apontamentos e dá indicações (também anotadas), e Gregory, sempre armado de pelo menos duas Leicas, registra tudo. As que seguem são algumas reflexões sobre as notas deste último, acerca dos métodos e das técnicas utilizadas para fotografar.

O fato de estar sempre andando com as Leicas, sem precisar pedir permissão para fotografar, torna-se um assunto de tal rotina que tanto o fotógrafo como os balineses deixam de estar "conscientes da presença da máquina fotográfica". Esse resultado é favorecido pelo fato de que os fotografados são geralmente crianças pequenas e, por isso, os pais sentem-se – erroneamente – excluídos do interesse dos pesquisadores. Às vezes, ele usa um espelho particular – um "focalizador para vistas angulares" – mas somente nos casos em que os balineses não esperavam, nem teriam gostado de ser fotografados, como, por exemplo, enquanto comiam. Noutros casos, especialmente os de caráter espetacular – como para as danças – "nós criamos o contexto", no sentido de que os dois antropólogos pagavam para as representações, fato em parte normal, pois cada rito inclui oferendas. O grande angular é raramente utilizado e somente após 1937 será possível usar a teleobjetiva. Na sucessiva escolha das imagens, o conflito "entre a relevância científica e o valor fotográfico" sempre foi a favor da primeira: em dois casos, as fotografias foram retocadas por um gráfico.

Mas o aspecto mais importante, de um ponto de vista metodológico, é a seleção das fotos e a escolha para sua exposição. No primeiro caso, "fomos guiados por certas hipóteses prioritárias, por exemplo, que as relações pais-filhos e as relações entre irmãos eram mais significativas do que as técnicas agrícolas" (p. 50). Disso infere-se que a maior parte das fotos relaciona-se a esse tipo de sequências tomadas de acordo com uma perspectiva metodológica sobre a qual voltaremos:

> Descobrimos que cada tentativa de selecionar detalhes particulares era fatal, e que o melhor resultado era conseguido quando a foto era muito rápida e quase casual. O fotógrafo considerava que o contexto era interessante e fotografava sempre que possível qualquer movimento que o sujeito fazia, sem perguntar-se qual dos movimentos poderia ser mais significativo (*ibid.*).

Após voltar para a América, portanto "à mesa de trabalho", Mead e Bateson elaboram uma lista de categorias que pretendem ilustrar, e inserem as várias fotos (escolhidas somente entre a parte inicial do trabalho de campo, por causa de sua enorme quantidade) nessa grade, a não ser que fosse verificada a importância de novas categorias. O resultado final – totalmente original – é o seguinte: o livro, de formato grande, é subdividido em cem figuras, uma por página, que compreende um número variável de seis, mais frequentemente sete a oito e, no máximo, onze fotos. No começo, há primeiro um comentário geral (*general statement*) também sobre o "*contextual setting*", onde as fotos foram feitas e, depois, uma análise detalhada de cada foto.

No texto, após a premissa conjunta, há um ensaio introdutório de Mead sobre o "caráter balinês" com referências genéricas às fotos. Finalmente, há uma conclusão de caráter histórico, com dados etnográficos sobre Bali, os nomes das pessoas fotografadas e os das localidades, além de um glossário final.

Dessa forma, o que os dois autores querem demonstrar é que as críticas de exotismo jornalístico ou de esquematização analítica, movidas a seus trabalhos anteriores, estão superadas, graças a uma suposta "objetividade das fotografias": "Presumimos que a objetividade das próprias fotos justifica alguma liberdade na escrita das legendas" (p. 52).

Essa escolha parte da constatação de que a crise epistemológica se inicia com a contradição entre diferenças culturais e conceitos verbais: o *ethos* de um determinado povo é etnograficamente descritível somente empregando uma estrutura linguística diferente que, justamente por essa irredutível alteridade, só pode *alterar* profundamente o sentido da operação (neste sentido cada tradução é sempre uma traição). Para eles essa contradição pode ser resolvida (algo que hoje parece bastante ingênuo), inserindo um novo tipo de linguagem, desta vez técnica e, portanto, para os autores, "objetiva", que é justamente a fotografia.

Balinese character apresenta-se como um texto inovador – além do seu valor científico que, como veremos, apresenta não poucos aspectos datados – na exigência de multiplicar as linguagens para a representação de uma determinada realidade que, dessa forma, é tão mais compreensível, por estar já superada a forma tradicional do ensaio. O acréscimo de fotos, comentários, notas e, sobretudo, da própria trama da exposição (uma página de fotos em sequência com uma foto ao lado para comentário) configura um modo original de comunicar. Não é por acaso que, seguindo apenas *Naven*, Marcus não consiga captar a importância da comunicação visual.

DEZ CATEGORIAS PARA CEM QUADROS

Vimos que os quadros em que se organizam as fotos são cem, num total de 759 imagens. Por sua vez, essas figuras estão agrupadas em dez capítulos para outras tantas categorias, pelas quais pode-se ler o caráter balinês. Deve-se sublinhar que essa grade interpretativa – que analisaremos em detalhes – foi elaborada posteriormente "na mesa de trabalho" e não foi predeterminada.

a) O primeiro capítulo é uma introdução *geográfica, socioeconômica e psicocultural* ao vilarejo de montanha analisado (Bajoeng Gede): a agricultura com o tipo de irrigação particular a que chamamos "industrialização" (que teria sido melhor definir como artesanato) e, envolvidos nesses temas "estruturais", para enfatizar sua falta de centralidade, dois argumentos complementares (se não opostos) sobre o *ethos:* aquela sensação de prazer ao estar imerso na multidão, e aquele comportamento individual particular definido como *awayness*, isto é, ausência, afastamento da contingência, o estar longe, o isolar-se em público. Por fim, introduz-se o conceito de transe como outro aspecto do caráter balinês. *Crowd, awayness* e *transe* são, assim, elevados a comportamentos de base que devem ser explicados não pela consequência das formas da produção, mas pelo *ethos*.

b) O segundo capítulo enfrenta a *organização social* relacionada às oferendas, que possuem um valor econômico e religioso, psicológico e hierárquico, encontrada por meio da orientação do corpo.

O terceiro capítulo é dedicado à *aprendizagem* (talvez "o" tema constante de Bateson), de tipo sinestésico e visual, raramente dependente do ensino verbal, mas muito mais do corporal. Desse ponto de vista, a dança é um exemplo rico de sugestões de como o mestre, somente movendo as mãos, suas ou do discípulo, ensina a gramática do corpo sem nunca empregar a palavra. O capítulo conclui-se introduzindo o conceito, para mim central, de *beroek,* que expressa uma fantasia presente nas ações dramatizadas e nas artísticas (estátuas, desenhos): o corpo é construído de partes separadas e pode sempre desfazer-se em pedaços. Essas fraturas constantemente possíveis assumem um valor decisivo para a construção do caráter balinês: "(...) o corpo é uma unidade individual tão perfeitamente integrada quanto qualquer órgão individual, e contrastando as indicações de que o corpo é constituído de partes separadas e pode desfazer-se em pedaços: *beroek* (p. 88)".

d) No capítulo seguinte – dedicado à *integração e desintegração do corpo* – é necessário dar uma atenção especial, comentando uma figura que interpreta o *transe* e o *beroek*. Os papéis presentes em cena são os seguintes: o marioneteiro, a marionete, a atriz possuída, a espectadora – ajudante.

> A palavra *beroek* é usada pelos balineses para descrever um cadáver caindo em pedaços pela putrefação. Aqui é empregado para reassumir a fantasia de um corpo feito de partes separadas e independentes. Essa fantasia toma muitas formas, entre as quais a noção de que o corpo seja como uma marionete presa nas juntas, e a mesma fantasia é estreitamente relacionada aos fenômenos do êxtase e do *transe* (p. 91).

Na primeira foto, as marionetes estão amarradas numa corda estendida entre duas varas seguradas por dois homens. Elas são divindades sob a forma de bonecas. Os homens contraem os braços e fazem as marionetes-divindades dançar, olhando para outro lugar, como querendo significar que eles não são responsáveis por esse movimento: "O relato introspectivo nativo é que não são os homens que fazem as bonecas dançar – elas dançam sozinhas e os homens não podem fazê-las parar" (*ibid.*).

Bateson fotografou, assim, a parte posterior da boneca, identificando a forma pela qual a corda a sustenta e como um pequeno sino pendurado nos pés tem a dupla função de tocar e mantê-la estendida, segurando-a em posição ereta. Na terceira fotografia, duas mocinhas agarram as varas agitadas com indiferença pelos homens e logo caem em *transe*. Atrás delas, sentam-se duas moças mais velhas que – na quarta foto – sustentam as meninas-marionetes segurando-as com as mãos por baixo das axilas.

Nessa sequência, antecipa-se o que se tornará o paradigma posterior de Bateson: a ecologia da mente por meio da trama *(pattern)* que conecta. O contexto comunicativo dessa experiência ritual performativa estabelece uma contiguidade metonímica entre as várias partes, em vez de um salto metafórico. Entre homem, vara, fio, marionete, *atriz-em-transe,* moça-ajudante há uma longa cadeia sintagmática (que Lovejoy denominará "a longa cadeia do ser"), toda percorrida pelo tremor divino que, quanto mais se movimenta, tanto mais imobiliza. Ele reduz todos a máscara, a uma forma que comunica, permanecendo sempre rígida. Máscara dos deuses, imóvel e imutável. Afinal, as performances balinesas funcionam porque o ritual coloca em comunicação o exterior transindividual com o interior intraindividual.

Entre a fonte do agir teatral[16], meio no qual viaja a informação ritual, decodificação dos espectadores, há uma rede de significados e de símbolos que conecta (e não separa) os três níveis. O eu não está "incluído" em cada personagem ou sujeito, mas viaja contemporaneamente ao longo de toda a corrente que, tomada no seu conjunto de cordas e varas, bonecas e meninas, constitui uma *mente* unitária. Uma *mente ecológica.*

O *eu* não é mais limitado pela epiderme individual, como na psicologia freudiana, mas prossegue ao longo de canais por onde viaja a informação – nesse caso, a *performance.* Pode-se dizer que a mente ecológica de Bateson possui a mesma função do *transe* balinês: eliminar o *beroek,* ou seja, uma condição humana reduzida a um cadáver em pedaços. E esse resultado é obtido por meio da *performance* ritual que recompõe ecologicamente o caráter unitário do cadáver e o faz reviver: os fios, as varas, os braços são as muitas partes de um único corpo que o *transe* tem o poder de reconectar.

e) O quinto capítulo analisa os *orifícios do corpo,* relacionando a boca e o ânus – ou seja, os comportamentos ligados ao comer e ao defecar – ambos revestidos da vergonha *(shame),* em contraposição ao beber e ao urinar que, pelo contrário, são ações realizadas normalmente também em público (é preciso dizer que os exemplos referem-se somente

---

[16] O termo "teatral" é absolutamente impreciso para sublinhar as dificuldades de nomear aspectos de uma outra cultura.

ao homem). Os balineses, quando comem juntos, viram as costas reciprocamente, porque percebem o ato como vergonhoso e, justamente para não ofender a sensibilidade deles, Bateson escolhe o emprego do espelho angular. A partir daqui, algumas notas interessantes sobre a manipulação da boca com o tabaco, bétele, ponta dos dedos, alimento, amamentação etc. "O corpo é um tubo", um tubo que de fato vai da boca ao ânus, expresso também em jogos infantis. O mesmo alimento pode ser identificado com as fezes, quando é colocado no terreno para ser oferecido a demônios ou espíritos de baixa extração: essas oferendas são normalmente comidas pelos cachorros que, numa foto excepcional, comem também as fezes de uma criança no ato da expulsão. Ao ato de sugar o seio materno é obviamente dedicado um amplo espaço: o caráter do balinês adulto é julgado como sendo formado pela primeira infância e, em particular, pela amamentação. Algumas fotos enquadram a atitude de *awayness*, já definida, que a mãe exibe durante a amamentação e que deveria, segundo os autores, plasmar um tipo de caráter sem clímax, desligado, ausente. O caráter balinês está "num estado de dissociação relaxada como no sonho" (p. 47).

f) Passa-se então aos *símbolos autocósmicos*, ou seja, a construção do mundo pela manipulação dos órgãos genitais ou de brinquedos utilizados como próteses fálicas. Dentro dessa verdadeira cosmologia corporal insere-se a célebre briga de galos, talvez por causa da estreita correlação galo-pênis[17].

g) Esse é o capítulo mais extenso e é dedicado, obviamente, ao relacionamento *pais/filhos*. Inicia-se com sugestivas imagens nas quais a criança é mostrada antes como um deus e depois, em contraste, como um ser cheio de "medo", medo causado pelo comportamento da mãe e, desta, transmitido diretamente à criança. Esse medo, para os autores, está relacionado com *awayness* no jogo balinês das emoções. É importante ficarmos na parte *estimulation and frustration*, pois, aqui também, antecipa-se aquilo que se tornará o já descrito modelo

---

[17] Em inglês, galo se traduz como *cock*, que é também uma expressão para indicar o pênis. Nesse jogo de palavras intervém Crapanzano (1986) para criticar a famosa briga de galos em Bali, de Geertz, que lhe responderá com a mesma dureza (1990). Preciso dizer que muitas observações de Crapanzano me parecem mais do que justas, porém sobre o conflito entre antropologia interpretativa e as novas tendências (definidas por alguns como "pós-modernas") seria necessário um outro discurso, diferente.

interpretativo de Bateson e da escola de Palo Alto: o duplo vínculo, como dificuldades metacomunicativas na relação mãe/filho. Aqui, a mãe primeiro estimula o filho com várias carícias, inclusive no pênis e, quando a criança busca o bico do seio com ambas as mãos e com a boca, a mãe fica distraída, torna-se ausente, como se pensasse noutra coisa. Isso produz frustração na criança, que percebe o afastamento materno e intensifica, sem sucesso, a manipulação dos seios. Afinal, mãe e filho mostram-se insatisfeitos *(bored)*. A sequência antecipa o paradigma do duplo vínculo, pois a mãe antes expressa seu amor pelo filho, e depois – quando este reage com uma demanda acentuada de envolvimento emotivo – parece ter medo de mostrar seu afeto de forma explícita e se retrai. Consequentemente, o filho recebe duas mensagens contraditórias: de amor, quando está longe, e de afastamento, quando está perto. Tudo isso é representado numa série magistral de fotos que demonstram a centralidade das experiências etnográficas para os desenvolvimentos epistemológicos posteriores de Bateson.

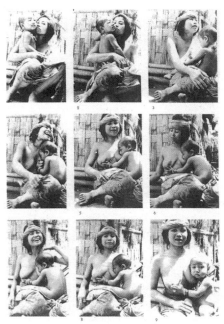

O capítulo continua analisando o narcisismo materno, o seu fazer-se ver, preservar-se e isolar-se diante dos filhos que, novamente, ficam frustrados. Outra atitude que produz frustração e enfado é um jogo particular da mãe que, ao pegar no colo, ou amamentar os filhos de outras mulheres (em geral parentes), procura provocar a resposta agressiva e enciumada de seu filho, diluída por um contexto metacomunicativo carinhoso. Porém, diante da reação filial – uma mistura de impotência e raiva por ela solicitada – a mãe parece distante. Mais uma vez, a *awayness*. Por fim, esse comportamento entediado transmite-se da mãe ao filho, e o jogo inicial fecha-se em seu oposto.

Dentro da mesma seção está o *transe, a mixtures of agony and ecstasy*. Isso pode parecer estranho, pois não é reconhecida uma autonomia relativa a esse aspecto tão famoso da cultura balinesa. No entanto, essa escolha é totalmente coerente com o enfoque da pesquisa e, ao mesmo tempo, manifesta seus limites. Se a hipótese inicial é que a vida adulta é determinada pela infância, só pode ser a relação mãe/filho que explica também o *transe*. Toda a *performance* é compreendida pela formas nas quais são culturalmente satisfeitos os impulsos primários: "este drama é examinado aqui, ao final da série de figuras que tratam da relação mãe/filho, pois a relação entre a bruxa e o homem que a ataca lembra muitos aspectos da relação entre a mãe e a criança" (p. 164). Sobre o *transe* há também outro aspecto aporético. Se, de fato, toda a cultura balinesa é definida como ausente de clímax *(a state of dreamy-relaxed dissociation)*, isto é, se a relação mãe/filho constitui um modelo que tende a eliminar a ênfase das emoções, torna-se difícil enquadrar essas performances tão dramáticas e de grande ressonância pública. A solução dos autores a essa aporia do paradigma é singular: aqueles comportamentos que se manifestam por uma série de autênticos *orgasmic climax* são explicados como "um retorno de modelos comportamentais extintos ou inibidos" (p. 168). A crítica mais radical às suas hipóteses é assim "resolvida" com essa explicação simplista e, na verdade, também grosseira.

A natureza "ideológica" da afirmativa é evidente, e não só pela impossibilidade de verificar o assunto. Com efeito, mesmo que por pura hipótese fosse verdadeira a afirmação do "retorno do que foi removido", sob forma parateatral, seria preciso explicar precisamente esse retorno. O processo lógico é aqui invertido. Justamente o que contesta a hipótese é "removido pela remoção" dos autores.

Isso abre duas considerações críticas: a primeira a respeito da citada "finalidade consciente" e a segunda sobre a relação subjetividade/comportamento. A escolha deles em focalizar somente o comportamento e a comunicação das emoções faz surgir outro problema metodológico sobre a validade dos relatos, baseados somente sobre interpretações do comportamento assumidas como "objetivas", sem procurar uma subjetividade balinesa, entrando com eles numa relação dialógica. Falta esse aspecto. Os autores parecem convencidos de que seu tipo de observação objetiva (anotações e fotos) seja suficiente para determinar esse *ethos,* sem fazer com que surja aquela que é a eventual explicação consciente de determinado comportamento, por meio do ponto de vista nativo.

Por um lado, a hipótese inicial organiza e distorce os materiais empíricos, de acordo com uma finalidade consciente; por outro, a esse excesso de subjetividade do observador corresponde uma ausência simétrica de subjetividade do observado. O todo serve para fundar uma objetividade naturalística do quadro de referência.

h) Os capítulos seguintes continuam sobre o mesmo argumento, focalizando os *siblings,* isto é, as relações entre irmãos (desviadas na rivalidade dos jogos maternos), o modelo anterior e os estágios de desenvolvimento da infância à adolescência.

i) O último capítulo conclui com os *ritos de passagem:* o nascimento, o casamento, a morte. Em particular, o funeral é analisado em suas diversas fases: primeiro o enterro, depois a exumação do cadáver (incluindo o ato ritual de rir), a limpeza dos ossos, a reconstituição do corpo ao lado do qual é colocada uma boneca representando a alma, a exposição dos ossos e da boneca, cobertos por um pano sobre o qual é pintado um corpo inteiro, até a cremação. O parágrafo final – o de número 100 – é dedicado à continuidade da vida e explica outro aspecto fundamental da cultura balinesa que teria sido útil relacionar ao sentido de *awayness* muitas vezes citado, o de que as almas dos mortos reencarnam nas crianças, de acordo com o seguinte esquema: o bisavô transmite o nome ao bisneto, construindo um cosmo estático, dividido em três estágios, um para cada geração, assim, "cada indivíduo está, de alguma forma, dentro desse ciclo de três gerações, nas quais sua posição é determinada pelos tecnônimos". Se uma criança se chama "fulano", o genitor se chamará "pai de fulano", e o avô, "avô de fulano". Somente a eventual sobrevivência do bisavô pode produzir uma sobreposição com o nome do bisneto, que é superada por uma série de recursos terminológicos. Isso significa que cada indivíduo está dentro desse grande círculo holístico da vida balinesa, na qual se alternam os nascimentos e as mortes, o natural e o sobrenatural, pelo uso da classificação de "nomes cíclicos".

O COMITENTE ESQUIZOIDE

Nos agradecimentos iniciais, Mead e Bateson incluem os financiadores do empreendimento etnográfico, entre os quais, além do *American Museum of Natural History* e o *Social Sciences Research Council*, também o *Commettee for Research in Dementia Precox*. No final da introdução metodológica, eles querem enfatizar a relevância da pesquisa para o período histórico que os dois antropólogos estão vivendo. A frase seguinte é surpreendente: "a cultura balinesa é, sob muitos aspectos, muito menos semelhante à nossa do que qualquer outra cultura atualmente registrada" (p. XVI). Essa afirmação parece incompreensível e totalmente incongruente para uma pesquisa etnográfica que, naqueles anos, não poderia deixar de ser desenvolvida precisamente em culturas "outras". O motivo dessa ênfase sobre as diferenças descobrimos logo adiante, o que, lamentavelmente, aumenta mais o desconforto do leitor: "é também uma cultura na qual o regulamento ordinário do indivíduo aproxima-se da forma de uma espécie de mal-estar que, em nossa cultura, definimos esquizoide" (*ibid.*).

A cultura que eles entendem no significado tyloriano de tipo generalista e unificado, desenvolve, pois, um *pattern* partilhado até tornar-se um autêntico *ethos* balinês, um "caráter nacional" que, para eles, seria globalmente esquizoide. Essa é uma conclusão desconcertante sob muitos pontos de vista. Como é possível que dois antropólogos tão atentos aos riscos dos etnocentrismos, dos lugares-comuns, das generalizações simplistas, concluam uma pesquisa plurianual, que constitui, por muitas razões, uma etapa fundamental na pesquisa de campo, reconfirmando ao extremo a viscosidade do centrismo que reconduz o todo a supostos modelos de "normalidade" que coincidem com seus valores? Eles acabam por reforçar exatamente o que os antropólogos deveriam verificar, senão contestar, de forma detalhada e motivada.

No entanto, além desse vício etnocêntrico, existe alguma coisa, se possível, de mais obscuro. Assim prosseguem os dois autores, iluminando o sentido mais profundo do trabalho:

Posto que a *dementia precox* em nossa população continua crescendo, torna-se cada vez mais importante para nós conhecermos as bases na experiência infantil que predispõem a essa condição, e nós precisamos saber como tais predisposições podem ser tratadas culturalmente, de forma a não tornar-se mal-estar (ibid.).

Tudo isso serve para reconduzir a aparente estranheza balinesa ao interior de um mal-estar que é cada vez mais também americano. A ênfase sobre esse *maladjustment* é determinada pelo comportamento do comitente. Aumentá-lo até o nível de *ethos* testemunha que a "finalidade consciente" concreta pode penetrar até numa das mais importantes pesquisas e, consequentemente, na história da antropologia. *Balinese Character* é também um testemunho, infeliz, de como os financiamentos podem distorcer as conclusões.

Essas considerações impõem a focalização de outro problema: o quadro teórico de referência que permitiu a difusão dessa perigosa "finalidade etnocêntrica" é o conceito de caráter nacional, que se projeta até no título da obra.

Este não é um livro sobre os costumes dos balineses, mas sobre os balineses – sobre a maneira pela qual eles, enquanto seres vivos que se movimentam, ficam parados, comem, dormem, dançam e entram

CAPÍTULO 2 – COMUNICAÇÃO E REPRESENTAÇÃO

em *transe,* incorporam aquela abstração que (após torná-la abstrata) definimos tecnicamente como cultura (p. XII).

Apesar do conhecimento das diferenças entre os indivíduos, grupos, áreas geográficas, a globalidade da cultura é confirmada pelo pressuposto de que os "elementos intrusivos" seriam uma sedimentação ocorrida ao longo dos séculos e, portanto, não determinante (veja-se o caso já citado do *transe).* A necessidade de sublinhar o caráter disseminatório do conceito de cultura deriva da convicção, de acordo com eles, dos caracteres de naturalismo científico[18] da antropologia. Globalidade e cientificismo aparecem, assim, como derivações da perspectiva holística. Contudo, não se podem ignorar essas diferenças; por isso, os próprios antropólogos não podem deixar de afirmar: "É verdade que em Bali cada vilarejo se diferencia de todos os demais, sob muitos aspectos, que existem diferenças ainda maiores entre os distritos, de modo que nenhuma afirmativa única e concreta sobre Bali é verdadeira para Bali como um todo" (p. XIV). Mesmo assim, eles insistem sobre o fato de que por meio dessas diversidades existe um *ethos* comum.

Na verdade, são precisamente essas as diferenças merecedoras de interesse, conforme a sensibilidade antropológica atual, mais do que o esforço (muito ideológico) de encontrar uma base científico-natural para a própria disciplina. Focalizar os supostos holismos da cultura – além de produzir um erro epistemológico e político-cultural que continua até nossos dias – é o sinal de uma escola e de uma época. Atualmente o caráter nacional foi criticado também pelas novas orientações de antropologia psicológica, que enfatizam justamente o risco de transformar as generalizações em estereótipos (BOURGUIGNON, 1983, p. 137-145).

Parece, pois, singular que a conclusão dessa pesquisa pioneira afirme não haver diferença: "nenhuma diferença aparente na estrutura do caráter entre pessoas de vilarejos onde o *transe* é partilhado por to-

---

[18] Cf. a observação citada de Marcus sobre Bateson como herdeiro – também "familiar" – do pensamento do século XIX.

dos e aquela de vilarejos onde ninguém entra em *transe;* pessoas em vilarejos onde qualquer mulher é considerada bruxa e as dos vilarejos onde nenhuma é considerada bruxa" (Bateson-Mead, 1942:XIV), visto que as aparentes diferenças culturais são fios inextricáveis de um tecido unitário sobre o qual está tecida a personalidade de cada membro daquela cultura. Quando muito, admite-se que as diferenças são apenas "de grau".

O CORPO E AS EMOÇÕES

Essas observações finais retomam a questão que indaga se a simples análise do comportamento pode fazer emergir o caráter de um único indivíduo, de um grupo ou de toda uma etnia. As principais correntes antropológicas atuais negam esse aspecto, tanto porque ele resulta ausente de relação dialógica com a subjetividade do observado, quanto pela crise do conceito global de cultura (além do "caráter nacional"). Porém, embora a equação *comportamento = caráter* seja simplificadora, esse texto permanece a pedra de toque, por tratar-se da primeira pesquisa sistemática sobre o corpo que utiliza cinema e fotografia como instrumento tão decisivo quanto inconclusivo. Não é verdade, pois, que as fotografias "falam por si", por serem "objetivas": ao lado das fotos – que são sempre uma leitura subjetiva da realidade – permanece fundamental a escritura como outro elemento cognitivo somado ao icônico. Na pesquisa etnográfica, a linguagem icônica, a linguagem verbal e a linguagem escrita se fortalecem reciprocamente de acordo com modalidades polifônicas. Contudo, a linguagem do corpo e as formas de representação são dois aspectos, estritamente relacionados, que tornam *Balinese Character* um texto de extraordinária atualidade. Basta pensar que, talvez por causa de uma longa hegemonia do estruturalismo francês, geralmente são citadas as célebres "técnicas do corpo" de Mauss (e a introdução de Lévi-Strauss) como uma espécie de declaração de intenções da antropologia às quais não se deu continuidade. Como procuramos demonstrar, isso é completamente falso. Talvez a persistência dessa impressão dependa do fato de que *Balinese Character* é, como já foi dito, difícil de encontrar. Ou, talvez, porque em certas escolas antropológicas o valor experimental das primeiras obras etnográficas de Bateson foi censurado.

Esse livro é uma pesquisa pioneira sobre a comunicação corporal, embora distorcida pela hipótese inicial de encontrar um nexo rígido entre a personalidade do adulto e o processo cultural. Por isso, é correto afirmar que (apesar de suas intenções) aquilo que Mead e Bateson consideram "caráter" balinês poderia ser traduzido por corpo.

O caráter balinês é o corpo balinês.

A análise "objetiva" do comportamento dos balineses focaliza o corpo deles como ator comportamental que expõe em público um determinado *ethos* plasmado por emoções dramatizadas. Porém, se o caráter balinês é o corpo, o texto é o testemunho de como o corpo pode ser analisado infinitamente nas mais minuciosas particularidades, mais do que recomposto numa globalidade homogênea. Paradoxalmente, é a imagem do *beroek,* do corpo esmigalhado, que volta com toda sua atualidade, mais do que os esforços "ecológicos" aqui antecipados. O que emerge desse corpo anatomizado é a centralidade das emoções. Pela primeira vez na história da antropologia[19], as emoções corporais são alçadas ao nível de pesquisa científica sistemática.

Mas para chegar completamente do corpo ao caráter (individual ou grupal mais do que "nacional"), teria sido necessário estabelecer uma relação dialógica com a subjetividade dos muitos balineses. Pois bem, Bateson não está interessado no discurso do sujeito etnográfico, mas no comportamento do homem natural. Portanto, apesar de seu amor pelo metalogo e pelo socratismo, não é o dialogismo que se afirma com ele. E, embora a dele seja uma "epistemologia do observador muito mais do que (...) do observado" (Marcus, 1988, p. 305), uma abordagem antropólogica da comunicação corporal e de suas emoções só pode recomeçar por *Balinese Character.*

---

[19] Confirmando a nota anterior, gostaria de lembrar que as emoções foram estudadas também por Darwin.

MONTAGENS

O itinerário da representação etnográfica de Bateson vai desde *Naven* – um "ensaio enlouquecido" totalmente mal compreendido, além de arrasado por Malinowski – até *Balinese Character*. No primeiro, ele procura fazer surgir, do mesmo tipo de explicação, a organização do discurso. O que ele chamará *deuteroaprendizagem* – isto é, capacidade de aprender a aprender – é aqui experimentada de forma ainda imprecisa, porém decidida e decisiva. Com efeito, "*Naven* era um estudo sobre a natureza da explicação" (BATESON, 1988, p. 264). Não se trata apenas de um relato etnográfico, mas de "um estudo das formas pelo qual os dados podem ser reunidos; *e reunir os dados é aquilo que eu entendo por 'explicação'*" (*ibid.*, grifo meu).

No segundo, ele desiste de outros experimentos na forma da escritura e escolhe a fotografia com notas escritas – segundo as modalidades já citadas – a fim de criar novas soluções para sua inquietação expressiva. E, depois disso, a escolha se desloca para a oralidade (conferências, diálogos, metadiálogos). *Naven* e *Balinese Character* tornam-se, então, a descoberta dos limites da escritura etnográfica. Paradoxalmente, hoje, esses dois ensaios são importantes justamente por seu fracasso, e podemos utilizá-los de forma diferente graças ao desvio recente em sentido dialógico, epistemológico, experimental. Isso foi possível porque, para Marcus, a ênfase agora se deslocou dos conteúdos ao "produto escrito da prática etnográfica, ao texto etnográfico" (MARCUS, 1988, p. 293). De certa forma, esses dois primeiros e únicos textos etnográficos têm uma importância crescente justamente porque colocam em discussão "as convenções da escritura etnográfica" (*ibid.*). Alguma coisa a mais do método funcionalista é submetida à crítica: é a mesma base epistemológica da antropologia cultural.

Por outro lado, é possível argumentar que seus trabalhos posteriores, que atravessaram e interligaram diversas disciplinas, caracterizam-se pela tentativa de definir, demonstrar e colocar em prática o que foi afirmado nesses dois primeiros trabalhos, como procurei evidenciar em pelo menos dois casos: o duplo vínculo e a trama que

CAPÍTULO 2 – COMUNICAÇÃO E REPRESENTAÇÃO

conecta. Não é por acaso que, depois desses, Bateson não escreveu mais nada, ou quase. Mais do que a escritura, a escolha de Bateson será dirigida ao diálogo[20].

A ecologia da mente é o resultado de transcrições de conferências, e os próprios metadiálogos, ali incluídos, buscam novas soluções teóricas, utilizando a forma oral por excelência: o diálogo, mais do que o dialogismo em sentido restrito. A definição de *metalogo,* por parte de Bateson, gira em torno dos mesmos problemas de *Naven:* é um trabalhar sobre a montagem da fala (ou seja, os "dados" sob forma de conversação), com o objetivo de "tornar relevantes não somente as intervenções dos participantes, mas a própria estrutura (*pattern*) de todo o debate" (1976, p. 33). Substancialmente, também o metalogo está "emoldurado" em sua tensão epistemológica constante de tipo ecológico-mental.

O metalogo é *Naven* sob forma de conversação. Ambos procuram resolver não tanto os problemas de inversão sexual ou os problemas do "por que as coisas acabam desorganizadas", mas a natureza da explicação como trama da comunicação. Para voltarmos ao exemplo citado no início, sobre a casualidade das fotografias, após definir o interesse por um determinado fenômeno (embora no contexto balinês cada contexto seja mais ou menos de interesse fotográfico), Bateson fotografa tudo sem um direcionamento definido. No sentido de que não estabeleceu *a priori* o que merecia ser fotografado. O método desloca-se do campo para a mesa de trabalho. Por isso, as fotografias publicadas são somente uma pequena seleção das primeiríssimas fotografias tiradas: todas as demais talvez não tenham sequer sido reexaminadas com um mínimo de sistematicidade. Provavelmente, porque analisar novamente todas as 20 mil fotografias significaria recomeçar a pesquisa desde o começo: como se tantas imagens não fossem um *mapa,* mas a paradoxal duplicação "objetiva" do *território*

---

[20] Marcus afirma que, depois disso, "o que Bateson dizia tornou-se enormemente mais importante do que aquilo que escrevia" (1988, p. 292). "A conversação, o ensino socrático e as conferências ocasionais tornaram-se os canais principais para transmitir seu pensamento" (p. 294).

da pesquisa. Daqui, emerge uma verdade que antropólogos e cientistas sociais, em geral, parecem esconder.

"Para Bateson, o método não se expressava tanto naquilo que se faz no campo, mas naquilo que se faz com os dados, na mesa de trabalho" (MARCUS, 1988, p. 295). Ou seja, é na organização e interpretação dos dados, e não na coleta, que se produz o método. Essa mudança radical de perspectiva permite o encontro com quem trabalha com as formas retóricas da representação, não mais como puro jogo semiótico, mas como um terreno decisivo que une o caráter epistêmico ao caráter mais propriamente interpretativo. Isto é, partindo de outro ponto de vista, o poético e o político da etnografia concentram-se na forma pela qual se escreve a respeito de uma determinada cultura, ou como essa cultura representa-se a si mesma dialogicamente. Assim, para Clifford, o texto de uma pesquisa de campo torna-se uma alegoria da autoridade (*authoríty*) que a antropologia contemporânea precisa assumir como campo de pesquisa (*fieldwork* no sentido mais abrangente do termo) a fim de desmontá-lo retoricamente.

O emprego de metáforas e a presença dialógica do sujeito etnográfico – não mais reduzido a um conjunto de informações sem a presença de um eu, e submisso ao poder da escritura antropológica – tornam-se o centro de uma reflexão que repensa o estatuto da disciplina: a problematicidade de suas categorias. Tudo isso é definido por James Clifford no próprio título de sua importante obra, *The Predicament of Culture,* em busca de novas alianças entre vanguardas artístico-literárias e vanguardas político-culturais.

Daqui, surge uma perspectiva teórica (para mim) extraordinária: a coligação possível entre duas pessoas que nunca se encontraram antes, que viveram de forma diametralmente oposta, da política à profissão, que trabalharam em contextos muito diferentes: Gregory Bateson e Walter Benjamin. Entre o antropólogo que viajou por mundos exóticos e o filósofo (mas talvez as duas etiquetas acadêmicas sejam totalmente inadequadas) que ficou preso, até ser tarde demais, no "círculo mágico" da *Bibliotheque Nationale*, é possível ver uma relação justamente nas formas da escritura e do visual, por serem determinantes na escolha do método (CANEVACCI, 1993, 1999, 2007).

Walter Benjamin, numa nota de sua *Passagen,* diz: "método deste trabalho: montagem literária" (1962, p. 595). Em meados da década de 1930, ele está trabalhando tanto nos aspectos progressivos da reprodutibilidade técnica quanto na montagem como forma expositiva adequada ao objeto (a metrópole), e é bom lembrar que já havia escrito seu célebre texto para a livre-docência sobre a alegoria, nunca aprovado, porque "incompreensível" para o pensamento acadêmico da época.

Essa sensibilidade dele em relação à "montagem de fragmentos", numa forma-mosaico que não possui um final definido, movimenta-se experimentando novas formas retóricas da representação que, justamente nessa base e nos mesmos anos, o relacionam a Bateson e a suas novas linguagens antropológicas. O próprio Benjamin afirma no *Drama barroco:*

> A representação é a quintessência do método. O método é um caminho indireto (...). Constantemente, o pensamento recomeça, circunstancialmente retorna à própria coisa", com "renovados começos" e "rítmicas intermitentes", como nos mosaicos, nos quais a fragmentação em partículas caprichosas não ofende a majestade, a consideração filosófica não sofre a perda de impulso (...). O valor dos fragmentos de pensamento é tão mais decisivo na medida em que estes sabem menos entrar imediatamente na proporcionalidade da concepção de fundo" (1971, p. 8-9)[21]. A atitude micrológica encontra aqui sua apresentação. E, por isso, o "conteúdo de verdade" pode ser captado somente "penetrando com extrema precisão nos detalhes de um certo estado de coisas" *(ibid.).*

E também *Naven* é justamente essa "sequência de sempre novos começos que voltam de forma circular sobre o próprio objeto". Mas *Naven* e, eu acrescento, *Balinese Character* tornam-se textos experimentais, tanto mais inovadores por serem textos-mosaico (como *Passagen-Werk).*

---

[21] Gostaria de sublinhar a palavra menos, por ser a afirmação filosófica central que, contra a "finalidade consciente", concentra-se no fragmento.

"Duas, três, quatro descrições estratificadas e sobrepostas" são melhor do que uma (MARCUS, 1988, p. 296).

Por isso, conclui Marcus em outro ensaio, "uma ideia comum sobre a construção do texto consiste em amarrar um grupo de ensaios separados, abordando, com temas ou interpretações diferentes, o mesmo assunto" (1984, p. 192).

Se o objeto antropológico não é mais algo global e unitário, ao qual corresponda um conceito isomorfo de cultura, mas um objeto fragmentário e híbrido, a composição entre escritura e visual só pode ser uma montagem-mosaico que, em sua própria forma expositiva, "fala" e "veda" – metacomunica – sobre a complexidade da representação etnográfica. A nova antropologia é sincrética e polifônica no objeto e no método.

CAPÍTULO 3

A ESCRITA E O VISUAL

6. A ESCRITA COMO MONTAGEM...

Partindo das conclusões desenvolvidas acima sobre Gregory Bateson, procurarei pôr em prática uma trama experimental para a representação da comunicação visual. Esta trama contém em si o método, ou seja, o método é diluído na própria forma da exposição.

Sobre a exigência de explorar novos modelos textuais da composição, pois os tradicionais parecem inadequados em termos de dar sentido à pesquisa contemporânea, procurar-se-á construir um modelo incomum que seja adequado, em seus mesmos módulos narrativos, aos níveis da comunicação que vão difundindo-se. O esquema aqui elaborado possui a forma de uma ampulheta: uma armadilha para o tempo e para os "grãos" nela contidos. E também uma armadilha para a comunicação que, dessa forma, fica aprisionada para ser desvelada em seus conteúdos mais íntimos e profundos.

Em primeiro lugar, como desafio inicial, assumimos um célebre paradoxo que será resolvido somente no final. Assim, início e fim são as duas bases paradoxais da ampulheta. Em seu interior foram colocados seis textos visuais, selecionados por seu valor absolutamente qualitativo como "amostras" dos seguintes gêneros: um filme, um desenho animado, duas peças publicitárias para televisão e uma para jornais e uma foto esportiva. Por sua vez, o primeiro filme é uma caixa obscura que, de certa forma, contém o segredo de todos os outros textos. Esse segredo também será revelado num final parcial. Além disso, cada comercial é acompanhado por um texto teórico gêmeo que desenvolve um foco parcial sobre a comunicação visual. Assim, a interpretação narrativa de seis textos visuais alternar-se-á a outros tantos discursos teóricos sobre seis aspectos da comunicação visual. E o leitor será obrigado a não seguir uma trama linear, mas a navegar – como num hipertexto entre áreas alternadas do discurso.

Desse modo, quer-se sugerir, na mesma representação, uma forma para conectar as infinitas tramas comunicacionais que a mídia vem amarrando cada vez mais em nossos "corpos-mente" ecológicos: essas armadilhas são os paradoxos da comunicação que produzem e inflacionam duplos vínculos visuais. Ao invés de separar os níveis, de acordo com uma ordem tradicional de pertinências – o micrológico interpretativo do teórico paradigmático – eu os misturei, obrigando o leitor a "pular" entre a mídia e as teorias: ou seja, a "pular" entre os tipos lógicos. Isso para sublinhar como a comunicação é fundamentalmente inquieta e desordenada, bem como sua decifração. E que a dupla corrente paradigmático-sintagmática poderia continuar ao infinito.

A comunicação visual não se apresenta linear, mas como artifício composto por misturas contínuas, trocas e interfaces de visões, associações e abstrações. Tudo se vira continuamente para seu oposto. Como em nossa ampulheta, onde o tempo de queda dos grãos de areia é sempre o mesmo, porém sua ordem é caótica. E, finalmente, procurou-se realizar analogias e isomorfismos entre o objeto visual da pesquisa e as formas da escritura. Em certo sentido, a escritura torna-se visual, ela recusa o nexo da continuidade, tranquilizador e organizador das sequências discursivas.

Seu método é a montagem.

Afirma-se a necessidade de passar, mesmo que bruscamente, e sem um sentido conclusivo, de uma trama narrativa a outra. E, como num *plot* de respeito, a montagem alternada (entre textos teóricos e textos visuais) da história é inserida num duplo início ao qual seguirá um duplo final, para tornar o discurso circular. Como numa boa cenografia, no final, cada elemento mínimo da narrativa precisa encontrar seu sentido na trama da ficção[1].

---

[1] O conceito de ficção é cada vez mais utilizado pelas ciências sociais, para decodificar, utilizando uma categoria adequada, a mudança cultural. Cf. Geertz e a tradução de ficção não como algo falso, mas algo modelado, construído (1987).

A diferença entre a escritura e outras formas de linguagem, particularmente a visual dos meios de comunicação de massa, é que a primeira segue um desenvolvimento sintagmático, no qual a corrente significante se define de acordo com a ordem unidirecional das palavras, como numa melodia; enquanto alguns setores da mídia podem produzir uma linguagem paradigmática pela qual "falam" simultaneamente uma multiplicidade de linguagens diferentes – como numa estrutura harmônica (LEACH, 1981). A cultura digital atual torna tecnicamente possível multiplicar os sinais por unidade de imagem e, como veremos, os planos lógicos da interpretação. O que significa que uma mensagem da mídia é tão mais penetrante na percepção do espectador – cuja estrutura de atenção tende ao hábito dos sinais – quanto mais multiplica os códigos presentes para cada *frame:* comentário externo, comentário interno, ruído, *jingle,* técnicas corporais, cor, escritas, movimentos de câmera. Quase todos esses códigos podem estar copresentes num mesmo quadro ou numa sequência que, dessa forma, tornam-se um complexo harmônico de tipo polissêmico.

Isso significa que cada fração sincrônica – que pode ser isolada do contexto narrativo diacrônico, particularmente da mídia mais agressiva e contemporânea, como a publicidade, os videoclipes, uma *webpage* – contém em si um número de códigos muito superior a qualquer meio de comunicação até aqui conhecido. E o espectador acostuma-se, aliás, desenvolve suas capacidades perceptivas e decodificadoras, que o colocam numa situação altamente ambivalente em relação à mensagem.

Neste capítulo, procurar-se-á inserir, mesmo sendo impossível evitar a progressão inerente à palavra escrita, elementos de escansão, ou melhor, de montagem, retirados da comunicação de massa e inseridos no texto escrito. Dessa forma, este adequar-se-á, mesmo desajeitadamente, ao objeto de sua relação, e será assimilado, portanto, por uma representação.

É a própria forma da escritura que vai em busca de uma composição dialógica ou plurivocal, no qual a "voz" de tipo ensaístico será interrompida por outras diversas "vozes" que divagarão sobre os discursos da multimídia. Polifonia e multimídia procurarão abrir a comunicação múltipla cujo sentido final será dado pela soma simultânea de cada variação prevista no texto. É assim que esse texto "brinca" como um hipertexto.

... E O PARADOXO DO PRISIONEIRO

Gostaria de começar lembrando o paradoxo do prisioneiro de Wittgenstein: havia um rei que se encontrou diante de um dilema insolúvel, tendo decretado uma lei pela qual cada estrangeiro que chegava ao reino teria que declarar, sob ameaça de pena capital, o verdadeiro motivo de sua viagem. Porém, o rei não havia previsto a chegada de um sofista que explicou candidamente ter ido ao reino para ser justiçado com base nessa mesma lei.

Ao comentar esse paradoxo, Watzlawick se pergunta: "Que regras terá o rei que estabelecer para escapar da desagradável situação em que o deixou o prisioneiro? – Que problema é esse?" (1971, p. 234). O dilema pode ser inserido na citada teoria de Bateson sobre o duplo vínculo. E, de acordo com esse enfoque, o rei não pode escolher, porque está preso por um laço contraditório do qual nunca poderá livrar-se: de fato, não pode condenar à morte o prisioneiro porque este disse a verdade; ao mesmo tempo não pode salvá-lo, porque iria de encontro à sua própria lei e ao pedido daquele prisioneiro.

Em suma, o rei seria obrigado a aceitar em seu reino um estrangeiro que, ou queria outra coisa, ou então, ainda mais sutilmente, só procurava demonstrar que o rei não tinha mais a capacidade de governar e de fazer respeitar as leis por ele mesmo ditadas. Pareceria, pois, que dessa situação o rei não poderia sair de nenhuma maneira e, pelo que se sabe, essas são também as conclusões de Wittgenstein e de Watzlawick.

O rei foi encurralado: não pode prosseguir nem voltar. Está imobilizado pelos laços do duplo vínculo. No entanto, em minha opinião, existe uma saída; é justamente uma abordagem etnográfica que sugere a possível solução. Para sairmos do jogo – ou da metáfora – eu penso que a chave para resolver esse paradoxo do prisioneiro que aprisiona pode ajudar-nos a compreender se a comunicação visual aprisiona seu consumidor, numa condição de mobilidade estacionária, sob o signo implacável da homologação, ou se ativa seu leitor numa práxis decodificadora.

O dilema citado, com efeito, em sua pureza lógico-formal, parece bloquear toda possibilidade de mudança. No entanto, o que eu gostaria de demonstrar (e não somente para resolver o paradoxo) é justamente a impossibilidade de suprimir a mudança nos vários níveis sociais, psíquicos e culturais relacionada à renovação necessária do método interpretativo, pois a mudança só pode arrastar consigo os parâmetros da *visione* de seu objeto, pelo menos em parte, novos.

1. PRIMEIRO *SPOT*: A CAIXA PRETA DE *A BELA DA TARDE*

Em 1966, um grande diretor espanhol, Luis Buñuel, dirigiu o filme *A bela da tarde,* no qual, numa das cenas mais famosas, um homem asiático mostra a uma prostituta – na imaginária casa de prostituição onde "trabalha" a bela da tarde – uma caixa preta, abrindo-a vagarosamente: dela sai um som entre o metálico e o animalesco que deixa a mulher apavorada, mas excita a bela da tarde, que logo aceita seguir o oriental. Quando, depois da saída do homem, a faxineira entra no quarto onde Catherine Deneuve jaz de bruços, fica preocupada e diz: "Pobre moça, sabe lá o que teve de aguentar!" Porém, a bela da tarde levanta o rosto radioso e responde: "Mas o que você sabe disso?"

Como se sabe, a atração fascinante ou a repulsa horripilante da caixa preta, reside, para o diretor, no fato de que esta se abre para o inconsciente dos desejos mais secretos da alma humana, por isso, se o leitor se perguntar o que havia naquela caixa portátil e falante,

provavelmente cada um poderia abrir-se às suas próprias fantasias eróticas ou censurá-las. Pois bem, pelo menos no que me concerne, eu escolhi: darei minha resposta pessoal, porém não agora, mas no final do capítulo[2].

Mas então: o que é que essa caixa esconde do espectador e o que é que ela revela à imaginação de tão sedutor e audaz, a ponto de ser possível, e até desejável, perder-se por ela?

5. PULAR NA MÍDIA

Para elaborar uma trama metacomunicativa entre diversas "vozes" narrativas, será aplicada uma metodologia fundamentada na *dialética quebrada,* para usar o termo de Ricoeur (1985): experimentar uma dialética aberta, não fechada pelas pressões funcionais e organizadoras da síntese, mas onde podem correr imagens, pontos de vista ou conceitos, inclusive em oposição simultânea entre si. O tumultuado desenvolvimento contemporâneo da comunicação assinala, sem dúvida, o caótico e, ao mesmo tempo, organizadíssimo ciclo de novas e formidáveis forças produtivas que nos obrigam a refletir – como sugere Frederic Jameson, nisso seguindo Marx:

> (...) o impossível, ou seja, a pensar esse desenvolvimento negativamente e, *ao mesmo tempo,* positivamente; alcançar, em outras palavras, uma forma de pensar capaz de colher, no interior de um único pensamento, e sem atenuar a força de cada um dos dois juízos, as deletérias características demonstráveis da mídia (o original diz 'capitalismo') juntamente com seu extraordinário dinamismo libertador" (1989, p. 88-89).

Temos, pois, que procurar abrir o pensamento e fazê-lo refletir – ou talvez fosse melhor dizer desviar – sobre o fato de que a comunicação visual é, ao mesmo tempo, a melhor coisa que jamais aconteceu com o gênero humano – e a pior. Essa impostação dialógica desorganizada – que explicita e "joga", por assim dizer, com tendências

---

[2] Gostaria de acrescentar que, no filme *Pulp Fiction* – escrito e dirigido por Tarantino – é novamente citada a passagem do filme de Buñuel; só que, desta vez, trata-se de uma bolsa preta carregada por gângsteres perdidos entre citações da *Bíblia* e quadrinhos. Uma bolsa que, quando aberta, irradia uma luz sedutora. E, finalmente, também David Lynch utiliza uma caixa misteriosa em *Mulholland Drive.*

contemporaneamente opostas entre si – procura pensar a comunicação da mídia como catástrofe e, ao mesmo tempo, como iluminação, como verdade e falsidade, atração e repulsa.

Isso implica a incômoda conclusão de uma mutação profunda que aconteceu dentro daquela que é a atual cultura comunicacional, na qual, muitas, muitíssimas das nossas categorias interpretativas precisam ser redefinidas. Aquela "distância crítica" com a qual podíamos ainda assistir à mídia em anos anteriores terminou, talvez para sempre: cada vez mais frequentemente, nos debates científicos, políticos ou filosóficos, as referências metafóricas são buscadas justamente na cultura da mídia digital. Quanto mais nos esforçamos para ficar fora dela, tanto mais percebemos que estamos afundando em seu redemoinho: seria melhor, então, procurar ficar dentro e fora. Minha proposta é justamente essa do "pulo": *pular* entre os meios de comunicação, pular na comunicação. O nível metacomunicativo reside nisto: num salto lógico. Com isso, não se quer apenas focalizar o contexto da comunicação visual, mas também o contexto do contexto. A escritura e a visão são observadas enquanto desestruturam os vários *spots*. Metacomunicam.

2. SEGUNDO *SPOT*: SUPER-HOMEM E A METACOMUNICAÇÃO

Gostaria de comentar um desenho tão simples quanto "genial", retirado da história *Solo quando rido* [Somente quando dou risada] (1990). Oswald, um cômico da televisão em crise, com o índice de audiência muito baixo, mostra a Lane, apresentadora de sucesso por ele mantida prisioneira, as "nojentas idiotices que os produtores de TV programam para as nossas crianças!" – e em diversos programas aparecem as conhecidas figuras de Popeye, Mazinga, Erick, os Pufs e... Super-Homem. E ainda continua: "desenhos animados que nada mais são que comerciais de brinquedos!". E por fim, em crescendo: "espetáculos 'culturais' cheios de *sermões! –* Não há nada como o show do *tio Oswald!*".

A genialidade do *strip* está justamente nisto: o "mau" assume para si o ponto de vista analítico sobre o enredo, quadrinho-produção de brinquedos reciprocamente vantajoso, e comunica à leva escolarizada dos leitores uma crítica "sociológica" sobre a estupidez da mídia, para atrair e reverter o conceito de sermão – que Oswald projeta sobre os quadrinhos – sobre si mesmo, enquanto ele é o representante do "mal". Consequentemente, a "crítica" é neutralizada e, ao mesmo tempo, salvam-se Super-Homem e todos os outros quadrinhos que são amostras do "bem".

O quadrinho afirma, pois, uma "primeira verdade" transparente sobre a trama que conecta quadrinhos-brinquedos-comerciais, porém, ao mesmo tempo, faz passar essa verdade como uma "falsidade" – ou "ideologia do mal" – porque quem fala é Oswald, o feio-e-mau, um apresentador fracassado que emprega técnicas visuais superadas e, por isso, tem de aposentar-se, derrotado pelo novo ciclo integrado da comunicação midiática. Tudo isso obriga a leitura a passar para uma segunda verdade mais complexa. O público jovem do atual Super-Homem desenvolveu instâncias interpretativas, em virtude de sua inserção desde a infância na alfabetização dos códigos visuais; portanto, para atrair sua atenção e suas capacidades decodificadoras já treinadas, esse meio – o quadrinho – precisa passar para um tipo lógico superior. Nesse plano metacomunicativo, o verdadeiro sermão, em vez de ser do tio Oswald, é dos autores: ou melhor, o deles é um metassermão cuja habilidade consiste em obrigar os leitores a superar o nível lógico, isto é, passar ao metacomunicativo que "vê" o enredo texto-quadrinho/contexto-publicidade dos brinquedos.

O quadrinho, portanto, aprendeu a desenvolver em seu interior formas metacomunicativas, com juízos e mensagens que comunicam sobre a comunicação de modo cada vez mais vorticoso e complexo:

tudo está centrado num único *frame* da história (um simples qua-dradinho), que se apresenta, afinal, como um extraordinário exemplo de didática aplicada de forma polissêmica à comunicação visual, por meio da própria comunicação visual.

Nesse nível, porém, que podemos chamar de "secundário", a in-terpretação visual não só não está terminada, mas precisa recomeçar, e a pergunta que precisamos fazer é a seguinte: isso favorece o de-senvolvimento de instâncias críticas e de capacidades semânticas do leitor, ou é um mecanismo cada vez mais refinado para, explicitando o problema, ir ao encalço das habilidades críticas e neutralizá-las? Mi-nha resposta é a seguinte: a comunicação concentrada no quadrinho significa que também o contexto, sobre o qual desenvolver a crítica ou a análise decodificadora, passou de nível: agora encontra-se num segundo nível ou, então, como diria Bateson – na metacomunicação. É o contexto dos contextos com os quais agora a mídia trabalha, e o desvio lógico torna a comunicação cada vez mais complexa, deixan-do-a mais sedutora: esse é o território pelo qual o que passa como vencedor não é o sermão "maligno" do tio Oswald (de natureza, po-deríamos dizer, apotropaica, porquanto chama o mal sobre si como as estátuas horripilantes presentes no lado externo de tantas igrejas, templos ou palácios), mas o metassermão dos autores de Super-Ho-mem contra uma hermenêutica que acaba simplificando a mídia e lançando novamente o desafio sobre a comunicação.

4. O *PLOT* INVISÍVEL

Vimos como o adestrado espectador da mídia comunica-se com a comunicação de forma cada vez mais complexa e, por assim dizer, descentralizada: agora, no emaranhado da *network,* cada espectador pode construir seu próprio *plot,* uma espécie de encenação descentra-lizada à noite, dificilmente repetível e comunicável a outro especta-dor, como ao vizinho ou ao colega de trabalho. A velocidade do con-trole remoto, seu efeito hipnótico de duplo vínculo nos faz "pular" pelos canais da comunicação; porém não nos faz "comunicar esse tipo de comunicação", sendo o resultado sempre mais semelhante a um *patchwork* de montagem absolutamente particular, um itinerário pessoal ao longo dos canais da mídia, que seleciona as pausas (isto é, os mapas que criam uma cartografia visual), de acordo com códigos absolutamente imprevisíveis, dado o enorme número de causas que podem incidir sobre o tempo de permanência subjetivamente necessário antes de passar ao canal seguinte. O que cada espectador pode experimentar é a dissolução ou a evaporação daquela que era a história geral, aquele evento que tem a possibilidade de reunificar a plateia (que pertence somente, e sempre mais, ao esporte, ao Grande Evento da crônica ou ao Grande Filme), mas somente a história solitária das próprias variáveis selecionadas com os próprios tempos descentralizados, e por meio dos saltos ao longo dos canais da comunicação visual. Nisso, existe uma retomada paradoxal da atividade subjetiva, uma espécie de impossibilidade de reproduzir os "pulos" na esfera cada vez mais dominante da reprodutibilidade. Trata-se de itinerários aurais e, diria, quase *invisíveis*: no sentido profundo de que não podem ser "vistos" por sujeitos diferentes, nem comunicados a outros. A comunicação visual com os "pulos" alcança o supremo paradoxo de tornar-se, justamente por isso, invisível. A associação casual entre duas partes de *plot* entre canais diferentes é realmente a forma aural de uma reprodutibilidade técnica. Irrepetível e incomunicável.

3. TERCEIRO *SPOT*: *JEANS* LIMINOIDES

Um casal, num carro da década de 1960 – acompanhado por uma música *rock* que enfatiza a época – encontra-se em dificuldade numa estrada do faroeste; o homem, tipo classe média, procura abrir a tampa do radiador, mas se queima. Chega um jovem solitário e de boa aparência, vestindo *jeans*: retira o lenço do pescoço; abre a tampa e percebe que a gasolina acabou. Então, o jovem tira as calças, e a moça, bonitinha mas não vistosa, demonstra uma visível curiosidade de olhar o rapaz de cuecas. Este amarra a parte de baixo de uma das pernas das calças ao para-choque do carro dele e a outra ao carro sem gasolina. A estrada sobe e, por isso, a moça sobe no primeiro carro, dirigido pelo jovem de cuecas e, no outro, fica seu companheiro "com cara de bobo". Os *jeans* esticam-se e, enquadrados num primeiro plano, conseguem evidentemente suportar o esforço de arrastar o outro carro. Mas o jovem inventor do sucesso não se conforma com esse primeiro resultado "material" e acelera subitamente: o carro dele dá um pulo para frente, os *jeans* resistem amarrados ao para-choque, enquanto o outro para-choque vai cedendo, separando-se do carro, onde fica praguejando, impotente, somente nosso cidadão médio. O segundo resultado dos *jeans* é de tipo qualitativo: a garota está bem satisfeita por ficar em poder do jovem de cuecas. Esse comercial *made in USA* consegue condensar em pouquíssimas imagens, e sem nenhum comentário externo (sinal de uma escolha para mim "avançada" no emprego da publicidade), uma história exemplar que dura 60 segundos, com 38 cortes de montagem. Nesse texto, a presença dos *jeans* funciona como *zona liminoide,* para utilizar uma célebre definição de Victor Turner (1982), isto é, que é afim à zona liminar dos ritos de passagem, porém difere dela por ser interna às mudanças próprias da civilização contemporânea. Nesse contexto liminoide, os *jeans* fixam uma área de passagem, um trânsito, depois do qual a relação dos personagens não será mais a mesma de antes. Como ocorre após cada rito que se respeite, ultrapassada a entrada, o grupo pode reencontrar uma nova integração superior ou, então, se afasta no reconhecimen-

to da necessidade de uma separação. O comercial deixa prever justamente isto: quem usa um certo tipo de *jeans* não só consegue amarrar carros com problemas, mas sua força e resistência são tantas – como sua "dureza": durante o esforço máximo, os *jeans* são enquadrados como se estivessem de pernas abertas, separadas, com uma clara referência sexual – que arrastam atrás de si até garotas como prêmio. Este objetivo é alcançado, em nível formal, com altíssimas possibilidades de decodificação transcultural, adequado a um mercado de amplo alcance, que não precisa de nenhum comentário externo (voz *off*): são os *jeans* ventríloquos e homeopáticos que "jogam" ironicamente no reino da aventura, da sedução, da "ilegalidade".

3. O EQUIVALENTE VISUAL

Já faz tempo se afirmou uma nova mercadoria-visual não quantificável (como para a mercadoria clássica de tipo industrial) com o trabalho abstrato socialmente necessário nela incorporado, mas qualificável com o poder comunicacional por ela emitido, que se emoldura em *frames* definidos, todos a serem classificados de acordo com novas tipologias. A seguir, vamos identificar duas, que coincidem somente em parte: o *visus* e seus novos intermediários culturais. Uma crítica da economia político-comunicacional deve recomeçar a partir daqui.

Essa mercadoria-visual é, ao mesmo tempo, resultado e consequência de uma rede entrelaçada com valores econômicos, culturais, comunicacionais, comportamentais, psicológicos, simbólicos, semióticos, políticos etc. É, de fato, o objeto que contém e entrelaça num *patchwork* todos esses fios; por isso, a seleção que se pode fazer ao longo de uma pesquisa pertence ao campo das escolhas humanas. É, pois, o pesquisador, que abstrai do corpo da mercadoria-visual aqueles aspectos parciais aos quais dá convencionalmente o nome de "econômico", "simbólico" etc.; porque esse corpo os contém todos simultaneamente, de acordo com graus de relevância valorativa cada vez mais sensíveis à mudança cultural-comunicacional. É a decodificação como práxis que decompõe um todo articulado em segmentos parciais. No passado industrial desejou-se dar proeminência à dimensão socioeconômica; atualmente, seria loucura continuar por esse caminho, justamente pelo caráter sempre mais cultural-comunicacional e "imaterial" da mercadoria-visual sob condições pós-industriais. Pensar que somente a chave social vai abrir os segredos das novas mercadorias-visuais é um claro erro epistemológico, antes que político. *A comunicação visual dissolve o social.*

O mesmo materialismo histórico-dialético encontrado em Marx não consiste, certamente, como geralmente se continua a pensar, na apologia da rude materialidade das condições sociais que, pelo contrário, era relegada a uma condição de pura aparência. Gostaria de salientar que para Marx o salário não se identifica com o concretíssimo dinheiro, mas com uma relação de poder imaterial, tanto mais invisível, quanto complexa e substancial: somente nesse contexto, o dinheiro apresenta-se como equivalente geral com o qual todas as mercadorias podem ser trocadas entre si.

Mas qual é o equivalente geral da sociedade da comunicação visual ou, então, continua existindo a possibilidade de um equivalente geral? Certamente sempre e, de qualquer forma, o dinheiro. Todavia quer me parecer que alguma outra coisa – impalpável e imaterial – vem sendo difundida pela mídia, embora ela mantenha uma concretíssima determinação "visível". Talvez os conceitos tradicionais de matéria e de espírito estejam resumidos ou sintetizados na mídia e nas bolsas. As capacidades fantasmáticas do espírito e aquelas perceptivas da matéria estão copresentes e são coproduzidas pela mídia numa aliança ecológica com seus consumidores, e financiadas por um sistema bancário incontrolado e literalmente "imaterial" (veja-se a crise finaceira de 2008). Daqui, surge seu poder, que é uma coisa muito diferente do caráter sagrado que muitas vezes, e erroneamente, é atribuído a esses meios de comunicação: seu superpoder vencedor, em minha opinião, é mais bem compreensível na ótica de seu poder ecológico material-espiritual ou espiritual-material. O terreno da comunicação – para o qual dever-se-ia inventar um conceito ainda inexistente – é espiritualmente material e vice-versa. Talvez fetichismo visual...

É possível tentar definir o equivalente geral adjuntivo na época dos *videoscapes* e da *sign-flation* como aquelas cotas de olhares públicos que os diferentes sujeitos sociais – estratificados por classes de idade, grupos sociais, diferenças sexuais ou étnicas – conseguem atrair para o seu terreno, por meio de circuitos da reprodutibilidade. O equivalente geral comunicacional é, pois, a metaestrutura da atenção, mensurável pelas cotas de atenção que os sujeitos em competição entre si conseguem concentrar sobre sua imagem, que constitui o terreno, ou panorama metapolítico, em que a *comunicação comunica* o sentido do poder e de sua centralidade.

Esse equivalente pode ser mensurável por meio de um indicador qualitativo ao qual daremos o nome de *visus* (cf. capítulo "Cabeças cortadas"). Com esse único termo latino, com efeito, o "rosto" coincide com "o que se vê"; a proliferação de *TV-closes* poderia ser a unidade de medida na época da comunicação, que obviamente não substitui a moeda, porém cresce e prolifera sobre, ao redor e dentro dela. O *visus* – como coincidência máxima entre o visível e o rosto que o *videoscape* dilata no tamanho do vídeo e sobre o qual se constrói o valor acrescido alcançado pela "mercadoria-visual" – resume e escande as cotas de olhares acumulados por unidades de exposição em público, por meio de técnicas reprodutíveis.

Nesse *visus* é possível concentrar a crítica da economia político-comunicacional. Esta, por um lado, quantifica o tempo-imagem de sua videopresença da respectiva plateia; por outro, qualifica um fetichismo visual como método por meio do qual se desconstroem os códigos comunicativos postos-em-vídeo pelos novos agressivos *TV closes*. O *visus,* com efeito, é um grande fetiche visual, e os novos intermediários culturais são sua videocarne (cf. Cap. 6). Sua transubstanciação política é a síndrome específica que atacou primeiro o Brasil e depois a Itália (mas não só estes países)[3].

A cadeia ecológica que se realiza coloca em conexão mercadoria-visual, *videoscape, TV closes, visus,* comunicaçao política. Ela visualiza, como traço emergente da contemporaneidade, esses novos intermediários culturais por meio de seu meio específico (os *visus).* Ensurdecedoras, prepotentes e egoístas como muitos tios Oswald, *Levi's 501,* belas-da-tarde ou torcedores-de-estádio, essas novas figu-

---

[3] No Brasil, o primeiro videopresidente (Collor-Rede Globo) foi destituído pelo *impeachment.* Na Itália, a primeira videocarne feita presidente foi com Berlusconi: para compreender sua síndrome de vídeo, é necessário passar para o capítulo sobre o filme *Videodrome,* do qual Berlusconi é extraordinária videoencarnação (um mix de Barry Convex e O'Blivion).

ras procuram destruir o velho *establishment* – a mídia-elite tradicional – para substituí-lo, indo inclusive além, até o coração do poder político-comunicacional.

4. O QUARTO *SPOT*: *EGOÏSTE* ENTRE INJÚRIAS E ATRAÇÕES

Observemos agora a publicidade do perfume *Egoïste*, filmada pelo diretor francês Jean Paul Goude, 30", com 18 passagens diretas de montagem. Talvez seja o mais sublime exemplo de *plot* polissêmico encenado pela TV. O vídeo começa em preto-e-branco, com enquadramentos nervosos sobre mulheres do tipo modelos da alta moda, que gritam injúrias das janelas de um grande hotel do final do século XIX: "Egoísta! Onde você está? Vai me pagar! Serei implacável! Se eu não me vingar, não me conheço mais! Mostre-se!" Finalmente, todas juntas, convergindo para a única janela fechada, gritam : "Egoísta!". A focalização da telecâmera é oblíqua, oscila como se estivesse zangada, depois, quando "vê" a janela fechada, endireita-se e converge num *close*. Então, a janela se entreabre apenas, e sai um braço nu, cuja mão aperta imperiosamente o vidro de perfume *Egoïste* e o coloca no parapeito, para logo fechar-se. A cor invade o perfume em *close,* enquanto uma voz, fora do campo, diz: "Para homem".

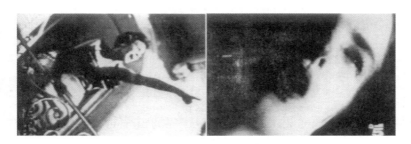

A seguir, uma das mulheres, altiva e de ar zangado, indignada ou discriminada, escancara a janela, grita a palavra *egoïste* e fecha vigorosamente as venezianas. Após o começo em preto-e-branco, a cena torna-se coloridíssima e brevíssima. Logo após, outra mulher, em atitudes idênticas, realiza os mesmos gestos, concluindo com o grito final e o fechamento da janela. E, por fim, uma terceira. Com montagem rápida e rítmica, o campo visual se amplia cinco vezes, enquadrando quatro mulheres que fazem, simultaneamente, o mesmo gesto e dão o mesmo grito. Em seguida, após nova ampliação do campo, nove mulheres executam a mesma ação. Ritmicamente, durante brevíssimos enquadramentos, a cena se amplia ainda mais: são dezesseis mulheres; depois, vinte. Finalmente, a filmadora enquadra todo o prédio, muito aristocrático e isolado, imerso no verde (reconstruído pelo diretor no Brasil) e, de cada janela, debruça-se uma mulher que grita *egoïste* em uníssono, para logo depois fechar definitivamente a janela.

Além dos ritmos de execução e do relevante rendimento formal, o que impressiona nesse comercial é a ambivalência polissêmica da mensagem sedutora concentrada em apenas 30 segundos: é a mulher que acusa agressivamente o macho "invisível" por sua natureza egoísta, razão pela qual fecha-lhe a janela na cara, para não vê-lo nunca mais; ou o grito externo é uma invocação, uma reivindicação de natureza profundamente sedutora do egoísmo, como valor qualificativo da cultura hegemônica videonarcisista? Enfim, a panorâmica final pode ser entendida, por um lado, como satisfeita no interior de um espaço vital onde reina a confusão da metáfora e da metonímia, ou seja, o quarto dos perfumes masculinos egoístas; por outro, como clausura autossuficiente dentro do próprio prédio-gineceu, habitado somente por belíssimas e altivas mulheres-fatais, orgulhosamente decididas a recusar o prazer do egoísmo masculino. A mensagem final é, pois, uma incitação genial e ambivalente para "pular" entre atração e repulsa, para misturar um "egoísmo dialético" ao qual, definitivamente, não resta outra opção a não ser render-se, para receber seus presentes.

É preciso sublinhar, finalmente, que uma característica geralmente considerada negativa, como o egoísmo, pode tornar-se sedutora por sua explicitação e reivindicação. Trata-se de um mecanismo linguístico e retórico semelhante ao da vinheta de Super-Homem: por meio da explicitação do "mal", passa-se a mensagem. Uma vez mais, a comunicação visual, nesse caso publicitária, comunica pela comunicação e, consequentemente, para uma oportuna decifração do texto, é necessário passar para um nível metacomunicativo mais alto. Ou seja, chegar ao contexto dos contextos. A ambivalência da metacomunicação enfatiza seu sucesso possível, pois permite tanto a decodificação da mulher que acusa implacavelmente, quanto daquela que orgulhosamente reivindica. Isto é, libera uma extrema mobilidade digital: tanto a hostilidade quanto a afetividade, tanto a aproximação como o distanciamento. Em suma, o perfume *Egoïste* intriga, envolve e insere num duplo vínculo publicitário. É uma variação genial do paradoxo do prisioneiro.

2. OXÍMOROS VINCULADORES

Talvez seja útil empregar a figura retórica do oxímoro para compreender a cultura da mídia e as novas fronteiras da comunicação digital. A filologia dessa palavra, de fato, encerra um tipo de "loucura" (*oxy*) da linguagem que afirma duas coisas ao mesmo tempo contraditórias entre si: ela serve, às vezes, para explicar o inexplicável e tornar compreensível o incompreensível. A presença simultânea de dois termos opostos, que é uma aporia para a lógica da identidade ou da não-contradição, funciona perfeitamente de acordo com a lógica da contradiçao que comunica polissemias híbridas e abertas.

Por isso, não é possível deixar de responder sim ou não à tradicional pergunta se a mídia desenvolve a comunicação de forma homologada ou diferenciada: é a própria natureza da mídia que permite, ao mesmo tempo, a aceleração e a paralisia da comunicação.

A mídia é o oxímoro.

Contemporaneamente – porém de outro ponto de vista, o da divisão social do olhar – a máxima objetividade é nula, se o sujeito está imóvel. O espectador não pode ser condenado a ser o receptor de uma experiência ocorrida sempre no mundo do outro lugar, no mundo do álibi. Do contrário, as fronteiras da comunicação visual se abrem e se fecham como as janelas da publicidade, de onde aquelas mulheres "supremas" gritam sua injúria fascinada ao egoísmo. Por isso, do ponto de vista da aculturação, o desafio dos e para os etnógrafos do visual torna-se decisivo, enquanto qualquer tipo de cultura nativa (tradicionalmente considerada sem escrita ou até "primitiva") volta-se sempre mais para o circuito comunicativo *mix-mídia* global.

Desenvolvendo uma abordagem fundada na "lógica dos paradoxos", cada camada comunicacional – que se apresente passiva ou ativa em relação a um centro produtor e difusor de cultura de massa multimídia – é apanhada pelo duplo vínculo. Em particular, as mudanças aculturadas fundam-se num desnível que envolve em maior medida os grupos culturalmente mais fracos ou periféricos. Assim, um único indivíduo, uma classe social ou uma etnia, por serem obrigados a coligar-se com um mundo caracterizado por uma taxa de aculturação crescente, que se irradia dos centros do Ocidente, sofrem fluxos contraditórios que se podem "polarizar" desta forma:

– por um lado, são estimulados a demonstrar o seu ser sensível à mudança dos costumes e, portanto, a aceitar as dinâmicas transformadoras;

– por outro, são sustados a fim de não perder sua identidade e, portanto, interessados em restaurar a fixidez de suas cosmogonias rituais.

Isso comporta o estímulo para viver contemporaneamente tanto a recusa da cultura estática que, na hipervelocidade de um mundo em mudança, os tornaria resíduos marginais, escórias subculturais, sobrevivências folclorísticas, quanto a recusa à mobilidade comunicacional que, num cosmo estático, os privaria de sua identidade tradicional, tornando-os apenas grosseiros imitadores. E, de qualquer forma, as consequências são ainda mais paradoxais:

– por um lado, se a mudança aculturante é vivida e praticada, os "periféricos" saem perdendo, pois os elos com os respectivos modelos tradicionais são muito fortes e, por isso, o abandono da tradição é vivenciado como culpa, ansiedade, derrota;

– por outro, se os próprios sujeitos (indivíduo, grupo, etnia etc.) recusam homologar-se ou trocar de modelos culturais com o exterior – em nosso caso, a poderosa mídia – eles perdem da mesma forma, pois sua renúncia é vivenciada como desgosto, marginalização, ressentimento.

O modelo aculturado, portanto, que se difunde irresistivelmente nas "periferias" – mas é preciso acrescentar que também na própria Europa, muitas, ou talvez todas as regiões são, simultaneamente, ou

cada uma por seu turno, centro e periferia – produz um duplo vínculo de natureza antropológica, pois envolve todo o leque das expressões explícitas e implícitas, os valores instrumentais e expressivos, os
comportamentos racionais e os emotivos, as linguagens corporais e
verbais do indivíduo e do grupo nos diversos circuitos subculturais a
que pertencem.

A transição para a contemporaneidade é percebida como obrigada – produzindo ambíguas hibridações dos comportamentos – e, ao
mesmo tempo julgada como uma perda de identidade, contra a qual
dever-se-ia favorecer o renascimento das particularidades regionais
ou étnicas. O mecanismo simultâneo do duplo vínculo, caracterizado por aproximações sedutoras e afastamentos definidos, envolve o
espectador da mídia numa intriga de relações ambivalentes das quais
não sabe mais como livrar-se, a não ser com a acentuação de sua própria apassivação no reino do "noutro lugar" ou, então, na ativação ao
receber mensagens cada vez mais metacomunicativas.

A mensagem da publicidade televisiva parece a mais adequada
para emanar confusão e indiferenciação entre sinais de amizade e de
punição que caracterizam o duplo vínculo de Bateson: são numerosos os comerciais que se iniciam ou com a comunicação de um afeto
simulado ou com a alusão a uma ameaça, caso não seja aceito determinado conselho. Também para a mídia, o duplo vínculo visual une,
mistura e confunde comportamentos hostis e afeições simuladas.

5. QUINTO *SPOT*: TORCIDA ÉTNICA

Nas eleições regionais da Itália, em 1990, houve um grande sucesso da *Liga Lombarda*, que redobrou nas políticas de 2008[4], na qual
o protesto contra a centralização de Roma juntava-se a uma reivindicação etnocêntrica de diferenciação lombarda, em particular das
regiões do sul. Gostaria, aqui, de enfatizar não o aspecto político que
o fenômeno apresenta (e que, de qualquer forma foi relevante, tendo
alcançado, naquela ocasião, 20% dos votos e agora, até 40% no norte), mas o aspecto relativo à emergência de uma política comunicacio-

---

[4] Coligação partidária de tendência separatista da região norte (N. do T.).

nal sempre mais central para o conflito contemporâneo. Já faz tempo que nos estádios de futebol vêm se difundindo comportamentos de massa que, em sua origem, possuíam seu valor simbólico extraesportivo, geralmente político, mas que eram descontextualizados e empregados como sinais na moldura desportiva. Vejam-se as "brigadas amarelo-vermelhas" ou "vermelho-pretas" do time do Roma ou do Milan – onde se costuma citar ou se joga com a "terrível" evocação das *brigate rosse*[5].

Aqui, eu proporia uma genealogia de uma foto em que os torcedores do Milan exibem, de mãos estendidas, as faixas da cor de seu time, porém com a escrita Liga Lombarda, para criar e delimitar a identidade de seu próprio grupo. Essa pequena foto, em sua suposta ingenuidade, marca um módulo expressivo que, de minoritário, afirmar-se-á clamorosamente como majoritário e vencedor em 1990 e ainda mais em 1994 e 2008. Nela, está centrado todo o valor paradigmático do poder de uma tendência que contamina dois códigos nunca totalmente separados um do outro – o político e o desportivo – que, neste caso, se deslocaram para o plano comunicacional do colapso da cadeia significante. Não se trata mais do grosseiro nacionalismo racial das olimpíadas de Berlim, mas da emergência de uma torcida política que "confunde", num plano eleitoral, os dois códigos, ganha as eleições políticas e governa a coisa pública.

Esse tipo de gesto coletivo resume e concentra algo mais do que aqueles comportamentos semelhantes que, na década de 1970, mais politizados, serviam aos militantes dos grupos políticos extraparlamentares para expor seu jornal nas manifestações e para comunicar, justamente, a centralidade política de sua presença. Esse gesto, em tempos de refluxo político, emigrou para o território do esporte, onde os jovens são os sujeitos mais atentos à luta dos sinais que invadiu a comunicação-torcida no mundo ocidental.

Onde a retomada de novos localismos de caráter étnico, regional ou urbano – dos quais a conexão esporte-mídia é um multiplicador formidável – produziu um tipo de síntese de tudo isso: a faixa com a escrita Liga Lombarda exposta no estádio de San Siro pelos torcedo-

---

[5] Terroristas de extrema esquerda que atuavam na Itália nas décadas de 1970-80 (N. do T.).

res do Milan representa uma perfeita síntese semiótica da dimensão desportiva e política. "Torcer", em Milão, significa automaticamente declarar-se adepto de um time – o Milan – e de um partido político – a Liga; e vice-versa, dar o voto à Liga significa também explicitar o amor pelo Milan. O resultado é só aparentemente revertido: *torcida pela Liga e voto ao Milan*. Na verdade, foi como que assimilado pelo tradicionalmente "correto" que distribui o voto à Liga e a torcida ao Milan. Nas curvas (e não só nelas), faz tempo que se assiste, entre os torcedores-eleitores, à "confusão" entre os termos que produziram a seguinte equivalência:

partido: time = torcida: voto.

Consequentemente, ser torcedor é como votar e, por isso, votar no Milan significa torcer pela Liga. Acredito que, agora, pode tornar-se compreensível a aliança de sucesso entre a Liga Lombarda e o partido (ou time) de Berlusconi que justamente se chama Força Italiana.

Agora, gostaria de argumentar que a importância da mídia na escolha desses códigos linguísticos é fundamental por parte dos jovens. O esporte visual é inserido no interior da economia político-comunicacional. De fato, a organização das torcidas é construída de acordo com coreografias crescentes que adquirem um sentido preciso somente porque é sabido que a televisão – mas também os jornais, as revistas semanais, publicações periódicas do tipo *fanzine* autoproduzidas, até autobiografias do torcedor com álbum que registra as brigas nas arquibancadas e durante a viagem – está muito atenta à

sua tomada nos serviços dominicais dessas grandiosas cenografias da pós-modernidade. Dessa forma, se estas fossem analisadas em sua evolução semiótica, assistiríamos a um processo osmótico contínuo de sinais entre as várias torcidas que, todos os domingos, estudam, na moviola, os códigos de cada time adversário, prontas a imitar os mais inovadores na semana seguinte. O paradoxo da torcida de futebol reproduzido visualmente pela mídia torna-se, pois, o seguinte: a extrema divulgação entre todos os torcedores dos mesmos módulos expressivos por meio de sucessivas imitações recíprocas obriga a encontrar uma diferenciação do adversário que sirva de barragem à confusão com o outro. Com frequência, é essa imitação que aumenta as cotas públicas de violência audiovisual reproduzida pelo circuito da mídia: somente elas parecem ser capazes de expressar uma desesperada diferença[6].

1. A OBSCURA CAIXA DO DESEJO: O PARADOXO LIBERADO

Eis que chegamos, pois, a explicitar o que eu "vi" na obscura caixa do desejo. Minha descoberta é bem simples: uma caixa que atrai e repele como aquela importada pelo asiático, que é "vista" de forma tão exageradamente positiva ou negativa, "observada" como fonte de aproximadas e de ameaçadores afastamentos, nos quais os *voyeurs* mais incansáveis oscilam entre catastrofismos planetários e apologias incondicionais, entre frigidez diante de sedução e perversões polimórficas; essa caixa só pode ser... uma grande metáfora do mais obscuro objeto do desejo – a televisão – graças à qual exagera-se qualquer discussão sobre a comunicação visual. É como se, naquela caixa preta, Buñuel tivesse encerrado o "segredo" da mídia, em geral, feito de atrações e repulsas inesgotáveis. Não é por acaso que a fala final de Catherine Deneuve à faxineira possa interessar a todos nós, quando

---

[6] Esta simples foto, tão desbotada quanto preciosa, é antecipadora de um processo que na Itália comportou um fato sem precedentes: a vitória, nas eleições políticas, de partidos midiáticos que conseguiram contaminar esses novos códigos: *Forza Italia* [Força Itália], *Alleanza Nazionale* [Aliança Nacional] e a *Lega Lombarda*. A primeira, nas elites das tribunas; a segunda, nos extremismos políticos das arquibancadas; a terceira, contra todos os estrangeiros.

CAPÍTULO 3 – A ESCRITA E O VISUAL

falamos da televisão ou de qualquer outro canal da mídia: "Afinal o que você sabe disso?", pergunta a Bela da Tarde. Com efeito, sabemos realmente pouco, porque a mídia se desenvolve enorme e impetuosamente graças à sua possibilidade de cruzar as técnicas mais inovadoras com as camadas mais profundas das emoções, ambas, parece, infinitas. É justamente esse cruzamento e esse nó de tecnologias emotivas ou de emoções produzidas pela tecnologia – que continuamente se misturam, se confundem e se reproduzem – que constituem o terreno dificilmente definível e "compreensível" da mídia.

A mídia desloca os níveis comunicacionais sempre mais para um terreno complexo, no qual ela joga com planos interpretativos múltiplos. A genial "pseudoautocrítica" (ou metassermão) dos criadores de Super-Homem, pela qual os *cartoons* se reduziram a comerciais de brinquedos; as capacidades polissêmicas das *Levis 501*, que – esticando-se – atraem automóveis e garotas dentro do espaço liminoide do rito de passagem; o berro ambivalente de *Egoïste* que duplica, em seu próprio signo, a raiva e a rendição; a faixa do estádio para a Liga Lombarda, que torce pelo futebol e, ao mesmo tempo, vota no futebol mundializado e na etnicidade localista, o partido e o canal de TV ou o partido-TV e o canal político: toda essa complexidade da mídia atual parece convergir na direção idêntica de um "salto" dos tipos lógicos (BATESON, 1976). Cada tipologia de consumidor da mídia já está demasiado acostumada a decodificar histórias "simples", com um único ponto de vista e, por isso, as várias agências dirigem-se a setores sociologicamente estratificados – um perfume aristocrático, a torcida no estádio, um quadrinho, os *jeans* – a passagem para modelos metacomunicativos em que o "jogo" sobe para os contextos dos contextos e, portanto, as capacidades perceptivas e decodificadoras dos vários espectadores são mais fortemente desafiadas. Em suma: são *mais excitadas*, exatamente como na belíssima e surreal publicidade televisiva de Buñuel[7].

---

[7] Dentro da segunda caixa preta luminosa de Tarantino, não há, pois, nada mais do que o *plot*, o enredo profundo e metafísico do cinema, enquanto tal, da ficção: uma ficção e uma metafísica já declaradamente *pulp*. Como o desejo... E, naquela de Lynch, há o horror expressionista pela própria identidade perdida.

O duplo vínculo é o oxímoro que, do território da retórica, se expande para o da reprodutibilidade aurática digital normalmente "desviada": a mídia abre as fronteiras cognitivas da comunicação e fecha as janelas para a sua identidade, seus etnocentrismos políticos, seus horizontes relacionais afetivos. O consumo da mídia comunica a atração de estar em todos os lugares e a repulsa de cada mudança comportamental; a embriaguez de extirpar suas próprias raízes e o ressentimento ao ver essas mesmas raízes percorridas por "alienígenas" provenientes de países vizinhos, regiões diferentes, extracomunitários longínquos. Portanto, as fronteiras da comunicação da mídia oscilam entre o estar apertadamente fechadas e fechadamente abertas. São realmente *egoïste* perturbadas, *lumbard* felizes, sermões de *comerciais, jeans* desnudos que se misturam a seu bel-prazer na obscura caixa do desejo visual, que a todo instante vê sua satisfação muito próxima e que, justamente no último momento, fica cada vez mais insatisfeita.

Chegamos às conclusões. Em harmonia com um célebre aforismo de Karl Kraus, *a origem é a meta*, precisamos voltar ao começo para resolver nosso paradoxo. Pois bem, minha solução é muito simples: a chave é forçar o paradoxo, obrigando-o – por assim dizer – a historicizar-se, para poder aplicar-lhe algumas ideias de Propp retiradas de um trabalho dele menos conhecido – *Edipo alla luce del folklore* (1975) [Édipo à luz do folclore] – em que ele enfrenta o conflito intrafamiliar relacionado à questão da herança ao trono, porque é claro que o prisioneiro está interessado nisso: no centro do poder. E o centro do reino e do rei passa pela filha. Consequentemente, aplico as tramas histórico-culturais de Propp sobre o mito edipiano às lógicas puras de Wittgenstein e, seguindo nisso, o próprio Watzalawick, transformo o paradoxo em pragmática.

É, pois, viável, contextualizar o paradoxo num conto desse tipo. A filha do rei apaixona-se pelo prisioneiro e, final obrigatório para todo herói que se preze, quer casar com ele. Enquanto o rei só pode opor-se ao casamento, vendo nele o fim de sua autoridade em relação ao reino e à filha. Em consequência, ele não consegue mais não somente fazer respeitar as leis por ele mesmo emanadas, mas também os direitos paternos sobre o controle da princesa. Esta, de fato, casando com o prisioneiro, transmite-lhe o poder e se autonomiza do pai.

Propp afirma que esse tipo de dinâmica familiar reflete aquela fase histórica quando a herança era transmitida ao genro pela filha, fase que normalmente seria anterior às regras que definem o filho homem primogênito como herdeiro natural. Daqui, nascem as variações sobre o mito de Édipo perseguido pelo pai, Laio[8].

Uma autoridade política que não consiga fazer aplicar suas próprias leis não possui mais legitimidade. O paradoxo do prisioneiro consegue implodir a autoridade legítima, inserindo, ao lado da lógica formal e dos seus paradoxos, o fascínio do estrangeiro que seduz a princesa e dissolve o puro jogo formal numa suja pragmática passional.

E, assim, o rei não pode fazer outra coisa a não ser abdicar, e o *prisioneiro transforma-se em sucessor*. Essa é a solução antropológica para o impasse. O paradoxo do prisioneiro é um duplo vínculo que se desata de acordo com modalidades processuais. Em vez de uma situação de xeque, sob o controle de lógicas formais, o paradoxo torna-se uma metáfora da mudança cultural possível, uma mudança que investe a pragmática da comunicação e do sujeito-intérprete.

Jogo final das identificações paradoxais. Até 1976, certa geração (a de 1968) poderia identificar-se tranquilamente com o prisioneiro, com um papel gerador de paradoxos insolúveis e contradições em relação àquelas forças sociais no poder que não podiam deixar de assimilar-se ao rei, destinado a ser vítima de suas próprias leis internas. Porém, da década de 1980 em diante, as regras mudaram imprevistamente e, a partir de então, alguns fragmentos daquela geração tiveram cada vez mais a sensação de serem obrigados a identificar-se – como num conto de horror – com a figura do rei, uma espécie de rei pirandelliano que nunca se sabe se é um rei legítimo ou imaginário, se é uma invenção alucinada ou uma realidade coagida. Ou, então, se é apenas um bufo da corte. Pois bem, alucinação ou realidade, essa coação sobre uma *mimese invertida* deveria ser eliminada sem dúvidas, lembranças ou nostalgias dos últimos 14 anos. Para reencontrar

---

[8] Cf. Pasolini.

aquele fio criativo que tinha gerado muitos paradoxos, só podemos suicidar aquele rei que foi assimilado pela geração, para voltar a viver e a realizar – num cenário totalmente modificado – um novo papel de prisioneiro inalcançável, incustodiável, não-aprisionável, assim como alguns setores jovens estão fazendo com o jogo dos *multiple name* à Luther Blissett, passando da angústia do anonimato aos prazeres do homonimato[9].

Nosso paradoxo quer enfatizar que não seria possível haver em nossa cultura – pelo menos à luz dos nossos conhecimentos atuais – uma fase tão estruturada que impeça qualquer mudança possível: tudo se transforma em continuação, e à pesquisa renovada é dada a tarefa de procurar (e não só isso) compreender e mudar a direção de tão tumultuadas transformações acontecendo[10].

6. SEXTO *SPOT*: O PARADOXO DESENFREADO – CORPOS "VICE-VERSA"

Os paradoxos são insolúveis. Logo que for dada uma solução, eles levarão a outras direções. Por isso, logo que um problema é resolvido, ele se reapresenta sob outras formas. Se escolhemos, como metáfora inicial, a ampulheta, em que os diversos códigos são revertidos um no outro, de acordo com o correr do tempo, agora acentuamos esse jogo

---

[9] O *multiple name* não é um nome coletivo (como foi erroneamente e tradicionalmente traduzido por Luther Blissett, cf. Canevacci, 1999), mas justamente múltiplo, como havia antecipado aquele grande velho William Burroughs: "Eu tenho mil rostos e mil nomes. Não sou nenhum, sou todos. Sou eu, sou tu. Estou aqui adiante, atrás, dentro, fora. Estou em todo lugar, não estou em lugar algum. Estou presente, estou ausente" (1969, p. 132).

[10] Essa conclusão serve para esclarecer outro nível de leitura possível: o entrelaçamento de experiência biográfica e mudança. Com efeito, a geração que lutou contra aquela lógica da modernidade, nas décadas de 1960-1970, de repente teve de aceitar que, durante a década de 1980, tudo estava mudando. Isso foi insuportável para quem, de início, estava convencido de ter conseguido definir as novas tendências para a transformação. De repente, compreendeu-se que não se estava compreendendo mais nada; um irresistível processo comunicacional estava mudando o modelo anteriormente construído, e a realidade não tinha permanecido imóvel esperando sua chegada. Dessa forma, todas as centralizações e as certezas foram destruídas. Desde então, houve poucas escolhas: adaptar-se aos elogios do novo; retirar-se para a vida particular, para não comprometer-se com as escalas dos novos valores; continuar vendo somente o "velho" e acabar por encontrar-se transformado em tantas estátuas de sal ou, então, realizar a extrema destruição daquelas categorias lógicas culturais e políticas, para procurar recolocar tudo em discussão e recomeçar. Em certo sentido, alguém precisou virar a ampulheta e assumir que tudo estava confuso, misturado e renovado.

comunicativo, focalizando uma simples fotografia que anuncia um produto em nome do "vice-versa". Isto é, tudo é revertido novamente em seu contrário. Justamente como para um perfume.

A linguagem visual da publicidade assumiu um estilo que multiplica os planos narrativos praticamente ao infinito. Isso significa dizer que é possível escolher algumas dessas imagens – eu escolhi o comercial *Vice-Versa*, em que o advérbio se transforma em nome – desenvolvendo uma interpretação virtualmente interminável. Quanto mais buscamos o detalhe anatômico da publicidade corporal, mais ficamos enredados numa série de nós que a imagem coloca em cena. O desafio passa, pois, do visual ao escrito: para continuar a desenvolver o texto narrativo de uma linguagem a outra. Tornar-se-á clara a multiplicidade polissêmica que uma simples, porém muitíssimo complexa, imagem publicitária coloca em cena. E como outros olhares poderiam acrescentar, uma série infinita de leituras. Todos nós, *consumidores--voyeurs*, estamos dentro da imagem. Não é possível ficar de fora. Somos capturados, de qualquer forma, por esses poderes visíveis, por essas forças animistas. Essa imagem me foi realmente apresentada como um grande fetiche. Como uma espécie de fetiche superior que permite um jogo ininterrupto de narrativas. Esta é a comunicação visual atual. Logo que entramos nela não podemos mais sair: a não ser executando o último ato que, num certo sentido, nos transforma em finíssimos apêndices daquilo que teríamos gostado de iluminar e dissolver justamente como fetiche. Este é um ato da escrita segundo o fetichismo metodológico: a transcrição de todas aquelas histórias possíveis que já haviam sido inscritas pelo jogo dos corpos e pelo jogo do publicitário, e que podem dissolver seu caráter fetichista pela forma a elas adequada: narrando-o.

Existem algumas publicidades fotográficas que se destacam pela presença excessiva e irregular de um jogo-dos-corpos que constrói ideogramas sincréticos direcionados para novas simbólicas sexuais inimagináveis, por seu atrevimento, apenas alguns anos atrás. Elas se configuram como uma apologia realizada por movimentos surpreendentes e, ao mesmo tempo, como uma elegia corporal, comunicando um sentido de ambivalência tão intricado quanto intrigante em relação aos papéis tradicionais de homens e de mulheres. Sobre essas ambivalências corporais, essas imagens constroem e aglutinam seu alvo definido, já treinado para decodificar ideogramas corporais inovadores. Para esses produtos, parece ainda mais legítimo pensar que são eles que "olham" os possíveis leitores-compradores, selecionando-os dentro de uma elite privilegiada que sabe "jogar" com a inversão dos papéis e que, justamente dentro dessas sedutoras inversões, desencadeia-se o fascínio do excesso.

Esses produtos observam e escolhem seus fruidores num jogo sutil de cumplicidade e protecionismo, legitimado, por exemplo, pela revista "séria" que – ao publicar a foto – tranquiliza e, ao mesmo tempo, instiga para a entrada no mundo desregrado da inovação dos códigos. Estes envolvem o possível cliente não para os benefícios derivados do uso eventual do produto, mas pelas possibilidades polimórficas que se abrem ao ingressar no reino (*frame*) das inversões e contorções corporais, fonte de inusitadas e inesperadas excitações.

Esse jogo para perversões legitimadas parece ter tido um efeito de atração também sobre mim, que me senti logo estimulado (ou "escolhido") a interpretar o perfume *Fragrance pour homme,* de *Ferrè,* logo que vi sua primeira imagem fotográfica: um emaranhado corporal, feito de intricadas androginias neoplatônicas, que para mim se anunciou como a alegoria triunfante de novos e inexplorados "jogos-dos--corpos" de significado "plurissexual" ambivalente e obscuro.

O EMARANHADO DOS CORPOS

A foto é cortada na altura dos lábios e dos quadris. Os dois corpos – o masculino e o feminino – estão invertidos em relação às suas possíveis posições de ortodoxia e heterodoxia sexual. É em virtude dessa inversão inovadora e inesperada – fonte perversa de obscuras atrações – que a imagem realiza seu objetivo. A "fantasia" excitada pela imagem parece estimular decodificações múltiplas. Inicialmente parece sugerir uma relação sexual impossível, em que uma mulher "agarra" um homem por trás, como num jogo de homossexualidades cruzadas: uma mulher-macho possui um homem-mulher. A mulher, de fato, está "colada" às costas do homem que, a fim de aderir melhor à sua metade, curva as costas e as nádegas. O todo difunde uma inesperada e incerta variação do mito do andrógino platônico, exatamente porque o casal parece composto por um circuito homossexual masculino – ou possuído? – por uma homossexual feminina (no mito platônico o casal perfeito – em vez de heterossexual – é composto por dois homens, antes da separação divina que conduz à busca da reunificação amorosa).

O jogo das inversões sexuais (homem passivo e mulher ativa) e das interconexões corporais é exaltado geometricamente pelo cruzamento em duplo ângulo reto (quase uma suástica) dos respectivos braços esquerdos. O braço viril, como para reverter ou equilibrar o excesso de feminilidade provocado pelo primeiro olhar de conjunto, é musculoso, potente, atravessado por veias subcutâneas grossas e emergentes: um eflúvio dos muitos canais que confluem no grande rio arterial, que enfatiza e acompanha a linha desde o bíceps até o antebraço. Em sentido inverso, seu ombro, saliente, projetado para fora, parece temperar o excesso de força com o segundo olhar mais atento: é um movimento quase dengoso, que serve para construir uma série de fragmentos corporais em que cada um nega o outro. Efetivamente, na extremidade oposta, amplia-se a presa, virilmente predatória, da mão que circunda e agarra o quadril feminino, talvez para apossar-se e para afastá-lo, mas talvez também para empurrá-lo com força para o próprio corpo, acentuando a pressão dominante da mulher. Trata--se de um gesto de fantasiosa ambivalência: ele parece sugerir tanto a submissão ao poder dela, quanto sublinhar a dominância dele. O todo está fixado no arco do polegar que triunfa bem aberto sobre o fêmur feminino. Por causa desse movimento do braço para trás, a axila abre-se, mostrando um tufo de penugem castanha, que insere um sentido cromático de outra ambivalência (nem demasiado viril, nem demasiado feminina) em oposição óbvia aos cabelos dela, orgulhosamente pretos e cortados em forma de capacete: é uma cavidade cheirosa e sexuada, mas também uma zona obscura e contaminada pelo possível resíduo dos eflúvios corporais.

Trata-se de um braço ambivalente e contraditório. Demasiado musculoso para ser "feminino" e demasiado virado para exercitar o poder masculino. Ele vai em busca de uma posse que, mantendo-se naquela posição, nunca poderá alcançar. Trata-se de uma *posse subordinada:* quanto mais for firme, tanto mais contribui para o enrijecimento da inversão dos papéis.

O PODER DO NARIZ E O SINAL DO MINDINHO

O poder do nariz é arcaico – lembra Freud em seu célebre *O mal-estar na civilização* – e os odores corporais na natureza devem ser "civilizados" pela supremacia perfumada da cultura. Os odores puros são perigosos: eles poderiam fazer-nos regredir à condição de animais, quando o único ato sexual conhecido era – como diziam os latinos – *more ferarum.* O homem primitivo, atraído pelos fortes odores emanados das partes baixas das mulheres que atingem seu enorme e sensível nariz, agarra sua parceira somente por trás. É uma fase na qual a ativação do prazer concentra-se mais no nariz, enquanto ao olhar ainda é negado poder "ver" o prazer nos olhos do outro e, dessa forma, desenvolver o que agora chamamos erotismo. Por isso, a cabeça ainda não se ergueu completamente para coroar a supremacia do olhar sobre o olfato. E como para os companheiros de Odisseu "filtrados" pela Circe homérica, o homem contemporâneo arrisca-se a regredir novamente à condição de porco, em que reinam os odores não-civilizados, submetido por uma mulher-bruxa decidida que o animaliza, se ele não aceitar a supremacia dos odores artificiais.

Em sentido inverso, movimenta-se o braço feminino: é firme, estendido para frente, ele também em ângulo reto, porém para cima, bem torneado, mas não musculoso. Não pertence nem a uma "mulherzinha" nem a uma cultuadora do *body-building.* Após ter passado por baixo do poderoso bíceps viril, quase encaixado e submetido, o antebraço levanta-se firme e decidido, para terminar na mão que desenha ("maravilha"!) um movimento simétrico na mão masculina: todos os dedos se concentram e se comprimem contra o maxilar capturado do macho, que exercita quase uma tentativa extrema de virar-se, para retomar o controle mental – feito de olhos, nariz e boca – sobre a mulher. Procurando não ser mais um objeto-submetido, mas novamente sujeito-predador. Somente o dedo mínimo, o último e o mais frágil dos dedos, contradiz todos os demais e, em vez de força, parece querer chamar doçura e insinuar-se somente com a ponta entre os lábios semifechados do homem. Mas a penetração mansa da cavidade oral é apenas alusiva e também dúbia, assinalada por uma extrema delicadeza da mulher, cujo gesto, de outra forma, ter-se-ia invertido numa explícita metáfora de outras sodomias do homem (especialmente se tivesse sido outro dedo, mais "rígido", como o indicador ou o médio).

A ambivalência da mensagem é enfatizada pela censura realizada pelo "corte" fotográfico. O que se mostra é somente uma parte do lábio inferior: o que sugere de modo duplo tanto a inserção do dedo quanto o posicionar-se do dedo mínimo sobre os lábios, quase a solicitar o silêncio, a submissão, o sigilo. Os cinco dedos, portanto, cumprem globalmente uma ameaça carinhosa: agressividade e doçura são alternadas e confundidas entre si.

O mindinho feminino exercita a mesma função do polegar masculino: ambos se apoderam de uma parte estratégica na relação amorosa – lábios e quadris – mas para obrigá-los a ficar bloqueados de modo "não-natural", invertido, para impedir o consumo sexual e, consequentemente, aumentar o desejo.

Promessas de fusões e impossibilidades de posse se entrecruzam como os respectivos braços, que se atraem na medida em que (ou justamente quando) se afastam. Eles contribuem decididamente a manter – a ligar e coligar – uma posição "impossível" que exigiria – sempre como no mito platônico da androginia primigênia – a intervenção de um novo Zeus separador, que já uma vez desviou a direção dos órgãos genitais.

A fêmea "é" o macho, justamente porque seu mindinho e seu indicador reafirmam uma ausência de limites nos atributos masculinos, porém no interior de uma constelação sempre feminina. Simetricamente, o macho "é" a fêmea, mas justamente enquanto reafirma com segurança a virilidade de seu bíceps e de suas artérias. O macho pode voltar a ser besta, curva e submissa, mas somente porque se ergue para o alto.

Os papéis de macho e fêmea são tão trocados quanto reconfirmados: ou seja, são reconfirmados somente depois de ter invertido suas tradicionais configurações e são invertidos apenas enquanto o todo volta a legitimar suas identidades. Somente um homem domado poderá ser novamente macho, e somente uma mulher indômita poderá ser novamente fêmea. Uma é o vice-versa do outro.

A CIVILIZAÇÃO DO OLFATO

De encontro ao pescoço masculino aparece uma parte do nariz feminino, em áreas de sombra, embora muito próximas dele, quase "obscuramente" pronto a colher os odores que exalam de um corpo por ela possuído e controlado: todos os odores possíveis, do perfume renovado e aculturado às gotas estagnantes e putrescentes. Por baixo dele, quase subordinados e em plena luz, entreabrem-se os lábios, duplamente prontos, seja para experimentar e saborear – para "morder" os sabores – seja para beijar e premiar. Isso exalta o ângulo pronunciado e bem luminoso do maxilar, capaz de abrir-se e fechar-se sobre as carnes disponíveis, das quais o separa um espaço microscópico, vazio e branco – o único entre os dois corpos – como para conferir ainda uma extrema possibilidade de afastamento ao homem virilmente feminilizado, por parte de uma mulher que, de forma simétrica, se apresenta como femininamente masculinizada. Os cabelos curtos e escuros acentuam essa ambivalência e descobrem uma garganta e um pescoço estendidos para a possível incorporação. Mesmo a linha do seio é acenada apenas para apertar-se contra o dorso curvo do homem, onde a parte cava do tronco masculino ergue-se sobre o contíguo umbigo feminino. Seio pequeno, mas não inexistente, quase isomorfo em relação ao braço, torneado, porém não cheio.

Em sentido longitudinal aparece a mão direita da mulher, enquanto a do homem está ausente, talvez virada como a esquerda, bem grudada aos quadris dela: agora é o indicador pouco feminino que, curvado e ameaçador, separa-se dos demais dedos fechados e segura o perfume virado, com a tampa para baixo. Ao mínimo sinal está pronto para abrir-se e deixar escorrer o rio de seus renovados odores, verdadeira *fragrance pour homme,* conforme a escrita em impressão superposta abaixo da marca *Ferrè* que, juntamente com o nome Gianfranco, ilumina de ouro o vidro escuro dos desejos perfumados. Todavia, justamente a ponta está virada para baixo, quase para significar a urgência de uma rega que não deixe de envolver as partes mais "baixas" do homem, estas também censuradas pela montagem, e que parecem necessitar uma urgente intervenção purificadora *ou,* por assim dizer, "perfumificadora". Talvez o inclinar do vidro perfumado esteja significando que somente seu uso permitirá o levantar da parte censurada, para realizar assim a satisfação de uma relação corporal, após ter-se restabelecido o exato sentido entre os corpos.

Tudo está pronto e também disponível para esse jogo de derramamentos e ereções: o verso do vidro e do líquido que dele pode sair vai na mesma direção da grande veia, esta também inchada e pulsante como a do braço que abre caminho para o baixo-ventre, indo confluir nas mesmas áreas censuradas e baixas do homem. É evidente que o objeto principal a ser perfumado é o sexo masculino, e que somente essa rega (além de espiritualização e elevação para o reino da cultura) poderá permitir o restabelecimento da posição paritária. O sexo precisa suavizar-se, domesticar-se, para desfazer-se de sua origem natural e recusar o chamamento animal irritantemente olfativo: precisa dobrar-se aos reinos dos perfumes civilizados antes de poder levantar-se novamente.

O MONÓLOGO SUSSURRADO

"Tu és potente", sussurra-lhe a mulher no ouvido, *"mas para continuar a exercer os direitos do teu corpo e adquirir a minha disponibilidade a voltar-me para ti, disponibilidade que agora eu te nego decididamente, deves mudar de sinal, deves eliminar os odores não-cultivados, somente naturais e sem cultura, deves incorporar o jogo civilizado dos perfumes, os únicos que eu estou disposta a cheirar. Somente passando da supremacia da natureza e de seus incontroláveis odores à da cultura, com seus sutis perfumes artificiais, poderás restabelecer o nexo funcional e produtivo dos*

corpos e, assim, o meu corpo feminino poderá tornar-se novamente mulher e o teu corpo masculino tornar-se novamente homem".

Essas palavras virtuais, sussurradas pela mulher sob forma de monólogo, podem esclarecer melhor o sentido do gesto de sua mão esquerda: nele coexistem tanto uma ameaça, sob forma de pressão para fazê-lo curvar-se e tornar-se primitivo, para fazê-lo voltar ao reino arcaico do olfato, onde os filtros de Circe (esta é, então, a diferença entre os filtros e os perfumes: aqueles abaixam e estes levantam?) permitiam viajar entre as espécies de homens e animais; quanto a promessa de fazer curar da sua mão direita (a dele, de fato, está ausente). *Ameaça de regressão* para a condição de porco, com a magia dos filtros, e *promessa de elevação* do reino animal com a lógica dos perfumes são contemporaneamente desenhadas pelas duas mãos. Como no "paradoxo do prisioneiro" de Watzlawick ou no "duplo vínculo" de Bateson, o homem é duplamente seduzido pelos braços femininos: numa primeira instância, porque o envolvem por trás; numa segunda, e mais detalhada, porque uma mão nega aquilo que a outra oferece. O prazer e a punição são muito próximos, como seus corpos de andróginos às avessas. São sincrônicos. O homem perfumado está aprisionado pelo duplo vínculo do mal-estar da civilização, segundo o qual sua evolução depende de sua renúncia à instintividade, porém essa civilização é paga com o preço de ser presa das forças arcaicas do mito. A repulsa diante dos odores arcaicos e a atração pelos perfumes civilizados acabam por legitimar somente o homem que não é mais macho, que aceita a renúncia como modelo da cultura: se ele seguir a estagnação que cheira mal, regride ao estágio do porco, apassivado e desvirilizado; se, ao contrário, escolher a inovação perfumada, perde sua força sexual material e adquire a "espiritual". Em ambos os casos, ele precisa correr o risco, para poder revoltar-se.

A lógica "perversa" da contiguidade metonímica dos corpos enfileirados um atrás do outro só pode ser quebrada pela afirmação da lógica normativa da diversidade metafórica, que conecta a dinastia dos perfumes aculturados com a nova virilidade civilizada. Mas, para consegui-lo, essa metáfora terá, por sua vez, que reverter-se sob o domínio mítico da metonímia e, por intermédio do escorrer purificador dos líquidos cultivados e culturais, destruir a supremacia malvada e inaceitável dos perfumes naturais do corpo, restabelecer uma nova contiguidade amorosa "fragrante", não mais tanto para o homem, mas para a mulher que está atrás dele, a qual, somente graças a essa reversão lógica, semiótica e antropológica poderá retornar, por sua vez, a ser disponível para a reversão dos "sentidos" de seu corpo.

O código publicitário é, finalmente, claro: a inversão dos corpos que, mesmo excitando e atraindo – efeminam o homem e masculinizam a mulher – pode ser endireitada somente por meio do eflúvio de perfumes "bem-comportados", dos odores "bem cultivados" que civilizam a natureza bruta, eliminam o coito de costas, essa forma extremamente inatural, e a transformam em cheirosa cultura, somente assim disposta a erotizar-se.

Na mão masculina – e em seu polegar susceptível de oposição – permanece o sinal do comando de uma potência sexual que, porém, está impedida e aprisionada pelos desenhos contrastantes dos braços femininos que se insinuam em seu corpo para o alto, com a mão esquerda, ao mesmo tempo ameaçadora e delicada; e para baixo, com a poderosa mão direita que, com o indicador bem arqueado, assinala a passagem dos filtros aos perfumes. Ou talvez os mantém a ambos. Magia e razão coexistem dentro do vidrinho que, sozinho, pode *salvar o homem, perdendo-o,* isto é, dissolvendo seus odores naturais.

Agora podemos finalmente decifrar também as últimas palavras sussurradas pela mulher no ouvido do homem:

"Se não perfumares tua incontinente sexualidade genital, para transformá-la em Eros civilizado, eu virarei a minha cara para trás, para sempre, afastarei até o último e mais tenro dedo – o mindinho – que ainda paira sobre teus lábios: e não me verás nunca mais. Obrigar-te-ei a ficar bloqueado, submetido e feminilizado de encontro a mim, nova Circe, especialista em filtros de amor. Tu serás meu Narciso e, 'vice-versa', minha Eco: como ocorre com o belíssimo jovem, serás obrigado a espelhar-te e não te reconhecer e, portanto, a perecer de fraqueza, demasiado sedutor e

'aprisionado' por teu ego para entregar-te a outro; e, como a ninfa medonha, serás obrigado a ouvir sempre e somente o eco de minha voz, demasiado assimétrico e grosseiro para ser visto e... cheirado. Assim, a vista do primeiro e a audição da segunda aparecerão como os sentidos mais desenvolvidos – 'evoluídos', ou 'civilizados' – que pensarão ter derrotado para sempre o poder do olfato, enquanto, pelo contrário, não 'verão' nem 'ouvirão' outra coisa a não ser a nostalgia de perfumes abstratos, imêmores, e as voláteis cicatrizes de meu domínio."

CAPÍTULO 4

CABEÇAS CORTADAS

> Não há presença carnal que não pareça já roída pela futura ausência. (LEIRIS, 1988, p. 25)

1. O ROSTO

O rosto possui sua história: "Há nos rostos uma espécie de eloquência silenciosa que, sem agir, de qualquer forma 'age', afirma Père de Cresolles num tratado de retórica escrito no começo do século XVII". Com essa citação, Courtine e Haroche iniciam seu livro sobre a história do rosto (1992, p. 13). Trata-se de um texto de antropologia histórica construído de modo a focalizar no "rosto o fulcro da percepção de si, das atenções para com os outros, dos rituais da sociedade civil, das formas do político" (*ibid.*). O rosto fala – por meio de uma linguagem não-verbal – numa estreita conexão com a afirmação de uma nova subjetividade: a da modernidade.

Embora inserindo-se numa tradição arcaica, no século XVII nasce uma verdadeira tentação pela fisionômica: uma espécie de disciplina que acredita poder chegar à elaboração de tipologias supostamente "científicas", segundo as quais a identidade íntima de um sujeito deveria coincidir com os traços morfológicos – fixos como selos divinos ou protuberâncias psicofísicas – daquele que os carrega. O sujeito é, pois, conscientemente, aquele que carrega um rosto que é a expressão da alma[1].

---

[1] "Os nefandos que vi passar a caminho do suplício, os pérfidos assassinos, os impostores são todos de baixa estatura; as almas cruéis vivem em corpos pequenos" (COURTINE-HAROCHE, 1992, p. 97).

Se a construção singular do rosto é localizada no ápice da modernidade, para os dois autores, a contemporaneidade é vista como declínio da expressividade em público. Essa é causa do consequente silêncio do rosto. E, assim, o homem sem rosto é o resultado de um tipo de sociedade que não teria mais vontade de expressar emoções, mas somente de controlá-las.

Neste capítulo, procuraremos estabelecer um nexo entre algumas formas tradicionais de representar o rosto (como a máscara) e o primeiro plano; e como esse primeiro plano se modificou desde sua invenção cinematográfica até os seriados da TV. O rosto é, pois, um extraordinário índice do processo de mutação da comunicação visual. Aliás: é a própria comunicação visual. A verdadeira linguagem decodificada por um espectador tendencialmente planetário (mas, nem por isso, homologado) é a do rosto. Do rosto-visual.

Se for verdade que as "paixões" do rosto expressam módulos narrativos que podem ser definidos como elementares (isto é, redutíveis a um número-padrão: ódio, amor, ira etc.), ao mesmo tempo, o sentido dessas paixões e os sistemas significados e codificados são culturalmente determinados: isso significa afirmar um relativismo variável no espaço e no tempo. O rosto-visual será sempre mais *glocal*: um concentrado inquieto e móvel entre globalização e localização. O que vou definir sucessivamente como "cabeças cortadas" ou *visus* é o resultado sempre mutável colocado no cruzamento de três forças: as paixões elementares, as tecnologias visuais, os valores de cada cultura.

Aqui não se desenvolverá uma fisionômica do rosto. Nesta abordagem, sempre se procurou encontrar supostas leis universais, para inscrever relações objetivas em tipologias humanas e tipologias faciais. Porém, "confundir identidade e fisionomia é um sonho duro de morrer", afirmam justamente Courtine e Haroche (p. 182). Como se sabe, isso produziu, e em parte continua a produzir, a afirmação totalmente injustificada de estereótipos. O rosto como espelho da alma, com o vício ou a virtude da identidade de cada um, como condenação que exibe publicamente nossa verdade mais interior e particular. Aqui, queria contrastar a redução do rosto a cara – ou seja, a uma dimensão biológico-naturalista – para afirmar o rosto como sensibilidade individual, estética, comunicativa.

Também a sábia análise do rosto de Courtine e Haroche não consegue ver a enorme loquacidade de um rosto inserido nos circuitos da mídia. Se a "história do rosto é também a história do controle da expressão" (p. 20), eles veem a cultura contemporânea como produtora de "um silêncio do corpo e das caras" (*ibid.*). Enquanto aqui se sustenta exatamente o contrário: isto é, que o corpo se tornou a obsessão do Ocidente, que essa obsessão "fala" com uma loquacidade ininterrupta e sempre mais fragmentada, numa multiplicidade de estilos de vida e de códigos corporais.

Toda a cultura visual gira ao redor do corpo. E o corpo é o rosto por excelência. O rosto é o grande concentrado do corpo inteiro, ao qual deve-se dar a maior ênfase. E, portanto, as emoções visuais devem sair do controle (mesmo dentro de *um frame* rigidamente controlado)[2] em suas variações mais micrológicas da pele, dos músculos ou dos nervos. Cada detalhe do rosto, a técnica das expressões e dos comportamentos, a arte da maquiagem, o tipo de penteado: tudo é o resultado de um trabalho imenso que vê empenhadas, nos estúdios e na pesquisa, as maiores entre as grandes emissoras televisivas.

A linguagem do corpo, na era da comunicação visual é, essencialmente, a linguagem do rosto.

2. O PRIMEIRO PLANO

Na comunicação visual, o invento do primeiro plano teve uma função fundamental que influencia até hoje os modelos – muitas vezes implícitos – da percepção por parte do espectador que, por sua vez, se modificam no espaço e no tempo. Pode parecer excessivo enfatizar o caráter histórico e o relativismo cultural dessa técnica da comunicação: pelo contrário, isso é necessário para permitir que se reflita sobre como mudou, num tempo relativamente breve, a "natureza" do primeiro plano dentro da cultura visual mais geral.

Béla Balàzs, que foi um dos maiores estudiosos de cinema, emprega palavras cheias de emoção para descrever a "descoberta" do

---

[2] Sobre o controle descontrolado das emoções, cf. Wouters (1989).

primeiro plano, por ele atribuída a David Wark Griffith, o que inventou também a montagem alternada[3]. Graças à fisionômica, o cinema exalta a correspondência entre os sentimentos interiores do homem, mesmo os mais recônditos, e os traços do rosto: o que vai na alma está impresso, "marcado" no código facial que, dessa forma, torna-se a máscara do vídeo. O rosto como espelho da alma teve, no cinema mudo, seu divulgador de massa, conseguindo assim substituir a ausência da linguagem falada pelo exagero da linguagem mimética. Essa fisionômica aplicada fundiu, de forma singular, o positivismo cientificista com Lombroso – o inventor da antropologia criminal, segundo a qual, por exemplo, um assassino teria impressa, nos traços antropomórficos do rosto, sua predisposição para o crime[4] – com a metafísica cristã e a crítica marxista. Para Balàzs, nos primeiros planos de Lilian Gish, ou de Asta Nilsen, realiza-se a apoteose da nova arte: os "bons primeiros planos" não se limitam à "exatidão física, material, do particular": "deles pode emergir a luz de uma emoção humana sutil" (BALÀZS, 1975, p. 65). E ainda: "No primeiro plano existe com frequência a dramática revelação daquilo que realmente se esconde na aparência do homem". Realiza-se, assim, uma síntese entre a sensibilidade poética do diretor e a "expressão de seus sentimentos inconscientes". Citando diretamente uma frase de Marx - "a raiz de todas as artes é o homem" -, Balàzs termina sustentando que "mesmo quando o primeiro plano cinematográfico levanta o véu que encobre as coisas, enriquecendo e completando nossa visão, nos revela somente o homem" (p. 69). Concluindo, "o primeiro plano representa o ins-

---

[3] Não foi somente Cabiria (1914) de Pastrone, espetáculo com a participação de D'Annunzio, que "teve certamente uma certa influência em Griffith" (SADOUL,1964, p. 135) - para uma cenografia que não era mais pintada em telões e sim reconstruída em tamanho natural, com estuques e papel cuchê - mas também outro filme italiano, desta vez de enfoque realista, *Sperduti nel buio* [Perdidos no escuro] (1914), de Nino Martoglio, que inventou a montagem alternada: "este filme, para retratar simultaneamente duas classes sociais, serviu-se amplamente de uma montagem cheia de contrastes, sistema do qual, a seguir, deveria servir-se Griffith em abundância" (p. 137).

[4] De Cesare Lombroso queremos lembrar os títulos de alguns livros que tiveram grande difusão: *O homem delinquente em relação à antropologia, jurisprudência e disciplinas econômicas* (1876); *A etiologia do delito* (1893); *Gênio e degeneração* (1898). Ele considerava-se um darwinista social, enquanto Darwin, ao contrário, em sua pesquisa pioneira a respeito das expressões das emoções em homens e animais (1872), recusou as grosserias pseudocientíficas sobre rosto-espelho-da-alma.

trumento criativo deste formidável antropomorfismo criativo *(ibid.)*, que possui algo de materialisticamente teológico. Como o mito criou os deuses à imagem e semelhança dos homens, da mesma forma o primeiro plano antropomorfiza o homem em toda a sua variegada tipologia de paixões; é como se, pela primeira vez, o rosto humano se humanizasse e se animizasse diante de si mesmo. Contudo, essa humanização novamente volta a ser também uma nova divinização: não é por acaso que o rosto visual por excelência – o de Greta Garbo – se eleva ao papel "divino" de representar o sentido de alienação social e de antagonismo político. Para Balàzs, tudo isso está inscrito na beleza particular da atriz, uma beleza "distante" do mundo: "Greta Garbo é triste. Não somente em determinadas situações, por motivos específicos. A beleza de Greta Garbo é uma beleza sofrida, que envolve toda a vida e todo o mundo circundante. Essa tristeza é uma expressão exatamente determinável: é a tristeza da solidão e da estraneidade, aquela tristeza que não conhece comunhão com os demais. Na figura de Garbo, está encerrado o triste destino da pureza de uma nobreza interior voltada para si mesma, da sensibilidade que produz o calafrio do *noli me tangere*. Também quando incorpora a personagem de uma prostituta corrupta. Mesmo assim, Greta Garbo sente-se como exilada em terra estrangeira, e não sabe como pôde chegar lá" (p. 335).

Sobre o significado fisionômico desse rosto não pode haver dúvidas: "até o pequeno burguês, sem consciência política, percebe que aquela beleza triste e sofrida, que não pode esconder a repugnância de viver neste mundo sujo, é a imagem de uma humanidade mais altamente organizada, espiritualmente mais pura e moralmente mais nobre. A beleza de Garbo é, no mundo burguês, uma beleza de *oposição*" *(ibid.)*. O primeiro plano de Garbo antecipa o comunismo, nela se descobre o socialismo de *rosto fílmico* ou, pode-se escolher, *o socialismo num único rosto*. "Na fisionomia de Greta Garbo, milhões de homens veem um protesto doloroso e passivo. Milhões de homens que talvez não tenham ainda se conscientizado de seu próprio doloroso protesto. Mas, justamente por isso, eles amam a beleza de Greta Garbo e a colocam acima da mais bela de todas as belezas."

No entanto, tudo isso não era "legível" até alguns anos atrás. Os códigos com os quais se constroem ou se interpretam as imagens são plasmados pelo tempo e pelo espaço. O próprio Balàzs conta, a propósito, uma anedota muito expressiva:

> "Um dos meus amigos moscovitas contou-me o caso de sua nova empregada que chegou à cidade, pela primeira vez, de um *kolkos* siberiano. Era uma moça inteligente, tinha frequentado a escola com proveito, mas, por uma série de estranhas circunstâncias, nunca havia visto um filme. Seus patrões a mandaram ao cinema, onde estava sendo exibida uma comédia popular qualquer. Voltou para casa muito pálida, carrancuda. 'Gostou?', lhe perguntaram. Estava ainda tomada de emoção e por alguns minutos não soube dizer nada. 'Horrível', disse ela afinal, indignada. 'Não consigo entender por que, aqui em Moscou, permitem que se exibam tais monstruosidades'. 'Mas o que foi que você viu?' retrucaram os patrões?' 'Vi', respondeu a moça, 'homens em pedaços: a cabeça, os pés, as mãos, um pedaço aqui, um pedaço acolá, em lugares diferentes'" (p. 39).

Essa história não atesta a ingenuidade particular por parte de uma pessoa pouco instruída ou de origem camponesa. É, pelo contrário, o indicativo de um processo histórico particularmente violento naquela época, mas que ainda não terminou. Como se sabe, mesmo no cinema da própria Hollywood difundiu-se o pânico entre os espectadores, quando um filme de Griffith apresentou pela primeira vez uma enorme "cabeça cortada"; o primeiro plano não foi entendido logo sequer nesse espaço. Da mesma forma, os parisienses fugiram à vista do primeiro trem filmado pelos irmãos Lumiere. E ainda: a mesma gramática visual, que pode alternar – por meio da montagem – primeiro plano, plano americano, campo longo etc., não foi logo compreensível aos espectadores "normais", que precisaram modificar seu modo de percepção e de interpretação (na verdade, culturalmente determinado e variegado). As *cabeças cortadas* dos primeiros planos inovavam a linguagem visual. E, ao mesmo tempo, estabeleciam uma conexão com os modelos análogos, mas anteriores, da comunicação visual, em primeiro lugar, com as *máscaras*.

Por trás da aparente ingenuidade de Balàzs, que entre outras coisas, é interna ao debate de sua época, afirma-se uma linha inter-

CAPÍTULO 4 – CABEÇAS CORTADAS

pretativa definida do cinema, que consiste em aplicar as mais "altas" teorias sociais ou filosóficas à comunicação visual. Do nosso ponto de vista, a simbólica transcendente do primeiro plano de Greta Garbo nos permite relacionar seu rosto às máscaras.

3. A MÁSCARA

A função antropológica das máscaras – sua presença em muitíssimas culturas – vai muito além da exigência de poder mudar de pessoa e de identidade: nelas se manifesta uma inquietação e um fascínio que envolve praticamente toda a humanidade. Talvez, atrás delas, além de quem as utiliza, esconda-se um segredo, para cuja revelação talvez seja necessário recorrer às máscaras mais extremas, mais exageradas, mais radicais.

E a raiz das máscaras é a caveira.

Tomemos dois modelos que pertencem a culturas extremamente diferentes entre si: a máscara-mosaico encontrada em Mixtec, no antigo México, que remonta ao século XIV, e que atualmente se encontra no British Museum; e os reconditórios preservados nas igrejas de Gutenzell e Weyarn, na Baviera, "criados" em plena era barroca (aproximadamente no ano de 1755). Ambos possuem este aspecto em comum: trata-se de máscaras que têm por base o crânio humano. A partir da fisionômica da primeira – a mais realista e, ao mesmo tempo a mais radical – artistas desconhecidos engastaram as mais diversas pedras preciosas nos "vazios" deixados livres da carne e da cartilagem. As órbitas dos olhos, as partes cavas do nariz e das faces: tudo é uma celebração e um triunfo de pedras preciosas sobre a caducidade da carne, em firme junção com ossos bem polidos e dentes bem engastados. É como se a evanescência temporária da carne reflorescesse graças a seu oposto: a luminosa indestrutibilidade das pedras de lápis-lazúli e obsidiana.

Quanto aos "reconditórios", vão mais além; são – também etimologicamente – preciosos cofres onde era moda guardar não somente caveiras, mas até esqueletos inteiros e pseudomártires. De acordo com o costume do tempo, com efeito, era necessário que cada igreja tivesse o relicário de um santo; por isso, tinha se instaurado o estra-

135

nho hábito, por parte dos religiosos europeus, de ir em peregrinação até Roma, comprar o cadáver de um suposto santo (que geralmente era falso), para transportá-lo, com as devidas precauções, até sua cidade de origem, de forma a dar brilho e honra à diocese. E, aqui, cumpria-se o rito extremo: caveiras e esqueletos daqueles pobres pseudomártires, "cobertos de pedras preciosas como mulher nenhuma jamais se enfeitou para um baile, demonstram a eternidade gloriosa dos santos pela resistência de sua estrutura óssea e o esplendor de um paramento mineral. A eloquência desse sermão-espetáculo, para o qual contribuem os reflexos das tecas, as pequenas chamas sobre os altares, o brilho das pedras possui, em seu centro, o mais elementar dos tropos: o *corpo do morto,* ou aquilo que resta dele" (QUATTROCCHI, 1987, p. 92).

Entre arte do barroco tardio e arte protoasteca (embora possam ser muitos outros os exemplos a serem citados) existe um elo tão forte quanto secreto que as relaciona reciprocamente. "A alegoria", escreveu Walter Benjamin, "é mais fortemente radicada lá onde a caducidade e o eterno se chocam diretamente" (1971, p. 243). A carne e o esqueleto, portanto. Na escolha da caveira como material primigênio da máscara há uma espécie de desafio totalmente humano à categoria decisiva do tempo; nele, embora oscilando entre redenção transcendental e *facies hippocratica* positiva, sobrevive uma "petrificada paisagem primitiva" que sequer a morte consegue decompor.

Cada erro e cada dor do passado histórico "configura-se num rosto – aliás, na *caveira de um morto*" (p. 174). Animismo e misticismo estão envolvidos no mais duradouro e "materialístico" dos materiais: a caveira, o crânio descarnado. Por isso, a interpretação de Benjamin deve ir além da história: além da exposição barroca, a representação visual das dores do mundo contém um código mais complexo que persegue a superação da entrega à morte. Com essa finalidade, exige uma *desumanização mascarada.* Essa caveira-máscara é o "rosto rígido da natureza": de morto (e, portanto, vencido) ele se transforma em vencedor somente enquanto, juntamente ao "culto barroco da ruína e dos escombros" (p. 188), irradia um culto ósseo esteticamente reconhecido que resiste sob forma escultural. É essa a forma que, no

Ocidente, é chamada de arte. Na caveira já existe um seriário abundantemente disponível *in natura*.

A máscara é uma cortina que se abre sobre a caveira. Disso decorre sua natureza dupla e ambivalente; ela torna fascinante aquela visão barroca "que mostra uma rosa florescendo ao mesmo tempo em que murcha, o sol que, na mesma paisagem, contemporaneamente levanta e se põe" (p. 207). Em cada máscara há essa contemporaneidade que, ao mesmo tempo, mostra e esconde[5], mostra escondendo e esconde mostrando, que cala e fala, rígida e imóvel; há essa sincronia entre a espera enfeitada de joias de uma ressurreição metafísica e a continuidade maravilhosa de uma presença animista. Cada máscara, como um sol, levanta-se em sua mobilidade orgânica e se põe em sua fixidez inorgânica. Por isso, nela, permanece a apoteose do crânio como relíquia do cadáver, como transfiguração dos ossos faciais do defunto que se "mascara", dessa forma, de caduco em eterno. Como diz aquele poema de Lohenstein, citado por Benjamin, dedicado a *Hyacinthen,* a flor *"totenkopf"*: "E quando o Altíssimo virá buscar sua colheita do cemitério/Eu, caveira, serei um rosto de anjo"[6].

Se agora nos deslocarmos para Micenas, na antiga Grécia, o "mistério da caveira" – ou seja, a caveira como adivinhação – talvez se torne mais claro. Ali, de fato, foram encontradas muitas máscaras funerárias do século XVI a.C., pertencentes a reis da Micênia, entre as quais a que representa o chamado falso Agamenon e que, agora, juntamente com outras duas menos conhecidas, está no Museu de Atenas. O objetivo dessas réplicas é o de dar uma resposta não somente à exigência de bloquear com uma falsa imagem à realidade da mudança, mas também, e sobretudo, de ser essa realidade. Segundo Caillois, a "função das máscaras é a que se pensa capaz de fortalecer, rejuvenescer, ressuscitar" (1981, p. 105); e, além disso, elas servem como "adesivo social", pois cada um que pertencesse a determinada comunidade não poderia "não saber que se trata de ilusão, travesti-

---

[5] A função da máscara é, pois, semelhante à da ideologia: aliás, é a ideologia originária, que procura controlar o enorme "todo" da morte, reafirmando sua pequena, mas inextinguível, cota de vida.

[6] O funeral da comunidade indígena Bororó do Mato Grosso é outro exemplo extraordinário de como o cadáver é examinado, lavado de todo resíduo orgânico, e de como, por fim, a caveira se torna uma "alegria emplumada" a ser colocada no espaço doméstico. Uma caveira de arte.

mento, fantasmagoria", por trás das quais "ocultam-se seus próprios familiares" (p. 106). No entanto, em minha opinião, Caillois erra quando sustenta que o ocaso da função da máscara acompanha o nascimento da civilização: aquela mesma máscara, que "era o sinal, por excelência, da superioridade" (p. 124), mudou de signo, talvez tenha mudado também de "natureza", porém não se dissolveu.

Pelo contrário, na ansiedade toda francesa de fixar, de uma vez por todas, o momento crucial e também fatal da origem da cultura, há uma espécie de obsessão formal no sentido de controlar, com a pureza do pensamento, todo tempo e todo espaço percorridos pela humanidade em termos tão conceitualmente puros quanto historicamente alusivos. Enquanto, em minha opinião, é verdadeira a outra proposição de Caillois, segundo a qual a máscara cruza a *mimesis* e a *vertigo*, o pânico voluptuoso e o *transe* como espasmo, o perder-se como redemoinho: "A união mimese-vertigem é tão poderosa, tão fatal, a ponto de pertencer naturalmente à esfera do sagrado e de fornecer, talvez, um dos empurros principais dessa mistura de terror e de sedução que a define" (p. 94). Esse terror e essa sedução também definem perfeitamente a máscara, que age justamente com a função de incutir medo e difundir espasmos entre seus espectadores, tornando absolutamente vão e inútil conhecer a verdade empírica, segundo a qual ela é "somente" um produto artificial. Na verdade, é sempre o resultado de um processo cultural interno das culturas individuais (e, por isso, em muitas etnias somente alguns membros masculinos, pertencentes a certos clãs e a certas faixas etárias, podem conhecer a "verdade" das máscaras). Por isso, a vertigem das máscaras está em sua participação da numinosa manifestação do sagrado. E, sempre por isso, o vazio animado que está atrás delas parece coincidir com os exemplos infinitos dos vários mistérios, ao vértice iniciático dos quais, como sabemos, há somente o mais terrível dos segredos: o nada.

O efeito vertigem da máscara está no seu mimetizar o eventual material precioso, por exemplo, o ouro, com alguma coisa *outra* e *alta*; assim, o rosto do rei cumpria o mais radical dos desejos humanos: representar e chegar à imortalidade.

Cada mimese desse tipo é um protesto contra a insuficiência do eu, seja em relação à alteridade, para viver o desejo de ser muitos "eus", rompendo a identidade e a unicidade do ego, seja em relação à temporalidade, para impedir a decadência da própria imagem e realizar o outro grande desejo, ser imutável e indestrutível.

Pois bem, nas máscaras fúnebres dos reis de Micenas, feitas com uma fina folha de ouro aplicada ao rosto do rei morto – um rosto que ainda não é caveira, mas que está em "trânsito" da carne aos ossos – é capturada a imagem de um rei, para subtraí-lo, assim, à decomposição. Essa mimese áurea é também um decalque de eternidade. A máscara é assimilada pela rigidez do cadáver para emancipá-lo da "mobilidade" do tempo. A máscara áurea é, em duplo sentido, símbolo da carne: porque a substitui e porque a representa. O efeito de inquietação que toma conta de nós diante de toda máscara está exatamente nesse paradoxo: por um lado, a expressão enrijece na fixidez da morte, na inexpressividade do cadáver e, por outro, nos fala, parece comunicar-nos alguma coisa sempre nova, nos mostra uma identidade cambiante, imprevisível, inalcançável. A máscara desenfreou-se, mesmo permanecendo presa a uma forma sempre igual, aliás, exatamente por isso. A máscara nunca é idêntica a si mesma, porque ela está continuamente sendo movida pelos desejos e pelas angústias de quem a veste e de quem a olha. E também nesse sentido a máscara é um duplo. Diz Lévi--Strauss, a propósito dos Kwakiutl: "Essas máscaras usadas na dança, que de repente se abrem como dois batentes, exibindo um segundo rosto, e por vezes um terceiro por trás do segundo, todos marcados pelo mistério e pela austeridade, atestavam aos espectadores dos ritos de passagem a onipresença do sobrenatural e o pulular dos mitos". Mas não é só isso. "Essa mensagem primitiva, que quebrava a placidez da vida quotidiana, permanece ainda hoje tão violenta que a barreira profilática das vitrines do museu não consegue extinguir sua força comunicativa" (1985, p. 7). Sempre de acordo com Lévi-Strauss, na arte das máscaras junta-se "a serenidade contemplativa das estátuas de Chartres" e os "truques do carnaval"; esse "dom ditirâmbico da síntese, essa faculdade quase monstruosa de perceber como semelhante aquilo que aos outros parece diferente" – as barracas do circo e as catedrais – constituem "o selo excepcional dessas máscaras".

Além dessas imagens indubitavelmente fascinantes de Lévi-Strauss, que repercorrem fielmente seu método estruturalista, existe um nível extremo que é preciso escavar. A separação radical homem -natureza funda uma exigência de mimese igualmente radical, que busca restaurar aquilo que foi cindido por meio de várias transfigurações entre as quais a das máscaras. Essa representação mimética tem por objetivo justamente reconciliar, com uma síntese mágica e sacralizada, a separação originária entre sujeito e objeto, que todo indivíduo revive em sua própria experiência do orgânico ao inorgânico. Essa separação radical – no sentido mais literal possível, segundo a qual sua raiz é o homem – não possui, em minha opinião, uma estrutura fixada no tempo para sempre, mas uma hipoestrutura móvel, com tempos e modos relativamente autônomos em relação às dimensões socioeconômicas e psicoculturais. Em suma, a máscara, como réplica inorgânica do rosto orgânico, tende a constituir-se como unidade e também como identidade do vivo com o morto, do ser com o nada (CANEVACCI,1982).

4. O *VISUS*

A história do rosto não termina com a plena modernidade, como alguns estudiosos procuram atestar (COURTINE-HAROCHE, 1992), seguindo o esquema – carregado dos valores e aliviado dos fatos – segundo o qual somente no passado seria possível encontrar a verdadeira autenticidade do objeto de estudo. E no presente só faltaria narrá--la. Pelo contrário, a profunda modificação que a cultura do rosto sofre na fase atual faz dela um extraordinário indicador da comunicação visual. Tudo isso deve ser delineado, interpretado e, eventualmente, transformado, antes que julgado.

Do ponto de vista da percepção visual, o cinema reinventa, com o primeiro plano, um modelo de representação facial que já havia sido experimentado – mesmo na diversidade e variedade das reproduções – justamente pela máscara. Contudo, o recente emprego televisivo do primeiro plano modifica, por assim dizer, sua "natureza": ele tornou--se – de apoteose de uma emotividade que transmigra diretamente do rosto ampliado na tela à psique dilatada do espectador – uma presença quase constante do módulo narrativo dos seriados. Aliás, é *a* presença por excelência, fixada em planos de sequência muito longos nos quais se alternam as fisionômicas faciais de um ator com as de outro. Há, portanto, uma conexão muito estreita entre a acentuação dos planos de sequência e a proliferação dos primeiros planos nesse gênero da comunicação televisiva: o que pode parecer que empobrece a gramática visual, enquanto a globaliza e multiplica sua produção de sentido emitida pelos mais micrológicos traços faciais.

O valor dramatúrgico dos primeiros planos consegue comunicar, de forma transcultural, uma sequência de paixões, todas reduzidas a um módulo "elementar". Isso contribui para o sucesso mundial dos seriados *made in USA* ou das telenovelas brasileiras, que adotaram de forma sistemática o emprego, tão inflacionário quanto inteligente, dos primeiros planos.

Em função de um curioso reequilíbrio dos muitos códigos emitidos por esse tipo de comunicação visual, em alguns grandes personagens, as doses crescentes de primeiros planos reduzem – e quase chegam a zerar – a demanda de habilidades mimético-faciais: às personagens não se pede mais uma fixa mobilidade ou uma fixidez balanceada de diversas tipologias antropométricas. Poder-se-ia sustentar que o estupor é o cânone expressivo ao qual devem adequar-se as diversas expressões elementares em sua representação visual. A ira, a inveja, o ódio, o amor, são todos sentimentos mediados dramaturgicamente pelo estupor; o rosto resulta um tanto estupefato, como se a essa grande personagem parecesse espantoso encontrar-se naquela determinada situação.

O estupor da facticidade

Esses códigos com os quais "fala" o novo primeiro plano não são mais recitativos no sentido tradicional, mas se dividem em três módulos: uma forma de falar sempre mais "abstrata", macia, asséptica, bastante não-influente (código verbal); uma tipologia de expressões "naturais" que o rosto emite enquanto puro "estar", puro fenômeno visível (código corporal); um sistema de objetos que envolvem o rosto em primeiro plano, que servem de pano de fundo, como num quadro e que, geralmente, são sinais reconhecíveis da modernidade tipo computadores, arranha-céus, roupas da *moda* (códigos urbanos).

Esse novo tipo de fisionômica "falante" parece obedecer a uma generalidade extrema: todos os personagens representam uma proliferação de tipologias "secundárias" ou "terciárias" em relação à centralidade dos protagonistas principais. Na verdade, são uma massa individualizada amplificável ao infinito de coprotagonistas. O novo sinal distintivo na hierarquia visual de alguns atores principais é a paradoxal combinação de uma fixidez exagerada e de uma extrema expressividade. Em certo sentido, a nova fisionomia assemelha-se cada vez mais à arcaica: o rosto fica esqueletizado, como nas máscaras "originárias" e, permanecendo fixo, mobiliza-se.

Com uma simetria perfeita e não-casual, que se movimenta do prioritário plano corporal e chega ao verbal, o diálogo se atenua nas tonalidades: são abolidos os contrastes, os gritos, os excessos. São muitos monólogos "urbanos" quase sussurrados, passíveis de justaposição à vontade, sem interrupções nem final, fluentes e macios como autoestradas. Calmas, convincentes e, poder-se-ia dizer, silenciosas, as palavras descem de rostos "civilizados", concentrado visível e promocional das novas tecnologias estéticas. Assim, fecha-se o círculo entre códigos corporais e códigos verbais: o rosto por antonomásia da moderna comunicação televisiva tende a modelar-se sobre resultados das mais avançadas plásticas faciais. E, mais uma vez, evidencia-se com clareza a não-casualidade do Brasil e dos Estados Unidos como principais exportadores de seriados e de cirurgias estéticas: o primeiro plano é a parte que arrasta sempre mais a "trama que conecta". Seriado e plástica dirigem-se a um tipo ideal do qual percebemos cada vez melhor a origem, o símbolo e a função. Imóvel, descarnado, mudo, o primeiro plano televisivo torna-se cada vez mais *máscara;* excrescências e impurezas são niveladas, as divergências antropométricas tornam-se simétricas.

O conjunto de pele esticada sobre os ossos faciais, próteses dentárias excessivas e indestrutíveis, narizes refeitos de cartilagens homogêneas, cabelos reconstituídos à vontade, seios que irrompem, objetos preciosos, vistosos e engastados, tudo reconduz surpreendentemente ao modelo arcaico das máscaras que nós já conhecemos bem. Os primeiros planos televisivos, que constroem as novas exigências planetárias da comunicação visual, recuperam aqueles valores simbólicos transmitidos de geração a geração, reduzindo-as a sinais. Donde deriva a sensação de que as palavras "descem" desses rostos, com ar indiferente em relação a um sentimento definido, porquanto a linguagem que "fala" é outra, por estar atrelada a uma fixidez alucinada.

Para descrever esse modelo de forma conceitualmente precisa e concisa, escolhemos o termo *visus,* que procura resumir aquela corrente analógica que passa entre a "natureza" da máscara e os primeiros planos televisivos. Essa palavra, oriunda do latim, expressa bem aquela ambiguidade própria do contexto moderno: *visus,* com efeito, como particípio passado, é "aquilo que se vê", e como substantivo é exatamente "o rosto". Portanto, no primeiro plano televisivo, realiza-se a fusão do que é visível com o rosto e vice-versa, o rosto torna-se a totalidade do que se vê. *Visus* é o "visual" do primeiro plano que, por um lado, se dilata apenas para o rosto do ator e, por outro, restringe todo o campo visível ao próprio rosto. Dilatação e encolhimento são "síncronos" ao novo visual e ecologicamente "inatos" ao *visus.* O panorama "é" o rosto e o *visus* torna-se um ambiente panoramático, a paisagem por excelência da comunicação visual que, graças a ela, transfigura-se em máscara da modernidade na qual revivem, modificados, alguns dos valores sagrados do passado. Em certo sentido, o vídeo televisivo – já por si só menor do que a tela do cinema – anula-se, reduz-se, transformando-se em rosto, enquanto este se agiganta até coincidir com a tela inteira.

Esses novos primeiros planos, com efeito, eliminam a montagem à qual segue – também em sentido filosófico – a justaposição de *cabeças cortadas e falantes.* Em virtude do resgate da aura sagrada da máscara arcaica (que esconde e mostra ao mesmo tempo), o *visus* torna divino e imortal seu "usuário". De fato, justamente enquanto o *visus* é o visível, o mesmo *visus* coloca o problema do invisível: e sem primeiro plano isso não teria sido possível. A "estrela" nasce com o cinema graças a esse *visus,* verdadeira máscara da modernidade, na qual revivem elementos "mágicos" que tornam imortal, e portanto divino, aquele que é visto. Embora a primeira "estrela" seja a italiana Francesca Bertini, a "divina" por excelência será Greta Garbo, que compreendeu perfeitamente esse papel, quando escondeu – mascarou – justamente aquele *visus* que era, de fato, a máscara por antonomásia que transfiguraria em alguma "outra", quando começou a perder-se a pureza de seus traços. E, graças a esse sacrifício, seu *visus* permaneceu intacto e cheio de realeza. Em sua imagem de "oposição", para retomar a ideia um tanto ingênua de Balàzs, podemos continuar a imaginar um mundo novo, onde também a beleza seja diferente e não discriminativa. Pelo contrário, o vídeo televisivo não tem escrúpulos desse tipo, porque se preocupa mais em como resolver aquele que é seu primeiro e fundamental problema: a impossibilidade de modificar o rosto escolhido como *visus*. Essa é uma passagem crucial que conota a diferença dos dois modelos de primeiro plano, de modo que o próprio *visus* só pode ser o televisivo, enquanto o outro é somente uma poderosa, quase sagrada, antecipação dele.

Desenvolvamos a reflexão em todos os seus aspectos. O seriado, por causa de sua "natureza" tipológica, acentua os primeiros planos e, ao mesmo tempo, aumenta os tempos dos planos de sequência quase ao infinito: de fato, também a montagem é como que eliminada, no sentido filosófico, antes mesmo do que no sentido de gramática fílmica. Aquela que no cinema era uma articulação de planos espaciais diferentes, que "movimentam" o vídeo e "tocam" o espectador nos momentos, tão raros quanto precisos, nos quais se amplia o *visus,* na montagem televisiva torna-se uma justaposição de cabeças cortadas falantes. Os tempos de exposição facial diante da câmara se alongam de forma absolutamente imprevisível em relação aos das câmeras cinematográficas. O *visus* é onipresente e, por essa centralidade, deve ser também imutável, indestrutível e insubstituível.

Nesse ponto, o choque-confronto entre tela-cinema e tela-vídeo é mais claro, pelo menos em termos de emprego tecnológico e mimético dos resíduos mágico-sagrados. O primeiro modelo (graças sobretudo à hegemonia americana) é "obrigado" a acentuar a montagem espetacular, a aumentar as doses de sinais por cada quadro, a multiplicar os panoramas exóticos de seres alheios e agressivos, a acelerar as tomadas externas sobre as internas. Enquanto no segundo, o absoluto interno televisivo é o *visus*, "centralizado" em cada uma de suas variações minimalistas: o rosto panoramático é o território do sujeito sobre o qual correm e discorrem os cânones de uma semipsicologia que reduz a vida a um choque de paixões elementares num contexto metropolitano. As sequências de primeiros planos sucedem-se de forma intermitente e interminável: o meio televisivo e sua consciência visual desafiam o cinema, aumentando desmedidamente as doses de máscaras absorvíveis por parte do espectador. E sobre esse "plano" aconteceu a mais formidável mutação expressiva: a linguagem falada da recitação torna-se dicção.

O modelo poderia ser definido como se fosse constituído de palavras silenciosas. E, ao mesmo tempo, também a linguagem fisionômica varia: lembremos brevemente como o advento do sonoro o havia arranhado somente nos aspectos mais grosseiros e macroscópicos, para formalizar-se em tipologias estereotípicas e etnocêntricas; agora, pelo contrário, a linguagem do rosto fixa-se, congela, emudece até desaparecer como momento de perfeição extrema. O rosto-TV, em certo sentido, objetiva-se, torna-se objeto entre objetos; e ainda, é o fetiche visual a ser rodeado por micro-objetos em segundo plano. Nesse panorama, os atores das telenovelas modernas ficam enrijecidos por excesso de mímica, de tipologias e de etiqueta. Os rostos mais importantes das personagens-chave parecem imobilizados numa fixidez alucinada no gelo do estupor. Apesar disso, e contra as possibilidades do meio eletrônico, assistimos a uma justaposição de máscaras cuja expressão é gélida e educadamente idêntica em qualquer circunstância.

No passado, a *matrix-matrina* foi Joan Collins, sempre perfeitamente idêntica a si mesma, como uma verdadeira máscara áurea. Submetido a continuados tratamentos "arqueológicos" de escavação e restauração, o *visus* dela é também uma máscara enrijecida por excesso, que comunica estupefação ao telespectador com sua inexpressividade e inalterabilidade; graças a esse *estupor de eternidade* ela se religa às simbólicas das máscaras arcaicas e vivifica seu falar, permanecendo muda e imóvel na sua expressividade. A carne gasta, a caveira emergente e vitoriosa sobre os anos, a pele esticada e estendida por uma cirurgia plástica que a faz coincidir sempre mais com os ossos: tudo se transforma e parece mimetizar-se com antepassadas caveiras-máscaras. A única diferença é que as pedras preciosas – que conferiam, e ainda conferem uma aura sagrada – em vez de serem inseridas em órbitas já vazias, podem continuar penduradas a cartilagens vazias. No entanto, essa função fantasmagórica e mimética de captura da imortalidade continua cada vez mais poderosa, vencedora em escala planetária e transcultural. Em virtude do excesso de primeiro plano, o *visus* parece imobilizado, "mascarado" e dilatado nos *mediascape*; em consequência, a paisagem-vídeo torna-se como aquele mapa ideal e perfeito que procura coincidir com seu objeto – a Terra – realizando, dessa forma, a enormidade do símbolo e, ao mesmo tempo, seu esvaziamento incessante. E, graças a toda essa monotonia da imagem visual, a percepção recebe aquela sensação de vertigem e de hipnose da qual nasce a dificuldade em separar-se por parte do espectador.

Um terceiro *visus* interessante de se colocar ao lado dos dois primeiros é o elaborado pela *performer* francesa Orlan. Ela participa desde o início do grupo *Fluxus* junto com Nam June Paik, expoente coreano nômade e animador das denominadas tecnoconexões. Com uma série de obras chamadas de *Self-hybridisation* (1998), Orlan oferece uma outra abordagem visual ao tema *máscara-visus*: utilizando o *morphing*, hibridiza sua fisionômica visual com caras de mulheres incas do passado. O *morphing* permite inserir pixels entre os traços "realísticos" do próprio rosto e aqueles incas. De fato, segundo a tradição pré-hispânica, às mulheres aristocráticas era modificada a estrutura craniana por meio de técnicas estéticas bem testadas: na cabeça da menina, desde pequena, eram colocadas pequenas hastes de madeira, apertadas por cordões e nós. Estes eram apertados progressivamente, até (de)formar o crânio de acordo com as formas desejadas e o resultado era a beleza inca, porque esses crânios deformados, quando se tornavam adultos, expressavam a inquietude do belo.

Hibridando, por meio do *morphing*, o próprio *visus* com aquele de mulheres incas (e não só), o resultado artístico é uma fisionômica múltipla que atravessa diferentes culturas e identidades. Uma arte de múltiplos *visus*.

No final da década de 1980, Orlan faz-se operar, no Japão, por cirurgiões estéticos e, ao mesmo tempo, faz-se gravar em um vídeo que transmite, ao vivo, para diversos museus ou galerias espalhados pelo mundo, sua performance estética, comentando, sempre ao vivo, as modificações que estão sendo colocadas nos traços do próprio rosto, com a inserção de protuberâncias nos dois lados frontais sobre as têmporas. A artista explora a mutação visual e reivindica-a como obra de arte viva, *de* e *sobre* seu próprio *vivo-visus*, sem esconder aquilo que tantas pessoas, especialmente modelos, praticam com crescente "normalidade". As sequências finais de *visus* possíveis são diásporas do eu que disseminam um novo tipo de hibridização estética: estética em duplo sentido, que se refere ao sentir da arte e do belo. As tradicionais ordens dualísticas (natureza/cultura, público/privado, orgânico/inorgânico, cirurgia/*performance*, bisturi-pincéis) são desafiadas na produção de composições faciais por corpos-em-mutação. Corpos *mutoides* por rostos *mutoides* e identidades mutantes.

Se, agora, compararmos o *visus* de Greta Garbo aos de Joan Collins e Orlan, podemos perceber, ainda com maior evidência, a diferença entre os modelos. O *visus* de Garbo, produzido pelos primeiros planos cinematográficos mudos e mais tarde sonoros, é divino porque está em sintonia direta com o sistema das máscaras, de seu código linguístico e também ético. Por isso, a chegada inelutável de uma tendencial decomposição da carne impõe como tabu a representação pública de seu *visus* divino. Este, para poder continuar exercitando sua função de fotograma áureo e eterno, reproduzível ao infinito, naquela que Balàzs denomina beleza de oposição, deve subtrair-se à fluidez diacrônica e tornar-se sincrônico. Quanto mais permanecer intacta, visível e sagrada a estraneidade inalcançável de seu *visus,* tanto mais invisível deverá ser seu rosto mundano, corrompido pelo tempo que quebra seu ser numinoso. Reduzido a cara.

Joan Collins é, pelo contrário, o produto puro dos primeiros planos do vídeo: eternos, imóveis e estupefatos. Hoje, a cirurgia visual permite remeter os códigos estéticos e, portanto, éticos, desafia o tempo, anula a decomposição no aspecto vivo do videograma. Seu *visus* permanece inalterado, imóvel, enrijecido como um ídolo "primitivo". Permanecendo absolutamente idêntica a si mesma no tempo como *visus* e como rosto, Joan Collins não é mais imortal nem "divina", a sua estética parece indestrutível e irremovível como um saco plástico na beira do rio. Em vez da antecipação de uma utopia para um mundo onde também o belo é disponível para todos, seu *visus* distribui a integração de oportunidades iguais para todos; a "beleza" dela é uma beleza de governo, verdadeira primeira-dama da comunicação visual reprodutível.

Sua videomáscara não faz a publicidade de mais nada, porque não esconde mais nada, nem o mistério de sua data de nascimento; é uma máscara moderna esvaziada de toda a interioridade, como um animal empalhado. Ao laicizar completamente a beleza de Joan Collins, temos o triunfo da cultura do vencedor, de toda governabilidade "pérfida" ou da "perfídia" de todo e qualquer poder.

Assim, o *visus* estético de Orlan compõe uma *máscara-de-pixel* que pratica uma multiplicidade dos eus (egos) e da identidade no sentido de uma beleza transitiva pós-humana.

VISUS		
GRETA GARBO	**JOAN COLLINS**	**ORLAN**
cinemáscara	videomáscara	pixel-máscara
divina	laica	feminista
eternidade	indestrutibilidade	multiplicidade
estranha-inalcançável	normal-imóvel	estupefata-distante
mistério invisível	publicidade visível	polivisual
utopia	quotidiano	pós-humano
beleza de oposição	beleza de governo	transbeleza

Em suma, a máscara nos oferece um filtro por meio do qual se pode ler a intriga de continuidade e variação subjacente ao *corte (cut,* montagem) de cabeças cortadas. Elas são como aquela imagem barroca que representa simultaneamente o sol que se levanta e que se põe, para lembrar a caducidade da vida. Sua presença "fixa" e estupefata sugere o grande tema do *trânsito:* com a máscara é possível transitar do conhecido ao desconhecido, do eu ao outro, do quotidiano ao paranormal e ao supranormal, do móvel ao imóvel, do falado ao silencioso. Essa ambiguidade da máscara, que Lévi-Strauss chamou, como já mencionamos, "dom ditirâmbico da síntese", graças ao seu colocar-se entre o sagrado das catedrais e o profano do carnaval, altera a condição do homem. A máscara como decalque, como caveira, como *visus,* diviniza e, ao mesmo tempo, animaliza o homem; em sua busca fisionômica, a máscara realiza aquele salto triplo, que já Nietzsche havia identificado como essencial, para quebrar as correntes que separam as ordens do divino, animal e humano.

Esse é o trânsito favorecido pela máscara, e alguma coisa semelhante se repete, sobrevive, em cada *visus.* A caveira é a "coisa" que permite a ruptura do limite: ela é o território a ser conhecido infinitamente, para poder fixar a extrema variabilidade por trás daquilo que parece sempre igual. As cabeças cortadas fílmicas e ainda as televisivas e as artísticas são uma patologia fisionômica que se torna norma, código transcultural, traduzível além das fronteiras: mas também e novamente e sempre mais decalque de cadáver, crânio descarnado, panorama onde a aurora se une ao pôr do sol. O animismo vivificava as máscaras, a comunicação visual paralisa o *visus.* "Fixa"-o.

5. VOZ *OFF*

A COISA: (f.a) Em que pensas, Simão?

SIMÃO: *(Levantando os ombros)* Em nada. *(Indica com a cabeça os bailarinos).* Como se chama esta dança?

A COISA: *(Rindo)* "Carne radioativa"! *(Simão levanta as sobrancelhas).* É a última dança. A dança final!... A dança final!... *(Simão faz um gesto de repulsa).*

SIMÃO: *Vade retro!*
A COISA: *Vade ultra!*
Luis Buñuel. *Simão do deserto* (1965)

A voz *off* é um outro indicador que exerce a função de filtro interpretativo, permitindo construir modelos empíricos escolhidos a partir de um módulo expressivo: o comentário externo. Este foi selecionado em relação de sua capacidade na busca daquelas tramas significativas que atravessam os muitos códigos copresentes na linguagem da comunicação visual. A escolha da voz *off* como indicador privilegiado possui a vantagem de explicitar o choque entre a linguagem verbal e a icônica. A hipótese é que, isolando a voz *off* das demais linguagens, poder-se-ão esclarecer os caminhos percorridos pela comunicação visual e, talvez, também imaginar outros possíveis. Finalmente, mesmo considerando a igualdade de dignidade de cada linguagem, esta seleção procura tornar explícito o projeto – aqui considerado progressivo, pelo menos nesta fase – de emancipar a linguagem visual da excessiva dependência em relação a um comentário externo empregado frequentemente de forma autoritária e falsamente objetiva.

O modelo comunicacional da publicidade TV é o resultado complexo de muitas linguagens parciais escolhidas pelos idealizador e produtor; por isso, o emissor seleciona alguns códigos entre outros, enquanto o destinatário tem de traduzir o produto final com uma sensibilidade que varia com base naquelas características, próprias de cada camada de público, que se diferencia pela capacidade de possuir ou não os novos alfabetos visuais. A seguir, estão listadas essas linguagens parciais, cada uma com sua relativa autonomia, que podem participar do jogo da comunicação publicitária, de acordo com as mais diversas dosagens narrativas por parte do emissor. Elas são recebidas de acordo com uma tradução descentralizada e seletiva por parte do destinatário, por causa da multiplicidade de sinais presentes e do papel ativo da localização (como escalas de valores, sistemas perceptivos, códigos seletivos específicos de cada cultura) em tensão com os processos de mundialização.

a) *montagem* — por sua vez, diferente em dois tipos: externa, como junção de partes diversas da película ou da fita (sequências); interna, como sobreposição de sinais mais digitalizados acrescidos à vontade para cada unidade de imagem;

b) *sonora* — também essa se divide em três tipos: a música, que acompanha, por afinidade ou por contraste, o tema visual; o ruído, que acompanha os sons da vida quotidiana, percebidos pela sensibilidade moderna como um valor autônomo crescente, também estético; o *jingle* que é a identidade sonora da mercadoria;

c) *verbal* — constitui-se da mencionada voz *off*, aquele comentário externo que o espectador tem a tendência de perceber como neutro e objetivo, enquanto na realidade é a extrema subjetividade com frequência unida a uma notável dose autoritária; e da voz *in*, isto é, a fala de uma personagem, viva ou animada, presente no campo;

d) *corporal* — resultado do conjunto dos gestos, expressões fisionômicas — olhos, mãos, pernas — que "falam" a linguagem muda, mas eloquentíssima, do corpo e, em particular, do seu lado mais nu: o *visus*;

e) *cromática* — o conjunto das cores escolhidas, e cada vez mais inventadas, na tabuleta eletrônica com a qual se podem "pintar" os vários planos da tomada;

f) *gráfica* — ou seja, o *design* cada vez mais "animado" pelo computador, com o qual podem ser inventadas novas perspectivas, ângulos, extrapolações e profundidades de campo que excitam a atenção perceptiva do espectador;

g) *visual* — as escolhas dos diferentes enquadramentos, a montagem como gramática, o lugar onde colocar a câmera, *zooms*, planos sequências etc.

A irresistível expansão da publicidade na cultura visual pode ser lida na base de uma interpretação minuciosa sobre as diferenças e identidades que essas linguagens produzem e sobre sua possível articulação em modelos. Esse trabalho é obviamente complexo: aqui será selecionada somente a terceira – a voz *off*, por ser o indicador mais representativo de algumas tendências e que permite, além do mais, a utilização comparada com o cinema-documentário.

Existe uma modernidade – fragmentária e plural – perceptiva no comercial. A publicidade veio renovando-se constantemente, para conquistar os sentidos do espectador, jogando no plano das simbólicas e sobre as habilidades em saber traduzí-las no plano de um conteúdo perceptivo: enfim, sobre as gramáticas visuais escolhidas como os veículos otimizados para os vários produtos.

Em relação à montagem, para dar outro exemplo, em 20 anos passou-se de poucos cortes que serviam para interligar verdadeiras histórias breves, da duração de até dois minutos (em geral relacionadas a uma personagem famosa, a de testemunho) ao ritmo atual sempre mais vorticoso das 15-20 sequências (mas podem chegar até a 33, para um comercial de 30 segundos). As capacidades receptivas do espectador modificam-se, plasmam-se facilmente, seguindo as novas sintaxes visuais e habituam-se a um tipo de linguagem minimal: pequenas variações significativas adquirem novas estruturas narrativas, mesmo numa total ausência de palavras. É bem provável que, como a camponesa siberiana do capítulo anterior, um espectador normal da publicidade da década de 1950 entenderia muito pouco das mensagens atuais.

A seguir, queremos apresentar dois modelos de comercial que possuem justamente a voz *off* como indicador de seleção, definição e comparação interna. As tipologias que se podem identificar são numerosas, porém aqui foram escolhidas as mais extremadas: a primeira constitui-se de uma presença forte do comentário externo; a segunda, de sua ausência (ou quase).

O *excesso*. A dona de casa, a mulher do lar foi selecionada como o sujeito social alcançado por cotas maiores de vozes "externas". Apesar de o modelo ideal da mulher-dona-de-casa ter mudado muito em termos de conteúdo, mesmo para as grandes agências, seu papel permaneceu subalterno na comunicação visual. Dessa forma, mesmo na imagem televisiva, não é mais a costumeira "mãe de família", modesta no vestir, o corpo em fase declinante, as expressões conciliatórias e prontas a maravilhar-se: agora ela é jovem, elegante, magra, atraente, inserida numa família nuclear otimamente definida em sentido sociológico. Pois bem, esse tipo de mulher, embora visivelmente transfigurado e inserido na atualidade, continua a receber uma pressão rigidamente codificada, caracterizada por uma forte agressividade autoritária: um dilúvio de ordens imperiosas e *off* – sempre dadas por vozes masculinas...[7] – caem sobre a mais fraca das figuras domésticas, ordenando, mais que aconselhando, a derrota da "sujeira" (pratos e dentes, pias e roupas etc.). Nunca se sabe a quem possa pertencer essa voz externa de tom bíblico, mas é certo que todos estão convencidos – sociedade de produção e de promoção, donas de casa, crianças – de que o super eu "toante" é associado ao lar por ouvidos atentos: uma vez mais, a personalidade autoritária de tipo visual modela-se sobre sujeitos fracos[8]. A voz *off* deve estar presente do começo ao fim do comercial, inclusive por um motivo seletivo de ordem sociológico-gramatical: esse alvo é identificado, de fato, como praticamente analfabeto em relação à linguagem visual pura (o que muitas vezes coincide com a alfabetização tradicional da escrita) e, portanto, capaz de decodificar somente as mensagens nas quais a visão do produto junta-se estreitamente à comunicação oral que fala de suas supostas qualidades. Dessa forma, elabora-se uma duplicação de códigos de maior eficácia para esse alvo (visual + oral), que pode também ser triplicado, acrescentando, no final, a escrita do produto com um comentário sonoro fixo *(jingle)*.

A ausência. É possível identificar alguns segmentos sociais, em geral aqueles altamente aculturados na linguagem visual – isto é, as camadas sociais médio-altas, jovens, transculturais, ou sujeitos genericamente sensíveis à tecnologia – que conseguem receber e decodificar facilmente essa modalidade. Nesse caso, a voz *off* é completa-

---

[7] Me pergunto: porque a voz *off* é sempre masculina?

[8] Outro sujeito fraco submerso por uma voz *off* de tom elevado (e que alcançou um nível de alerta) enquadra as crianças. Convido os leitores a fazer esta experiência: gravar, durante uma hora seguida, publicidade, esparsa, para crianças ou adolescentes, em geral, no horário da tarde. O resultado é um superpoder comunicativo dos adultos, demasiado violento e autoritário, na linguagem verbal apenas (sem nenhuma violência social), à qual se associa um sistema icônico evocador de um tipo de realidade virtual que suga a criança-espectadora para dentro do *frame* onde ocorre o jogo.

mente ausente ou, quando muito, aparece timidamente no instante final, para acompanhar vocalmente a escrita com o nome da marca, duplicando de forma mais discreta a mensagem. A ausência desse indicador de autoridade comporta a plena participação, para as camadas selecionadas, daquela cultura visual que possui por alfabeto uma multiplicidade crescente de sinais a cada unidade de imagem e por tempos de sequências, em geral, cada vez mais curtos. Esse modelo visivelmente "puro" é constituído, por sua vez, de pelo menos três tipos secundários:

a) o primeiro (e talvez também decisivo) é caracterizado por um altíssimo conteúdo tecnológico: quanto mais o produto é avançado, tanto mais ele fala por si, de acordo com a "lei" da ideologia interna ou ventríloqua. Por exemplo, o comercial do Fiat Uno, acompanhado por um *cyborg-mulher* que robotiza uma famosa figura sedutora (Marilyn Monroe), inserida num panorama urbano futurista o mais artificial possível, exemplifica esse grupo. As palavras não são necessárias, porque as imagens "falam por si mesmas", como se costuma dizer: mas, isso é verdadeiro enquanto o código de alto conteúdo tecnológico é aquele mais autogratificante para quem o decodifica, sendo assim eleito na modernidade dissolvente porque percebe, quase com prazer, que foi autosselecionado como possível cliente;

b) o segundo é delineado por um componente juvenil de tipo transcultural, criado com os mesmos códigos visuais e musicais, aqui também estreitamente aliados. Representar moças e rapazes de calças *jeans* e camiseta significa possuir a força de comunicar com os alfabetos corretos. Aqui escolhemos a Coca-Cola como exemplo máximo do que estamos expondo: ela é uma daquelas multinacionais que podem permitir-se o luxo de fazer um único comercial rigorosamente transnacional, tendo apenas o cuidado de traduzir na língua indígena (por exemplo, português ou italiano) as palavras da música que acompanham a imagem. Num desses comerciais percebe-se logo uma seleção geopolítica de tipo sincrético: em sequência, aparecem casais jovens que cozinham, dançam, beijam-se, comem salsichas alemãs, baguetes francesas, espaguetes italianos: contanto que tudo termine na apoteose final da Coca-Cola. Cada comentário é supérfluo e resultaria contraproducente. Os jovens compreendem logo que é deles que estão falando;

c) o terceiro define a busca da sedução. Aqui é a imagem da mulher que entra em cena com prepotência, embora esteja afirmando-se cada vez mais um componente masculino não apenas de suporte. Ora é o corpo, ora o rosto, os olhos como sujeito da tomada: a cultura do narcisismo encontra-se plenamente nesta categoria, por sua eleição e afinidade. Cada parte da mulher, por menor que seja, é filmada em primeiríssimos planos, transformando o corpo no mais panoramático dos ambientes ecológicos a serem olhados e para olhar-se. Podemos tomar como exemplo um produto como a "lingerie", filmado num antigo-ultramoderno branco-e-preto, no qual uma mulher "maravilhosa" acorda numa cama cheia de rendas, vestindo, sobre o corpo nu, sua roupa íntima; desce correndo pelas amplas escadas da mansão, até abrir uma janela e olhar para fora: do jardim da mansão espera-se que alguém apareça e que não deixará de aparecer, comentamos nós, tendo em vista a riqueza do produto.

Em suma, a voz *off* discrimina as camadas sociais que têm como modelo comunicativo dominante a tecnologia *versus* a domesticidade, a juventude *versus* a adolescência, o emergente *versus* a maturidade, o corpo *versus* a sujeira. A cultura visual da "imagem" parece unificar aqueles tipos mais facilmente "imbuídos" de formas narcisistas que vivem nas mercadorias pós-industriais. Enquanto a cultura visual "falada" é mais adequada para quem vive nas formas higiênicas de uma sociedade ainda industrial ou paraindustrial como as crianças.

Precisamos dizer, finalmente, que essas tipologias certamente não são irreversíveis; a moderna publicidade (um pouco como Proteu) muda continuamente de forma e não precisa ser fiel a código nenhum; pelo contrário, está incessantemente em busca de todo cruzamento possível. Os excessos e as ausências de voz *off* constroem tipologias que polarizam os extremos de forma tendencial, entre os quais os vários códigos podem "brincar" para reinventar sua capacidade de penetração entre camadas diferentes de espectadores visuais, ou no interior do próprio espectador individual. Com efeito, este é atravessado, ao mesmo tempo, por uma infinidade de mensagens que desmembram e recompõem em continuação as muitas partes sociais, culturais e pulsionais coladas num "eu" único. Essas tempestades que se desencadeiam dentro do sujeito podem servir para introduzir o conceito conclusivo de um eu cheio de dobras (STRZYZ, 1981), que vive sincronicamente cisões polimorfas no duplo vínculo da comunicação visual (o eu-motorista, o eu-sujo, o eu-faminto, que engordou, sedento, guloso etc.); e, portanto, com um exagero de camadas de ego superpostas na mesma personalidade conectada aos infinitos canais comunicacionais externos à sua epiderme, porém interiores à sua mente ecologicamente expandida.

6. MINORIAS-NÃO-MINORITÁRIAS

Diante de uma expansão mais quantitativa do que qualitativa, os produtores de publicidade conseguiram por muito tempo antecipar as ciências sociais em sua capacidade de pesquisa e interpretação dos fenômenos culturais emergentes. Além disso, eles estão habituados a uma contínua transposição, para as diferentes linguagens, de tudo aquilo que pertencia apenas aos escritos das ciências sociais. O processo que está em andamento é uma mudança expressiva da forma tradicional dos ensaios para os meios da mídia: nesse sentido, a publicidade antecipa o hipertexto.

Mas mesmo quem trabalha na publicidade não pode ficar parado nem tranquilo. Sua sensibilidade perceptiva precisa estar sempre em movimento, desenfurnar-se, farejar tudo o que nasce das pequenas minorias – cada vez menos caracterizadas quanto às estratificações sociais existentes – que não tendem a ser minoritárias. Para mim, esse é o ponto decisivo: o publicitário funciona se consegue sentir os estilos e códigos vividos pelas *minorias-não-minoritárias*. E transporta-os – transfigura-os – em narrações breves que poderão atrair segmentos de subjetividade que tendem a se tornar hegemônicos e até mesmo majoritários nos respectivos âmbitos de consumo performativo contemporâneo.

O publicitário etnógrafo – pois é isso que ele precisa ser se não quiser se marginalizar – precisa experimentar os territórios inovadores que envolvem os processos de elaboração simbólica vivida da comunicação. Sua capacidade de interpretação é com frequência intuitiva, desde, porém, que participe pessoalmente da pulsação dos comportamentos expressos pelas diferentes *minorias-não-minoritárias* cada vez mais flutuantes. Quando se pensa no *target*, até mesmo a imagem visual é a de um objetivo estático, rodeado por círculos concêntricos cada vez mais próximos, até que se chega ao ponto focal: e esse ponto – ou seja, o assim chamado *target* – está lá, imóvel, à espera de ser apanhado e atingido pelo *golpe* do genial publicitário.

Foi exatamente isso que mudou no corpo do *target*: ele não está mais lá, dócil e imóvel como um animal enjaulado, à espera de que o caçador o alimente ou o acaricie. O corpo do *target* não pode mais ser caracterizado em termos estáticos, diversificados nos vários segmentos da estratificação social, visão essa baseada ainda numa produção de valor e de valores do tipo industrialista. O *target* move-se mais rapidamente do que os instrumentos de pesquisa. Este *target* móvel, flutuante, híbrido, solicita novas capacidades de leitura, um olhar oblíquo, fluido e sincrético ao mesmo tempo. Olhos novos para *targets* novos. E nessa perspectiva, a noção de *target* torna-se supérflua ou enganadora.

Por isso, a publicidade aproxima-se cada vez mais os códigos contíguos aos da arte, principalmente os que têm o corpo como referência. O corpo como panorama (*bodyscape*) e os contextos espaciais (*location*) exprimem uma atração recíproca que permeia as disciplinas tradicionais, especialmente o *design*, a arquitetura, a música, além da arte; e aquela coisa que requer cada vez mais especificações e que se chama *comunicação visual*. Os nexos flutuantes simetricamente aos *targets* entre corpos-panoramas e espaços-intersticiais determinam a publicidade atual em suas transfigurações possíveis, graças às tecnologias digitais.

Comunicação corpórea, verbal, espacial, digital flutua entre códigos possíveis de serem fixados e transfigurados ao acessar os meios da mídia. Enfim, se o *target* subjetivou-se cada vez mais, a questão da identidade torna-se central e conecta-se, não apenas a um sujeito "multividual" (ou seja, potencialmente plural) e a um contexto espacial igualmente fluido, mas também e, de certo modo essencialmente, à marca. Ou seja, um *brand* que precisa desenvolver uma sensibilidade igualmente fluida e mutante em relação à própria identidade. O *brand* é um sujeito pós-orgânico com uma sua biografia e uma sua biologia.

CAPÍTULO 5

AUTORREPRESENTAÇÃO

> Essa maneira de fazer imagens parece denominar-se filme. As imagens dos filmes aparecem por si mesmas. As imagens permanecerão depois que a ação real terminar. Eu lhes digo que o que estamos fazendo aqui, agora, será visto nos dias que ainda virão.
>
> Um velho caiapó, do filme *Os Caiapós saindo da floresta*.
>
> (BECKHAM, 1989)

1. O NATIVO DIRETOR

As populações nativas em relação às novas tecnologias não são mais uma espécie de panorama naturalista para ser filmado em seus recintos bem delimitados. Os nativos recusam o duplo engano do aspecto de coisa museificada e da homologação. O terceiro caminho apresenta-se como um desafio descentralizado, delicado, criativo, no qual toda subjetividade e toda etnia assumem os tempos, os modos e os graus da transformação. A mudança cultural pertence à história de toda e qualquer cultura. A ideia de que as populações nativas "não tinham história" é um preconceito que as relega a uma situação de evidente injustiça política e, ao mesmo tempo, de extrema falsidade histórica. É possível afirmar que do modelo "doce e descentralizado", que os nativos conseguirão experimentar com as novas tecnologias, dependerá não somente sua liberdade, mas também a nossa. As ideias e as práticas de liberdade não são, com efeito, delimitadas pelos recintos nacionais (muito menos por supostas cercas linguísticas que dividiriam o mundo em primeiro, segundo, terceiro...) ou continentais:

as práticas libertadoras dos nativos são constitutivamente imanentes às liberdades do chamado "Ocidente".

Num belíssimo manifesto, elaborado em ocasião do encontro entre nações indígenas e antropologia visual em Cuzco, em 1992 (500 anos depois do assim chamado descobrimento), vemos um asteca emergindo de um baixo-relevo tradicional, segurando uma telecâmera. Essa imagem retrata perfeitamente um sincretismo cultural: o emprego da telecâmera por parte dos nativos leva-os a documentar visões de mundo, rituais, técnicas do corpo, artes gráficas músicas e danças.

Em vez de consumo passivo, o visual leva a multiplicar as tramas da comunicação dentro de suas respectivas culturas.

Numa experiência de campo, pude verificar como um jovem xavante — proveniente do Mato Grosso — filmava uma escola guarani para crianças que viviam em condições dramáticas, numa reserva próxima de Iguaçu, no lado argentino, onde uma professora inesquecível ensinava a elas duas línguas: a castelhana e a de seu povo, o tupi-guarani. Aquela fita gravada poderá viajar e ser conhecida muito mais rapidamente e facilmente do que poderiam fazê-lo os nativos. As consequências do conhecimento das condições dos nativos, elaboradas por eles mesmos, podem ser extraordinárias. Em alguns casos, bem conhecidos entre os especialistas, já é assim. Gostaria de citar apenas a pesquisa que o antropólogo Terence Turner está conduzindo há anos junto aos caiapós: "O emprego que as populações indígenas fazem do vídeo e de outros meios de comunicação visual, como as transmissões televisivas, é muito diferente da produção de filmes etnográficos ou dos vídeos feitos por antropólogos ou pessoas não-indígenas (...). E o uso feito pelos caiapós talvez represente seu exemplo mais diferente e surpreendente" (1993, p.82)[1].

---

[1] "Nos tempos do Estado Novo, Mato Grosso e Goiás eram um mistério que a imaginação preenchia com feras, índios e bandidos. Ir até o Araguaia era uma louca aventura. O rio das Mortes era o território incontrastado dos xavantes. Pouco se falava no Xingu ou na Amazônia. A África era mais próxima. Foi nessa situação que os irmãos Villas-Boas iniciaram sua ação, evitando o extermínio dos grupos indígenas numa área de 26 mil quilômetros quadrados. Esses valorosos paulistas, revivendo a doutrina de Rondon, contribuíram decisivamente para a criação do Parque Nacional do Xingu em 1961" (J. Ferreira, jornalista e realizador do filme *Primeiro contato com os Txukarramãe*, em 1953, in: TASSARA, 1991, p. 48).

O ano de 1992 deve ser lembrado como um empenho relacionado não só a datas quinhentistas, mas também a pesquisas constantes sobre como poder repensar a relação entre Ocidente e nações indígenas. Com essa finalidade, é fundamental utilizar de forma nova aquele extraordinário meio de conhecimento que é o cinema. A simples "autocrítica" da Europa sobre o etnocídio perpetrado contra as populações nativas não é suficiente. É preciso que se dê um profundo salto epistemológico em relação ao qual a antropologia possa constituir o eixo transdisciplinar decisivo: o grande desafio de um renascimento das visões nativas de um mundo em conexão — descentralizada e autogerenciada — com as novas tecnologias.

Trata-se, portanto, de elaborar um olhar por meio do qual do qual se possa enfrentar a visão dos filmes sobre os "índios" brasileiros com um olhar duplo: aqueles, com efeito, por um lado representam um enorme patrimônio de conhecimentos sobre sua alteridade e, do outro, nos "falam" da cultura do vencedor, da "nossa" cultura e de como os "outros" foram representados. Sobre este último aspecto, em geral subestimado, seria importante desenvolver uma pesquisa sobre todo o cinema existente ao redor do tópico indígena, articulada em dois planos linguísticos:

a) O primeiro — e mais evidente — é o comentário sonoro, tanto falado como musical; a voz *off* representa um testemunho histórico daquela que foi a percepção do índio por parte do branco. Nela está concentrado todo aquele poder das palavras que busca controlar a alteridade por meio de uma comunicação supostamente objetiva que se oculta atrás de um comentário tão invisível quanto impositivo. Assim, o *soundscape* muitas vezes se constitui de um tapete musical que, em vez de acompanhar, segundo modelos musicais internos aos das imagens, deforma a percepção visual de forma tão eficaz quanto indireta, pela construção de módulos musicais inventados e arbitrários.

b) O segundo – mais sutil – é de ordem técnica; pensou-se, por longo tempo, que a escolha dos enquadramentos, a montagem, os movimentos da câmera espelhassem de forma objetiva a alteridade cultural. Ora, com exceção de alguns resíduos pseudocientistas, todos os pesquisadores concordam em ver, também nessa linguagem, a gramática do sujeito que está atrás da câmera, e não só — e às vezes nem sempre — a subjetividade de quem está diante dela.

Assistir hoje a esses filmados significa assumir um *olhar polifônico*, por assim dizer, isto é, que seja capaz de olhar, reconhecer e interpretar os muitos códigos e os muitos sujeitos presentes no mesmo enquadramento, até os invisíveis.

Além disso, as novas gerações nativas querem utilizar os instrumentos audiovisuais para comunicar. Com frequência cada vez maior, no Brasil, os operadores atrás da câmera são os próprios kranak, xavantes, bororos; e, agora, está nascendo também uma nova leva de diretores.

Dessa forma, os vários grupos étnicos podem contribuir para a afirmação de seu direito não só quanto à existência física e a suas cosmologias, mas também do direito de não ser encerrados em "museus ao vivo", eliminando todo contato com o mundo circundante. No Brasil, está nascendo uma nova sensibilidade de pesquisa e uma nova atividade editorial para uma "antropologia estética" que analisa, com o emprego de desenhos, fotos, vídeos, o *grafismo indígena* (VIDAL, 1992). Por exemplo, a pintura do corpo dos caiapós-xicrin alcança ainda um tal nível de arte gráfica que as próprias categorias estéticas ocidentais devem ser repensadas, para não consumir-se dentro dos quartos fechados eurocêntricos. Afirma Lux Vidal, antropóloga paulista, que:

> o homem ocidental possui a tendência de fazer afirmações sobre a arte dos povos indígenas, como se eles pertencessem à ordem estática de um Éden perdido. É necessário, agora, permitir a inclusão no contexto das artes contemporâneas, em nível de igualdade, dessas manifestações estéticas de grande beleza e profundo significado humano. E, atualmente, percebe-se um interesse crescente pelas artes indígenas, como fonte de inspiração, bem como de reconhecimento de uma continuidade da produção artística dos povos que habitavam essa parte do continente americano e que hoje, decididos a continuar como índios, criam ainda, e sempre recriam, importantes obras de arte portadoras de uma relevante especificidade histórica e cultural (p. 13).

O renascimento das culturas nativas está firmemente ligado à difusão e à identificação metodológica da antropologia visual e estética.

Posto que foi destruída a suposta objetividade da representação visual ou da descrição escrita, as tramas de significados produzidos pela comunicação visual não se restringem mais somente à produção de documentários científicos em sentido restrito. O cenário visual que se abre, articulando diversos modelos que têm a comunicação nativa por objeto.

O primeiro é o etnográfico produzido por antropólogos visuais, seja de forma ingenuamente "objetiva", seja por uma metodologia mais atenta à complexidade atual. Entre esses documentários é importante lembrar a figura de Luís Thomas Reis, que acompanhou o Marechal Rondon em suas explorações das fronteiras ao longo do rio Xingu. É aqui que ele filma aquilo que os antropólogos chamam de *first contact,* o primeiro contato crucial entre nativos e brancos. No entanto, apesar de suas melhores intenções, aqui também pode desencadear-se a escolha ideológica: as tomadas dos nativos são feitas conforme o estilo antropométrico vigente na época — de estreita derivação da antropologia criminal — de modo que o sujeito "outro" é filmado antes de frente e, depois, de perfil. O objetivo desse "contato" era o de transformar os índios em trabalhadores nacionais. Contra essas intenções, ainda atualmente é possível ver os carajás, conhecidos por suas extraordinárias obras artísticas em terracota, ou os nambiquaras sobre os quais Lévi-Strauss nos deixou seus famosos ensaios. O mesmo diretor havia anteriormente filmado algumas cerimônias bororos relacionadas ao funeral — um rito extraordinariamente importante nessa cultura. É importante lembrar que Rondon, pai da geografia brasileira, era de origem bororo por parte de mãe.

Outra série de documentários foi realizada pelos irmãos Villas--Boas (Orlando, Cláudio e Leonardo) que conseguiram estabelecer o primeiro contato pacífico com os xavantes. De fato, essa etnia do Mato Grosso, cujo desejo de autonomia foi rotulado de "ferocidade" por sua habilidade guerreira em opor-se longamente ao domínio do branco, foi a última comunidade indígena que desafiou com as armas o governo central do Brasil até a década de 1950. Hoje, os xavantes

– antigamente inimigos tradicionais dos bororos — desenvolveram uma retomada econômica autônoma, que busca um equilíbrio entre identidade cultural e autogestão produtiva, entre tradição e inovação, utilizando tanto os conhecimentos tradicionais quanto algumas novas tecnologias. Outro mérito dos Villas-Boas foi a constituição do grande parque do Xingu em 1961, que enfatiza o cruzamento de valores éticos, pesquisa etnográfica, produção visual e projeto ecológico.

Precisa ser lembrado também o trabalho de Marcelo Tassara sobre os ianomâmis, pautado na pesquisa fotográfica de Cláudia Abdujar (fotógrafa suíça há tempos residente no Brasil) e a reportagem televisiva da TV Manchete de 1990, sobre as doenças resultantes da invasão dos garimpeiros antes da constituição do parque dos ianomâmis.

Um outro nível compreende os documentários jornalísticos dos canais de TV. Às vezes, neles não há uma pura fruição da notícia que evapora no dia seguinte. Em alguns casos, as TVs conseguem apresentar um extraordinário terreno do conflito dentro do qual se inserem, lúcida e criativamente, os próprios nativos.

Um verdadeiro evento comunicativo global — que se resolveu com uma vitória de vanguarda para todos os índios brasileiros – foi o encontro de Altamira em 1989: *Kararao,* grito de guerra dos caiapós. A respeito dos vídeos realizados naquela ocasião (pela TV Cultura de São Paulo, por jornalistas provenientes do mundo inteiro, por antropólogos e pelos próprios caiapós) é necessário tecer algumas reflexões.

Alguns anos antes, as principais redes associadas brasileiras haviam transmitido algumas imagens extraordinárias do jovem líder da União das Nações Indígenas, Ailton Krenak. Fora do Congresso de Brasília, onde o então presidente Sarney sustentava que no Brasil nunca houvera genocídio, o jovem Krenak, elegantemente trajado à moda ocidental, todo de branco, com curso superior e boa aparência, começa a falar com voz calma, mas determinada, contra o engodo previsto pela Constituição a respeito das nações indígenas. Depois, sem mudar o tom de voz, utilizando de forma poderosamente criativa e eficaz o meio televisivo, começou a passar tinta preta no rosto, símbolo de luto e de conflito. Sua acusação verbal foi precisa, lógica e consistente; mas a acusação visual foi talvez ainda mais poderosa do ponto de vista comunicativo. As palavras, por si sós, não teriam surtido o mesmo efeito do gesto: a eficácia de quem representa seu povo, porém, concomitantemente, está dentro de seu tempo e sabe explicá-lo para as exigências de todos. O impacto foi enorme e, também por esse gesto, a lei foi modificada.

Algo ainda mais importante aconteceu em Altamira. A história deve ser conhecida. O projeto da Eletrobrás de fazer uma grande barragem que teria inundado e destruído o ecossistema onde vivem os caiapós, no parque do Xingu. Os novos líderes de muitas nações indígenas – superando rivalidades tradicionais – convocaram-se nessa pequena cidade, graças à ajuda de *payakan* e *kubem* da comunidade caiapó: Davi Ianomâmi, o próprio Ailton Krenak, o grande Raoni, Marcos e Jorge Terena. A cidadezinha recebeu todos esses índios com desconfiança: o projeto Eletrobrás representava uma perspectiva de trabalho. E, além disso, havia a desconfiança cheia de preconceitos contra os nativos. Porém, chegaram as televisões de todo o mundo. Os jovens das várias nações indígenas foram instruídos a respeito de suas danças e dos significados rituais com elas relacionados. Redescobrem-se os sinais nativos, a linguagem do corpo, os costumes tradicionais, a entonação da voz, as músicas. Desenvolvem-se coloridas manifestações diárias, alegres, determinadas. Músicas, danças, cortejos. Muitos moços se reapropriam, pela primeira vez, de suas tradições. Mas o resultado não parece restaurador e sim inovador. As imagens televisivas nacionais, a presença de tantos jornalistas estrangeiros e também de um famoso cantor *pop* produziram uma mudança na opinião pública. As televisões faziam tomadas e transmitiam para o mundo inteiro as danças dos nativos e também a imagem extraordinária daquela mulher idosa que, durante o confronto com o presidente da Eletrobrás, levantou-se e encostou seu machete no pescoço suado do homem branco. É realmente um grito de guerra que envolve todo o país.

Afirma Turner, que participou do evento:

(...) entre as dramáticas demonstrações e encontros políticos dos caiapós com os brasileiros, uma característica de maior sucesso foi o emprego, exibido pelos caiapós, de suas próprias telecâmeras com as quais filmavam os mesmos eventos filmados pelos representantes da mídia nacional e internacional. Consequentemente, os *cameramen* caiapós tornaram-se uma das principais atrações a serem filmadas pelas demais equipes (1993, p. 86).

No começo da mobilização contra a barragem no parque:

(...) os líderes caiapós visitaram a grande represa de Tucuruí. Eles trouxeram suas telecâmeras para filmar e mostrar às pessoas que ficaram nas aldeias o que uma grande represa faz com o rio e com a terra a seu redor. Eles focalizaram também os rostos dos burocratas brasileiros que tentavam inutilmente explicar o que havia ocorrido com outros povos indígenas, cujas aldeias haviam sido inundadas pela água da represa (p. 88).

Daqui, nasce o empenho por parte do antropólogo de organizar um Projeto-Vídeo Caiapó sob o controle científico e cultural dos nativos. Voltando ao conflito ecológico-visual contra a represa, afinal todos os habitantes participaram do grande desfile final: Altamira foi conquistada e, com ela, afirma-se uma gestão pós-colonial do conflito por parte das nações indígenas.

A comunicação visual faz parte desse conflito: sozinha ela não o resume nem o elimina. Porém, sem ela, é impossível conceber um processo de libertação das nações indígenas. Por isso, os documentários – idealizados e gerenciados pelos nativos como sujeitos – recém começaram.

No importante livro O *índio ontem, hoje e amanhã* (TASSARA, 1991), foram publicadas as atas de um primeiro ciclo de análises a respeito da condição indígena, realizado no Memorial da América Latina, de São Paulo. Aqui foram exibidos filmes sobre nativos, com debates dos quais participaram cineastas brancos e nativos, antropólogos, líderes políticos indígenas, juristas, cientistas, políticos. Desse evento participou o próprio Ailton Krenak:

Meu nome é Ailton. Faço parte de uma população que ficava na região do vale do rio Doce, chamada botocudo e que, mais tarde, foi chamada

CAPÍTULO 5 – AUTORREPRESENTAÇÃO

krenak. Essa população foi reduzindo-se muito, principalmente neste século. Trata-se de um povo que teve contatos com a frente da colonização que chegou em nossa área por volta de 1910. Muitas regiões, até 1920, não eram ainda colonizadas, e a colonização que ali chegou reduziu nossa população de cerca de duas mil pessoas a cento e quarenta. Naquela época estávamos numa situação muito semelhante à do povo ianomâmi hoje, lá em Roraima. Hoje somos cento e quarenta pessoas. Na mesma época, o povo brasileiro era composto por vinte e seis milhões de pessoas. Hoje a população do Brasil é de cento e trinta milhões, nós somos cento e quarenta pessoas. Acredito que talvez, quando vocês chegarem a trezentos milhões de pessoas, nós seremos zero (p. 20).

Sua conclusão é lapidária: "As mesmas condições se repetem no Xingu, no rio Negro, no vale do Javari. Tudo isso se repete também no Brasil inteiro, com uma constância tão monótona que dá a impressão 'de que o Brasil se instala exatamente em cima de cemitérios indígenas'". Um cemitério com os nomes guarani, ianomâmi, ticuna, carajá, crenaque, terena, cadiuéu. Um cemitério que interessa também a nós, na Itália, e em geral ao mundo ocidental, que produziu a cultura do genocídio em defesa de seus próprios interesses, de uma "religiosa" indiferença ou de uma objetividade etnográfica. Segundo Orlando Villas-Boas:

> É uma sociedade que se dá ao luxo de viver sem um chefe. Ao lado do *pajé* há o *cacique,* ao qual não damos uma autoridade que ele mesmo não possui. Porque nós não podemos viver sem ter uma autoridade próxima. Portato, pensamos que na sociedade indígena o *cacique* tem a autoridade de um delegado (In: TASSARA 1991, p.49).

Por sorte, nestes últimos anos, estamos assistindo também a um processo oposto: alguns sinais de crescimento demográfico, particularmente nas populações indígenas mais decididas a aceitar o desafio de um mundo globalmente e localmente transformado. A antropologia visual é um dos terrenos desse desafio. O emprego da telecâmera — muito mais fácil e de baixo custo — está difundindo-se, e os resultados, mais do que encorajadores, delineiam uma estratégia política e cultural. Não é por acaso que as pessoas que usam o vídeo

167

são justamente aquelas que redescobrem o valor da cultura tradicional, mas que, ao mesmo tempo, não se fecham nela: não querem ser nem suavemente museificados, nem violentamente aculturados. Eles podem gerenciar uma transformação de sua identidade — como de resto acontece também entre nós — sem perder as riquezas das muitas linguagens que possuem, porém inserindo-as em possibilidades documentais e transformadoras. Este é o projeto do diretor nativo Siá Kaxinawa, documentarista e *cameraman* da Fundação Cultural do Acre, que dirigiu o filme *Fruto da aliança dos povos da floresta:* "Qualquer pessoa tem o sentido do seu ver. Eu gosto de fazer as coisas na floresta. O que a floresta tem. Tudo aquilo que existe na floresta, para mostrá-lo". E, diante de uma pergunta sobre como ele consegue filmar e, ao mesmo tempo, fazer perguntas, ele responde:

> Quando comecei a filmar, senti que ficaria apaixonado por este tipo de trabalho. Fiquei encantado. Há trabalhos que se fazem, às vezes, sem perceber-lhes o sentido. É como ficar por fora de tudo. Eu acabei me ligando muito a estas imagens. Percebia que era uma coisa real. Se me pergunta como se vive na floresta, para mim é mais fácil responder. Enquanto é mais difícil falar na linguagem do filme. Mas é obrigatório que assumamos — no ano 2000, 2050 — o fato de que precisamos ter essas coisas prontas, para entrar na luta (...) Não sou cineasta: estou começando. Faz um ano que trabalho e acredito que farei outros filmes. Se dependerá da minha vontade? Da boa vontade que existe. *Sou índio Kaxinawa lá no Jordão, que fica no Acre* (p. 103-104)[2].

Gostaria de finalizar esta parte com as palavras conclusivas pronunciadas por Orlando VilIas-Boas: "Em nossa área, dentro do Parque do Xingu, existe uma tribo que nunca viu um 'civilizado'. Chama-se *avagoto-kuéng.* Sabem o que significa? 'Homens alegres'. Porque toda vez que os outros índios os veem, eles começam a rir. Estão rindo" (p. 56).

---

[2] Para uma bibliografia sobre o trabalho entre antropólogos e nativos, no âmbito da comunicação visual, cf. T. Turner (1990, 1993), F. Ginsburg (1991), Kuptana (1988), E. Michaels (1986), "Visual Anthropology", "CVA Review" — principalmente V. Carelli.

2. OS TRÂNSITOS DA REPRESENTAÇÃO

MORTE DA ENTREVISTA

O desafio da comunicação visual passa pela maneira como a tensão, a dialógica e o conflito entre *hetero* e *auto*rrepresentação serão enfrentados e solucionados caso a caso, segundo procedimentos descentrados. As perspectivas metodológicas pelas quais o pesquisador da comunicação (cientista social, jornalista, publicitário, político ou *militante-ong*) representa o outro com lógicas externas, imagens alheias e autoridades discutíveis vão exaurindo-se.

É possível resumir tudo isso como crise da entrevista. De fato, a entrevista é uma técnica por meio da qual se constrói o cenário cognitivo baseado na heterorrepresentação: somente o outro tem o poder de representar; isto é, antropólogo, sociólogo, jornalista, politólogo pretendem representar o outro apresentando perguntas e registrando respostas, sem expor a própria subjetividade, encerrada na fortaleza da lógica não discutida. A pergunta é o outro quem responde. Essa técnica da entrevista baseia-se em uma representação na qual este outro (indígena, jovem, marginal etc.) manifesta o próprio ponto de vista sobre assuntos e lógicas pré-determinados. Assim, não é o entrevistado e sim o entrevistador que *fala sempre*, pois é ele/ela que dirige as perguntas, sem posicionar-se sobre os temas tratados; perguntas que, como se sabe, contêm já em seu *frame* a resposta. Dessa forma, uma autoridade análoga à voz *off* não apenas escolhe a pergunta (que nunca é neutra ou inocente), mas seleciona as respostas, as traduz, monta-as, organiza-as linguisticamente e, por fim, transcreve-as para a leitura ou para a visão.

A técnica da entrevista é o principal instrumento da heterorrepresentação.

Um sujeito não é representado por ele mesmo, mas por outro (*hetero*) sujeito, com outra lógica, uma discursividade diferente transcrita na única linguagem compreensível: aquela ocidental ou, de forma mais geral, hegemônica. As distorções interpretativas baseadas nessa metodologia construíram um domínio narrativo, assim como político e, principalmente, *comunicacional* ainda pouco enfrentado pelos estudos pós-coloniais. *A entrevista é sempre uma tradução.* Tradução não apenas de línguas diferentes ou de dialetos, mas dos códigos não-verbais, das pausas, do tom emotivo e sonoro no qual palavras, rosto e corpo todo interagem e comunicam visões inteiras do (próprio) mundo. As traições dessas traduções estão sob os olhos de qualquer um que queira observar os resultados de décadas de metodologias baseadas nesses domínios.

Declarar e praticar a morte da entrevista significa transitar da centralidade metodológica da heterorrepresentação para uma descentralização compositiva e expressiva, reflexiva e dialógica entre auto e heterorrepresentação. Caso contrário, os sujeitos da representação continuam a ser somente aqueles que desenvolvem a pesquisa, entrevistam, realizam fotografias, vídeos, desenhos; e os outros são sempre os *objetos* da pesquisa, que conseguem obter uma palavra guiada, "montada" e transcrita segundo procedimentos que pertencem apenas e sempre a esse estranho vindo das áreas universitárias. Os outros permanecem excluídos: os representados.

A entrevista é a forma ideológica do poder do monologismo contra as várias possibilidades dialógicas, sincréticas, polifônicas.

Em uma entrevista em vídeo, a edição realizada seleciona e justapõe somente aquelas expressões linguísticas ou fisionômicas adequadas ao *formato*. O entrevistado pode falar durante horas, desenvolvendo complexas relações lógicas, críticas radicais decisivas ou explicações contextuais incertas; mas, no final, quem fala por ele é *sua* edição: o pronome *seu*, aqui, não pertence ao entrevistado, mas sim ao entrevistador. Palavras e imagens transvasam da boca aparentemente loquaz do entrevistado (que, muitas vezes, deve repetir a pergunta como se fosse seu próprio ponto de vista) para aquela formalmente muda do entrevistador. Sua voz é *off*, enquanto, de fato, é o entrevistador quem comunica por meio do entrevistado. Protegido por um profissionalismo dado como certo, o entrevistador adquire poder, *status* e controle sobre o entrevistado, apossa-se dessa outra subjetividade, representa-o, codifica-o, dirige-o. O entrevistador cria seu poder, não discutido, por meio de um método hierárquico e dicotômico que representa o outro e que, sobre esse representar aparentemente neutro, constrói o modelo da heterorrepresentação.

Essa *heterorrepresentação* teve e, de algum modo, poderá continuar tendo um papel importante, mas não mais único e, muito menos, central.

Junto de, ao lado, e, frequentemente, contra esse discurso coloca-se, com força expressiva e conceitual sempre maiores, a *auto*rrepresentação, isto é, os modos, também eles plurais, por meio dos quais aqueles que durante muito tempo foram tratados apenas enquanto *objetos* de estudo revelam-se *sujeitos* que interpretam, em primeiro lugar, si próprios e, depois, também a cultura do eventual pesquisador externo. Essas metodologias em direção a uma comunicação visual compositiva buscam recusar dicotomias e hierarquias e penetram nas fronteiras da linguagem digital: foto, vídeo, internet (são cada vez mais numerosos os *sites* produzidos por INDIA*net*), CDs musicais e CD-ROM. Enfim, as novas tecnologias e as novas subjetividades desafiam o monopólio, já obsoleto, de uma única escritura acadêmica ligada a um único sujeito legitimado; quebra-se o monopólio da escrita como linguagem única da representação do outro por parte do Ocidente hegemônico graças às possibilidades práticas do digital.

Essa reviravolta vale principalmente para a *comunicação visual*. As impostações linguísticas por meio das quais as imagens do "outro" foram realizadas por antropólogos, jornalistas, políticos locais e turistas estão todas obsoletas; isto é, falam-nos de seu domínio. Os códigos expressivos utilizados para narrar a cultura ou a subjetividade de cada grupo humano não estão mais centrados em um saber objetivo restrito a um saber tecno-científico e icônico-expressivo apenas do Ocidente: ainda hoje, os modelos segundo os quais se compõem os espaços musealizados em que expor os "nativos" são expressões de um *outro lugar* considerado "primitivo" ou que deve ser preservado de qualquer transformação cultural ou tecnológica (racismo ecológico).

Uma nova composição da comunicação visual é atravessada por essas novas subjetividades que colocam as próprias autorrepresentações em cenários móveis, em que as imagens viajam em todas as direções, não mais apenas de cima (ou supostamente como tal) do saber antropológico-jornalístico-musealizado dirigido a um leitor--espectador congelado nas próprias certezas. As sutis diferenças expressas pelas culturas nativas referem-se aos processos pelos quais as linguagens são constantemente construídas, expostas e modificadas, e também pelos aspectos rituais da vida quotidiana: da sexualidade à mitologia, dos grafismos corporais às cosmologias, das religiões às relações entre gerações. Essas representações inovam fotografia, vídeo, *web*, transformados em alguma coisa de *performativo* e *processual*, enquanto composições reflexivas no interior dos próprios universos.

Os sujeitos nativos utilizam complexas linguagens comunicacionais por meio das quais procuram dar sentido às próprias individualidades, pertencentes a culturas vivas, em constante desafio contra quem quisesse colocá-los naquela imobilidade atemporal e pré-individual com que, durante muito tempo, foram (hetero) representados.

As metodologias emergentes da comunicação colocam-se nesse ponto vital. As clássicas ciências sociais, mesmo as que submeteram a uma revisão as autoridades das escrituras, devem passar dentro desse *multiverso* que trança culturas, sincretismos, tecnologias e identidades em suas articuladas mutações bem além de um pressuposto passado a-histórico. Muitas pessoas nativas da América Latina estão apropriando-se das linguagens multicomunicacionais, para dar novamente sentido e vitalidade às suas filosofias e mitologias. Estas coabitam de forma conflitante dentro dos processos de mutação e hibridização, uma vez que não estão fixadas em uma presumida condição "natural" da pureza incontaminada. Por isso, um pesquisador não pode permanecer tranquilo e imóvel em suas passadas certezas: iniciou-se o tempo fantástico e fantasioso em direção a modalidades inventivas que permitam desenvolver pesquisas diferentes, para afirmar polifonias de linguagens, estilos, metodologias, imagens e sons a serem elaborados – é desejável – *junto* das outras irredutíveis subjetividades.

As perspectivas das transculturas que emergem desse contexto, ainda ignorado pelas abordagens pós-coloniais, focalizam traços particulares de culturas móveis. São *culturas transitivas*, no sentido de que podem originar-se em lugares específicos, espaços indefinidos, interzonas temporárias e que não permanecem ali fixadas, imobilizadas e "autênticas", mas se oferecem a um trânsito ao longo do qual mudam por meio de aspectos qualitativamente diversificados ou adquirindo outros.

O movimento gerado é um trânsito constante entre modelos linguísticos, icônicos ou sônicos diversificados pelos entrelaçamentos surpreendentes e nunca pacificados. As transculturas favorecem as intersubjetividades, isto é, o desenvolvimento de relações paritárias entre sujeitos que expressam suas diferenças psicoespaciais. E essas diferenças não implicam hierarquias, alto e baixo, inferior e superior, mas sim a presença de igualdades baseadas na diferença, e não na identidade. Quem é idêntico já é igual, e justamente esse modelo político-moral faliu enquanto hierarquizou quem era percebido como diferente. Transcultura e intersubjetividade liberam um *mix* de tecnologias e comunicação.

Sincretismos culturais, pluralidades subjetivas, polifonias textuais: essas são as perspectivas metodológicas de transculturas visuais mutantes.

Na nova comunicação visual, o etnógrafo está autorizado a interpretar o outro – com ou sem fotografias, vídeo, cadernos de notas – apenas se ele estiver disponível a fazer-se interpretar pelo outro e a interpretar junto com o outro. Essa polifonia compositiva move desafios em direção a uma epistemologia *transitiva* e *reflexiva* da representação.

XAVANTE E CHEROKEE

O desenvolvimento pragmático no sentido de uma autorrepresentação transitiva e reflexiva coloca em foco dois sujeitos: Divino Tserewahu, xavante que realiza vídeos etnográficos, e Jimmie Durham, cherokee artista contemporâneo. Ambos querem afirmar a perspectiva dos trânsitos possíveis no sentido de uma comunicação transcultural etnográfica e artística.

Essa virada comunicacional focaliza os nexos nativo-imagem--etnicidade para problematizar seus termos e afirmar que há tempos afirmou-se um processo no interior do qual o *outro se des-nativizou*. O que foi o paradigma da antropologia – "colher o ponto de vista nativo" – agora está se redefinindo de maneira bem diferente: desenvolver pontos de vista polifônicos da autorrepresentação em tensão dialógica com a hetorepresentação. No corpo desse prefixo – *auto* – há um sujeito que não é mais inscritível em uma cultura de pertencimento compacto, compreensível apenas graças à intervenção externa do etnógrafo. É a própria internalidade do sujeito à sua cultura que libera novos módulos narrativos. Por autorrepresentação entende-se que, por exemplo, a atual cultura maia dos Chiapas atual e aquela brasileira vivida pelos jovens favelados podem e devem ser representadas também por uma fotografia expressa por quem vive no interior de seu espaço vital.

Por meio de uma etnografia artística visual, multiplicam-se as subjetividades "nativas" que esvaziam o próprio conceito de *nativo* de seus significados etnocêntricos e "naturalísticos". Antes, as etiquetas adequadas ao *outro* eram: selvagem, primitivo, sem-escrita, simples, oral; agora, há algum tempo, afirmou-se o uso do termo formalmente "correto" *nativo*, cujas ambiguidades – em vez de desaparecer – diversificaram-se. Com tal palavra, afirma-se uma proximidade – inocente apenas para um crédulo – com o ser-nascido, nascido-ali, como se o nativo fosse precedente e, portanto, mais autêntico, porque mais--nascido. No entanto, esse termo deveria valer para cada ser humano, uma vez que todos nós nascemos em algum "ali"; consequentemente, com tal categoria aparentemente correta (que sublinha o estigma de procedência incontaminada e de autêntica pureza biocultural) reforça-se o conceito de que somente o "índio" é um nativo, amostra ambientalista de amor-natureza-animais, talvez xamã, sexualmente rico e, sem dúvida, pré-tecnológico. Nessa imagem de um *nativo-ao--natural*, qualquer presumido "nativo" não cabe mais. Se todos somos nativos, esse termo não pode mais classificar uma parte da humanidade que seria "mais nativa" que outras.

A comunicação flutuante contemporânea deveria declarar em desuso o termo "nativo" para indicar as populações que continuam a ser presumidas como "naturais" ou "primitivas". Além disso, a alternativa prática é muito simples: basta aprender o uso de termos que elas próprias e todos nós adotamos para designarmos Cherokee, Xavante, Textal, Tzotzil, Bororó, Maia, Europeu. É hora de empenhar-se contra o uso de taxonomias que reproduzem política e linguisticamente prejuízos biológicos e domínios coloniais. A relação entre comunicação e alteridade posiciona-se do lado de uma autorrepresentação polifônica, sincrética, transitiva. A finalidade é procurar corroer a proliferação de estereótipos, que inundam a política, a mídia, as universidades, e as classificações do outro que procuram fechá-lo com um método necrológico, no interior dos museus ocidentais ou expô-lo – puro e incontaminado – nas mídias "ecológicas".

EU XAVANTE E O VÍDEO

Divino Tserewahu é um xavante. Enquadrou-se na sua própria câmera digital e comenta, em português, o que está acontecendo no vídeo que ele gravou e editou entre os macuxis. Forças do exército brasileiro entram na reserva deles. Movem-se tanques, caminhões carregados de soldados, oficiais a cavalo, enquanto, no ar, giram helicópteros. A invasão da reserva é comentada por Divino como uma coisa que o deixou muito "estranhado". Em sua aldeia, no Mato Grosso, isso nunca poderia acontecer e o vídeo procura explicar porque está acontecendo em 2002, em plena Amazônia. A voz e as imagens dedicadas a vários macuxis: um cacique com clara autoridade, uma mulher vivaz, vestida com as roupas tradicionais e, depois, professora vestida como "ocidental" que tem um olhar, na câmera, orgulhoso de suas denúncias contra o exército invasor.

Os macuxos são *também* brasileiros, mas não *apenas* brasileiros: são uma nação indígena ou como se queira chamar, que possui *soberanidade* "por estatuto" sobre as próprias terras, que são suas porque "reservadas a eles" e não porque eles próprios se fecharam ali, dentro de uma "reserva". No vídeo, alternam-se cenas de dança e cantos rituais; depois, em uma *performance*, os jovens ridicularizam garimpeiros e fazendeiros, procurando desmascarar os políticos que, às vezes, ainda são coronéis com poder absoluto. Em seguida, jovens mulheres entoam um canto coral contra o álcool e contra quem o consome, isto é, homens que se tornam tão agressivos com elas quanto submissos aos "brancos". De vez em quando, Divino – com uma clara abordagem reflexiva – "se" recupera enquanto recomeça: é ele o sujeito presente *no* campo durante as gravações e *em* campo durante a edição. Em uma sequência fundamental, em subjetiva, a filmadora torna-se uma arma visual que se insinua nas dobras de uma tenda para registrar a discussão entre um oficial do exército e o cacique, apoiado por mulheres resolutas. Enquadra o oficial tomando-lhe gestos e palavras enquanto indica a vizinha fronteira com a Venezuela e afirma a necessidade estratégica de construir um quartel para controlar os movimentos no país confinante. Primeiro plano de uma mulher: isso é ilegal, afirma decidida: devem ir embora. Toda a aldeia está mobilizada e a luta continua. Correm os caracteres dos créditos: o xavante tem como assistente de direção um jovem macuxo e a produção é de *Vídeo na Aldeia*.[3]

O CHEROKEE E A ARTE

Don't worry – I'm a good Indian. I'm from the West, love nature, and have a special, intimate connection with the environment...I can speak with my animal cousind, and believe it or not I'm appropriately spiritual. (Even smoke the Pipe)...I hope I am authentic enough" (Durham, 2000:211).

Self-portrait (1987) é uma obra de Jimmie Durham em que ele representa si próprio como uma espécie de manequim com um grande sexo (segundo o estereótipo do "índio selvagem"), que avança como um Frankenstein étnico com coração aberto, e uma série de escritos sobre o corpo que fornecem irônicas indicações sobre um si mesmo problematicamente "nativo". O autor é um cherokee que – após sua participação no Wounded Knee, em 1973, como ativista do American Indian Movement – atualmente vive em Berlim e que realizou uma série de operaços artísticas desestabilizantes de qualquer ingênua categoria etnográfica e estética. Em um seu importante ensaio, ele representa, da melhor forma, alguns trânsitos da autorrepresentação, desmontando os contínuos estereótipos sobre os chamados "índios da América" criados pela mídia e pelo senso comum.

Nos Estados Unidos, as pessoas estruturam suas perguntas sobre os "índios" no passado, não apenas comigo ou com alguns outros 'índios', mas

---

[3] É muito importante sublinhar que, finalmente, em 2008, o Governo Central demarcou o território Macuxi com uma lei que provocou ainda muitas discussões em defesa dos fazendeiros que invadiram a reserva.

também quando se dirigem a grupos. Não é raro que tenhamos de responder sobre o passado. Uma vez, no Dakota do Sul, um homem branco perguntou: 'O que comiam os índios?'. Um de nossos anciãos respondeu, sem ironia, 'Comiam milho, feijão e abóbora' (típica resposta que existe nos livros escolares dos Estados Unidos) (Durham: 2002, p. 32).

É como se fosse necessário declarar que, para os "índios" das Américas, a colonização não é uma retórica política das décadas passadas. Enquanto na Europa ou Ásia é possível atravessar uma época pós-colonial, nas Américas ainda está presente uma cultura colonial concentrada nos "nativos" e que se baseia em alguns pressupostos: os "índios" *eram* selvagens que *precisavam* dos Estados Unidos; os "índios" estão todos mortos, infelizmente; os "índios" hoje estão fundamentalmente felizes com a situação ou não são *verdadeiros* "índios". Assim, no senso comum, o problema indígena resolve-se deslocando-o no passado: na história, no mito ou no cinema.

> As pessoas africanas são vistas combatendo em batalhas políticas legítimas, como parte de um importante conceito chamado "direitos humanos". Os africanos podem ser chamados africanos. Os "índios da América" não podem ser chamados de "americanos"; não podemos, portanto, ser "considerados" politicamente. Temos de ser descritos de maneira mítica – os "Índios da América" – ou antropológica – "nativos americanos". Somos removidos da arena política. Em vez dos direitos humanos, temos os mais especializados e esotéricos "direitos dos indígenas".

Enfim, Durham afirma a necessidade política e artística de *corrigir os nomes*:

> A falsa terminologia utilizada contra nós é tão permeante que todos os vocábulos reevocam a ideia (falsa) da indianidade. A palavra "tribo" vem das três pessoas que fundaram Roma ("Tribunal", baseado no número três, vem da mesma raiz). Não é uma palavra descritiva nem científica. Seu uso em antropologia foi completamente descreditado e vem do conceito europeu de progresso humano em cujo ápice estão as capitais europeias. "Tribo", "Chefe" e similares não descrevem uma parte da realidade de ninguém; são descritivas no interior do discurso de fechamento e conciliação, com o propósito de mostrar o ser primitivo (*id*).

Se uma parte da antropologia contemporânea abandonou esse termo, ele ainda é utilizado pelo *US Bureau of Indian Affair*. Não só; além do cinema, jornais, mídia e senso comum, não poucos cientistas sociais o reutilizaram recentemente como uma horrível metáfora taxonômica para tentar enquadrar as culturas juvenis metropolitanas ("tribos" *dark*, *punk*, *raver* e assim por diante...), segundo uma tradição de neocolonialismo interno.

Daqui, a representação como estereótipo do bom do nativo americano inscrito dentro de uma visão naturalística igualmente boa e cíclica:

> Em 1980, os brancos já ensinavam o xamanismo "índio" nas universidades. Os estudantes brancos participavam das danças do sol e das cerimônias do *peyote*. Todo centro comercial do país tinha um empório que vendia cristais mágicos dos Cherokee, e cada aeroporto tinha uma butique que vendia roupas "índias" e artefatos junto com equipamentos para *cowboy*. Como um *spot* televisivo de Ralph Lauren, *o espírito do Oeste, hoje está em todo lugar*.

Cherokee torna-se um *jeep* em uma publicidade do gênero "étnico": um primeiro plano enquadra-"o", o homem *civilizado* com, no rosto, os sinais que deveriam designá-lo como "pele-vermelha" potencial. Ao seu lado, o *offroad* (veículo para rally) de nome *Cherokee*. Em cima, uma frase: *The wild side of life*. A marca "selvagem" arrasta o "cara-pálida" para a direção do possante e transforma-o em um índio: em um cherokee que deixa o cavalo e compra justamente aquele possante. A publicidade funciona enquanto, com falsa ingenuidade, continua a esmagar o outro no "seu" estereótipo, segundo uma lógica narrativa ainda dominante em grande parte do Ocidente. Graças a uma aparente mitigação da "indianidade" – se você compra o *jeep* torna-se um cherokee, – absorvem-se os compartimentos pré-estampados para encerrar neles, em uma *marca* sem-história, esse "índio" altivo, nômade, ecológico.

Para procurar corroer a proliferação desses estereótipos – que invadem publicidade e mídia –, essas subjetividades experimentam novos nexos entre comunicação e arte, recebendo uma escassa atenção dos centros de pesquisa acadêmicos e, ainda menos, do senso comum jornalístico. E até a museografia continua a mostrar e classificar o outro apenas como objeto de exposição, isto é, a praticar aquela que Durham define como a "necrofilia" dos museus antropológicos. Estudiosos da comunicação, críticos de arte, jornalistas parecem imobilizados na reprodução de estereótipos e incapazes de olhar o que emerge, talvez porque poderia destruir um consolidado prejuízo segundo o qual "eles" – os *nativos* – só podem permanecer fora da História, para serem interpretados e entrevistados apenas por profissionais da comunicação monológica. Porque "a" história – no singular universal – pertence somente a "nós" ocidentais, e a perspectiva de que "as" histórias são plurais e irredutíveis entre elas é difícil de afirmar-se.

A autorrepresentação libera as diferenças do não-idêntico, porque o "outro" se *des-nativizou*.

O próprio Jimmie Durham chama essa perspectiva de *Gunga Din complex*. Um índio só pode ser representado como Gunga Din: uma personagem fílmica que se sacrifica pelo Império Britânico lutando contra seu próprio povo (dessa vez, os índios da Índia); único índio bom, porque colonizado, contra todos os outros índios barbaramente sanguinários, porque independentistas. Um Gunga Din funcional, para ser coadjuvante do único sujeito da história: o herói fílmico branco representado como *Lone Ranger*[4]. Esse *cowboy* solitário é utilizado por Renato Rosaldo para criticar uma outra clássica figura da modernidade: *Lone Ethnographer*. Ambos – *Lone Ranger* e *Lone Ethnographer* – resultam de um sistema compositivo em que existe apenas um autor e uma autoridade: o sujeito idealizado como solitário e que, graças a essa solidão, constrói sua única narração autoral.

Um bom "índio" pode ser apenas uma *location* para turistas visuais. Uma *Monument Valley*...

---

[4] A referência é a dois filmes de sucesso: o primeiro (*Gunga Din*) gravado antes da Segunda Guerra Mundial, e o segundo (*Shane*), logo depois.

CAPÍTULO 6

O SINCRETISMO MÍTICO EM PASOLINI

Os antropólogos tornam-se poetas, os poetas tornam-se antropólogos – mas existe uma ligação necessária entre as duas atividades? Creio que sim. Pelo menos existe um modo de ver para ambos. (DELL HYMES, 1986)

Para um autor como Pasolini, o mito constitui um dos centros de reflexão que a sensibilidade poética dele pode representar como reinvenção e não como reprodução. Na verdade, toda a obra poético-fílmica de Pasolini pode ser analisada como giratória, dentro e fora dos grandes mitos que, desde o passado, "respiram sobre nós", para dizê-lo com as palavras de Nietzsche: desde os primeiros filmes de tipo "realista" à trilogia da vida, desde o *Evangelho Segundo Mateus* até *Salò* segundo Sade. Agora gostaríamos de elaborar uma abordagem compositiva de *Medeia* e *Édipo Rei,* que serão descritos e interpretados como um *mito visual*; logo, após a análise comparada dos valores e dos sinais emergentes, será definido uma espécie de retrato semiótico que busca atravessar e definir suas obras como um sistema coerente de símbolos e, ao mesmo tempo, sua personalidade, que de poética se "converte" em científica e vice-versa. Nesta conclusão será aplicado ao próprio Pasolini aquele enfoque linguístico do "discurso indireto livre" que é a metamorfose fílmica da "língua da poesia" literária. Isto é, "trata-se simplesmente da imersão do autor na alma de sua personagem e, portanto, da adoção, por parte do autor, não apenas da psicologia de sua personagem, mas também de sua língua" (1972, p. 180).

A interpretação semiótica torna-se, pois, decisiva para compreender as obras de Pasolini, como ele mesmo disse em sua atividade de ensaísta: "há um mundo todo, no homem, que se expressa prioritariamente por meio de imagens significantes (queremos inventar, por analogia, o termo *im-signos*): *trata-se do mundo da memória e dos sonhos*" (p. 172). Este mundo dos im-signos é o terreno aberto do qual saem os mitos, *seus* mitos de Édipo e de Medeia: assim toma corpo aquela "mimese visual" segundo sua própria clara expressão. Enfim, seguindo parcialmente Geertz: "O objetivo de uma abordagem semiótica é o de auxiliar-nos a alcançar o acesso ao mundo conceitual no qual vivem nossos sujeitos, de modo a podermos *dialogar* com eles, no sentido amplo do termo" (1973, p. 64). Procurar-se-á agora dialogar exatamente com duas obras de Pasolini – além de dialogarmos com o próprio Pasolini – a fim de fazer emergir sua possível interpretação na e com a especificidade de uma descrição etnográfica densa.

1. MEDEIA

O MITO

Embora esse mito seja muito conhecido, queremos lembrá-lo brevemente: Jasão, para resgatar seu reino usurpado, precisa recuperar o velocino de ouro e, com essa finalidade, organiza uma expedição, chamada de Argonautas. Porém, somente graças à ajuda de Medeia consegue sucesso no empreendimento. O filme inicia-se com uma

CAPÍTULO 6 – O SINCRETISMO MÍTICO EM PASOLINI

grande sequência híbrida ambientada na Cólquida, isto é, na Capadócia, Turquia, numa cidade real antiquíssima, escavada na rocha e modelada por milênios de água, vento e homem, cenário incrível – realista e, ao mesmo tempo, fantástico – para recriar como testemunhas as camadas mais arcaicas do mito que sobreviveram até nós. Nesse contexto, Pasolini escolhe um rito, ou melhor, uma série de ritos interligados num *continuum* unitário, sem diálogo, e com um comentário musical muitas vezes descontextualizado – e, justamente por isso, muito mais eficaz do que outras tantas tentativas de recriar músicas arcaicas – que se utiliza da colaboração de Elsa Morante. Nesse reino barbaresco, a telecâmera "focaliza" uma espécie de curta cruz, em forma de pê grego divaricado, de clara função ritual e sede habitual do velocino de ouro. Um jovem sorridente e elegante como um deus é conduzido no meio do povo que aplaude, para ser amarrado a essa cruz-altar. Seu corpo está pintado, enquanto seu rosto sorri como se estivesse sob os efeitos de uma droga. Aproxima-se um sacerdote que antes o estrangula e depois o recorta em pedacinhos, que receberão uma dupla deglutição: alguns pedaços serão devorados pelos fiéis, como numa refeição totêmica; outros serão sepultados nos campos. O mesmo ocorre com o sangue: em parte ingerido e em parte vertido sobre as colheitas. Por fim, com uma acentuação do frenesi tanto dos participantes do ritual como também da câmera – que se movimenta "em subjetiva" – começa uma espécie de festa, aliás, a Grande Festa. Os súditos começam cuspindo sobre os reis; o próprio herdeiro do trono é apanhado à força e fustigado, enquanto Medeia é colocada, por sua vez, no lugar do sacrifício. Difunde-se uma música frenética e aparecem máscaras. Baila-se para evocar outros mundos, outras espécies animais e divinas. Dão risadas: a inversão dos papéis, a aquisição de uma identidade diferente, o movimento frenético do corpo produz uma hilaridade "baixa" que se orienta para a orgia final que, no entanto, está ausente no filme. No tratamento anterior dado à cenografia, Pasolini afirma que no "caos originário, que antecede a criação, acenar-se-á a uma orgia – uma dança na qual aos vivos misturam-se em promiscuidade os mortos – os mortos são homens mascarados" (1970, p. 34). Finalmente, num belíssimo quadro final, que

185

parece evocar um ícone bizantino, a família real ao completo retoma a aparatosa plenitude do poder.

A literatura antropológica utilizada por Pasolini, para essa sequência híbrida, evidencia abertamente *O ramo de ouro* de Frazer, muitos anos antes de inspirar também Francis Ford Coppola e seu *Apocalypse now*. Todavia, Pasolini não está tão interessado na sucessão ao poder quanto na descrição fenomenológica de como devia parecer, para ele, um estado bárbaro de "natureza", em que estaria ainda presente o grande mito da morte e da ressurreição em sua nova versão asiática. Mitos selvagens e cruéis, que, no entanto, fundavam uma comunidade vital e apaixonada, sem ter ainda a supremacia da racionalidade calculadora e utilitária. Essa grande sequência sem diálogo (isto é, num certo sentido, sem a voz *off*) é uma forma apaixonada de revitalizar os mitos de Dioniso-Baco "que enlouquece os homens". Com efeito, a vítima do sacrifício é o próprio deus, Dioniso. Por isso, ele é tão belo e reverenciado por todos; sua morte ritual, com a vítima consenciente, graças ao uso de drogas que provocam seu êxtase, a saída-de-si, é a reprodução da paixão do deus numa comunhão mística e simbólica. Por isso, ocorrem o sepultamento dos pedaços de seu corpo e a aspersão do trigo nascente: porque, na primavera, Dioniso morto voltará a viver como carne divina. O trigo pode ressurgir e a humanidade poderá reviver graças ao sacrifício que impõe uma morte, um homicídio que é também um deicídio. Esse poderoso mito originário junta-se, para Pasolini, à Grande Festa, que se caracteriza por três elementos: a inversão dos papéis, a mudança de identidade, a mimese dançante. O rei, para dar legitimidade e continuidade a seu poder, precisa correr o risco de negar-se enquanto autoridade e tornar-se objeto de deboche: como diz Bakhtin, o alto torna-se baixo, e o baixo torna-se alto (1979). Assim, os súditos, uma vez por ano, precisam experimentar a embriaguez do poder ultrajado, para poder submeter-se a ele durante o tempo restante. É justamente essa confusão do alto e do baixo que produz o riso, essa atividade especificamente humana que tanto pode ser cruel como também adquirir forma divina, o riso dionisíaco gerador de instâncias vitalizantes. E é aqui que Pasolini transporta a visão de uma famosa pintura pré-histórica, na qual um xamã assume as feições de um animal totêmico. A mensagem é clara: com a Grande Festa nasce o teatro e talvez também, em certo sentido, o cinema (EBERLE, 1966); graças à possibilidade oferecida pela máscara, de assumir outra identidade, de abandonar seu eu quotidiano e assumir outro eu, compulsoriamente próximo do mundo da natureza da qual a humanidade está dolorosamente se separando. Máscaras animais, portanto, mas que, em seu ambíguo desejo de retorno à natureza, expressam também a instância da captação do divino. A festa, como o teatro, como o cinema, parece dizer Pasolini, restabelece aquela triplicação dos mundos que é a fonte secreta de seu fascínio: a relação deus-homem-animal. Por essa razão, a música obsessiva, estridente e repetitiva que evoca e invoca a dança, isto é, uma sequência de movimentos corporais extraquotidianos que, por meio da mimese com animais, age sobre os homens, transformando-os em deuses (RODHE, 1970).

A morfologia geral do filme *Medeia* é elaborada pelo autor também devido a um segundo antropólogo, Lévi-Strauss, embora reinterpretado de acordo com sua sensibilidade (1966). O conflito entre natureza e cultura torna-se o encontro-desencontro entre Jasão e Medeia, entre o mundo grego e o bárbaro, entre racionalidade e mito. Pasolini parece ter sido influenciado também pela *Dialética do esclarecimento*, de Adorno e Horkheimer, que analisa de forma ainda não superada a reversão da racionalidade para seu oposto, para cair nas forças obscuras do mito (1966a).

Por isso, a magia apaixonada de Medeia, sua força de "natureza" fundada num amor absoluto, destrói a lógica cínica e eficiente de Jasão, amostragem do reino da cultura e da utilidade pessoal. "Eis que tudo está pronto para o destino iluminista, leigo e mundano de Jasão" (PASOLINI, 1979, p. 35). É preciso também acrescentar, todavia, que essa amostra do *logos* destrói qualquer resistência de Medeia e, portanto, do mito, graças ao seu aparecer como a imagem de eros: à vista do herói – que acumula as duas forças, de eros e de *logos* – a maga desfalece de amor e, com o retorno à consciência, filmado pelo abrir dos olhos, tudo já está decido e entendido. Pouco depois, há uma cena paradigmática na qual Medeia sorri de jeito quase desencantado, olhando o velocino de ouro, quando o "vê" pela primeira vez como instrumental, uma pobre pele de carneiro, com a qual pode "comprar" o amor de eros.

A relação entre antropologia e mito, mediada pelo cinema, torna-se ensaio, em Pasolini, que ilustra uma teoria geral sobre a religião, o poder, a festa, com um corte único que raramente se viu antes. A forma desse ensaio é de tipo fantástico e sincrético, no entanto possui a força, pode-se dizer, realista, de colher uma sequência diversificada de mitos e de representá-los consecutivamente de forma sincrônica e apaixonada: e *híbrida*. Acredito mesmo que tenha razão Dell Hymes, quando, comentando o livro de poesias Totens do colega antropólogo Stanley Diamond, escreve que "existem diversos aspectos nos quais a poesia é a continuidade da antropologia por outros meios" (1986).

A MORFOLOGIA

A análise morfológica do filme será agora subdividida em três partes: a primeira é articulada nas quatro fases "lógicas" que definem a escansão do filme (mito-rito-*ratio-hybris*); a segunda enfrenta os movimentos de cada signo na intersecção de duas oposições binárias (*pater vs spiritus* e *filius vs diabolus*); a terceira identifica no *duplo* o tema recorrente.

Mito. O filme inicia-se com o Centauro – representado em sua forma "híbrida", meio homem e meio animal – que conta uma história ao jovem Jasão: "Tudo começou com a pele de um carneiro. Sim, era uma vez um carneiro que falava: era divino...". E o Centauro prossegue explicando que o velocino de ouro é um "sinal da imperecibilidade do poder e da ordem", que dá sorte aos reis (seus reinados nunca terminam) e, por fim, lembrando a usurpação do tio Pélias que aprisionou o pai de Jasão. Depois desse prólogo, feito de palavras, apesar de que a história é "feita de coisas e não de pensamentos", Pasolini – por meio do Centauro – apresenta sua visão antropológica da idade mítica: "Tudo é santificado, tudo é santificado, tudo é santificado. Não há nada de natural na natureza, meu filho, guarde bem isso. Quando a natureza te parecer natural, tudo estará acabado, e começará alguma outra coisa".

Delineia-se o sentido sagrado da natureza que a *ratio* verá mais tarde como o verdadeiro antagonista a ser eliminado. "Olha lá embaixo", prossegue o Centauro-Pasolini, "aquelas sombras de árvores, aqueles canaviais. Em cada ponto onde teus olhos fitam, esconde-se um deus!" O mito é compenetração e transfiguração de qualquer fato natural num evento sagrado; e nesse poder do mito afirmam-se os ritos, fundados, portanto, em experiências concretas, experiências corporais e quotidianas. Para o homem antigo, "a realidade é uma unidade tão perfeita, que a emoção que ele experimenta, digamos, diante do silêncio de um céu estival, equivale completamente à experiência pessoal interior mais profunda de um homem moderno". Opondo-se a toda essa ordem cósmica, a civilização tem o poder de dissolver a relação mítica entre cereais, sementes e ressurreições. A conclusão será aquela tão cara a Nietzsche: "Com efeito, não há deus algum".

Rito. A segunda fase contém a longa sequência ritual já descrita de um ponto de vista estritamente antropológico. Diz o próprio Pasolini na cenografia: "O rito é executado objetivamente, como num documentário, em seus inexplicáveis detalhes" (1970, p. 31). Aqui, as únicas palavras ditas são as de Medeia que, enquanto espalha as cinzas da vítima sacrificada, diz: "Dá vida à semente e renasce com a semente".

Logos. Durante a viagem de volta, o navio atraca numa praia e, enquanto Jasão prepara as tendas para passar a noite, Medeia se perde e grita cheia de angústia: "Este lugar afundará porque não tem sustentação! Ah! Não rogueis a deus, para que bendiga vossas tendas! Não repitais o primeiro ato de deus. Vós não buscais o centro, não assinalais o centro. Não! Buscai uma árvore, um pau, uma pedra!" É sabido, de fato que, em virtude de um ato de fundação ritual, uma pedra particular torna-se símbolo de deus, de sua presença. Acompanhando os trabalhos de De Martino (1959, 1973), a modernidade subtrai o ponto de referência à pessoa "mítica", que vive no ciclo natural – o famoso campanário de *Sud e magia* [Sul e magia] (1959) – devido ao qual tudo se precipita no caos, no indefinido. O elo – a *religio* – que une a terra, o sol e a grama se dissolve: cada elemento é somente ele próprio, como o indivíduo moderno. Junto à viagem longínqua na Cólquida, começou outra viagem ao longo do esclarecimento da razão instrumental. E justamente por isso, quando volta para o tio Pélias, Jasão lhe diz com desprezo e, ao mesmo tempo, cheio de racionalidade iluminada, atirando aos pés dele a carcaça do velocino de ouro: "E, então, se queres que te diga o que é a verdade para mim, esta pele de carneiro, longe de seu país, não possui mais nenhum significado". O mito que santifica as coisas dissolveu-se: o que triunfa é o *logos*.

Hybris. Neste ponto reaparece o centauro, que já é uma pessoa "normal" (e portanto o grafamos minúsculo), não mais "híbrido", porque ele também foi desconsagrado em sintonia com a passagem de Jasão para a idade da razão. Também Medeia não é mais a mesma: assim como o velocino de ouro, longe das terras do mito, não passa da pele de um carneiro, da mesma forma, aquela que foi maga é reduzida a "um vaso cheio de um saber que não me pertence". Mas, nesse momento, o deus Sol, pai do pai dela, acorda-a, incitando-a a agir como antigamente, como ressurreição do poder da natureza contra a razão, contra o poder da cultura que a repudiou juntamente com seus filhos. Seguindo quase ao pé da letra alguns fragmentos famosos da *Dialética do Iluminismo*, o novo centauro laico diz: "O que for sagrado conserva-se ao lado da nova forma desconsagrada". Nessa frase está contida aquela tese cosmológica e também antropológica da inversão da *ratio* em seu oposto, território percorrido justamente pelos mitos agora desenfreados e incontroláveis, que acreditaram ser capazes de derrotar e que, pelo contrário, levarão ao abismo, à ruína individual e histórica, à suprema infração contra a natureza.

AS OPOSIÇÕES

Pater versus Spiritus. O movimento morfológico do filme aparece ligado a sinais lógicos precisos, a verdadeiros pontos cardeais que orientam a estrutura (cf. esquema p. 202). A primeira oposição binária apresenta-se entre o *logos* e o mito, entre o princípio cívico e viril cujo centro, contemporaneamente, encontra-se em Corinto e em Pisa. A herança grega atravessa diretamente os pontos altos da cultura ocidental, a Piazza dei Miracoli [Praça dos Milagres]: o mundo clássico, a renascença toscana, a civilização contemporânea constituem outras tantas etapas de um mesmo processo histórico que transmite os problemas irresolvidos de uma civilização sempre à beira de reverter-se para seu oposto. O que movimenta esse ponto alto do *logos* é o poder, o cálculo, o útil e, para conseguir esses objetivos, está disposto a passar por cima de tudo: o velocino de ouro é apenas a exemplificação de uma racionalidade predatória em relação ao objetivo que reduz o sagrado a fato positivo. A essa perfeita e sedutora máquina de conquista opõe-se o mito: a Cólquida bárbara e asiática localizada por Pasolini de propósito entre os cenários trogloditas da Capadócia, outra confirmação de um território que foi conquistado, sim, mas não domado, que está presente, testemunho "oco" da impossibilidade de eliminar o racional, cujos destroços, como monumentos em processo de erosão, sobrevivem a um passado que volta a animar-se. Passagens subterrâneas, agulhas arquitetônicas, pináculos, *minicanyons*. Ali, em cada carneiro a continuidade se expressa pelos ritos dionisíacos, preserva-se a manifestação do deus, seu habitáculo e proteção; porém, cada mito sobrevive somente dentro de sua cultura, dentro de um conjunto de relações que o vivificam nas formas de pensar, sentir e agir: no processo de simbolização. O fetiche age somente sobre quem acredita nele: para todos os demais, é objeto dessimbolizado de curiosidade, de coleção, de troca.

Filius versus Diabolus. A primeira oposição cruza-se com outra oposição binária entre *filius* e *diabolus*. O primeiro polo representa o princípio de identificação que, enquanto herói, precisa realizar uma série de ações exemplares – como num rito de iniciação – antes de tornar-se, por sua vez, *pater*. Porém, o Jasão de Pasolini não precisa mais enfrentar o risco da aventura: tudo é como um jogo para o representante da cultura vencedora. Quando o tio recusa-se a ceder o reino usurpado, depois do retorno dos Argonautas, "nosso" herói passa a desinteressar-se e revela cinicamente o caráter de fetiche – de fetiche inútil – da pele do carneiro. Sua beleza exótica e exibicionista supera logo as defesas de Medeia; em seu interesse pessoal, ele não hesita em casar com Glauce com o objetivo de herdar seu reino. Contra esse poder, levanta-se um dos mais clássicos modelos de tragédia: Medeia, neta do Sol, maga poderosa, capaz de entrar nas secretas essências das coisas. A absoluta unilateralidade de sua paixão amorosa carece de pensamentos e arrependimentos; a mulher dos mistérios é logo seduzida e, em seguida, cúmplice: está secreta e radicalmente relacionada com o *spiritus* do mito, tanto quanto Jasão está com o *logos* do *pater*. É, obviamente, a personagem mais apaixonante do filme, aquela que por amor cego, absoluto, não hesita em matar o irmão, cujos membros ela espalha pelo chão, a fim de deter o pai e ferir a mãe. É aquela que acompanha no sono os filhos à morte "negra", para punir o outro genitor. Mãe e carrasco, juntos, no insuprimível desejo de enxugar qualquer descendência do infiel Jasão: é aquela que, novamente de posse de seus poderes mágicos, obriga a rival ao suicídio, ao qual se segue o do fraco pai. Ao redor de Jasão só restarão destroços e terra queimada: sem mais reino, nem descendência, nem esposas. Seu fim não é conhecido, mas é possível imaginar o que restará de sua vida como algo imerso em fantasmas dos quais sua lógica viril havia debochado cinicamente. O olhar de Medeia-Callas[1] é alguma coisa rara de se ver no cinema. Em seus olhos de paixão, negros e obscuros, dilatados e transparentes, há o prazer de percorrer – por meio de um plano-sequência subjetivo – o corpo nu e adormecido de Jasão, o atleta olímpico Giuseppe Gentile, remetendo, talvez, àquele outro amor dela pelo corpo e pela alma do diretor que, porém, este sempre lhe negou[2].

Esses quatro sinais movimentam-se em simetria perfeita: um influencia todos os outros e vice-versa. Os movimentos semióticos podem dar sentido formal àquele complexo decalque de mutilações arcaicas que Pasolini quis imprimir, reelaborando uma tragédia bem conhecida. O protótipo do herói (ego = Jasão) e de seu antagonista (alter = Medeia) entra em dialética de modo cruzado com o princípio masculino (alto) e o feminino (baixo). O esquema da página 196 procura representar, com um único olhar sinóptico, todo esse enredo

---

[1] Referência à atriz e cantora lírica Maria Callas (N. do T.).

[2] É interessante lembrar que esse plano-sequência – censurado no "momento fatídico" da região genital, da qual permanece uma espécie de buraco preto como a testemunhar a idiotice de qualquer censura – será replicado após uma segunda relação sexual; porém, nessa ocasião, Jasão está vestido, exemplo visível de um ato já apressado, sem mais paixão pelo qual, obviamente, este outro plano-sequência não será interrompido por um segundo corte da censura. O amor acabou tanto para a tragédia como para a censura.

complexo entre civilidade e barbárie, entre a perfeição arquitetônica do batistério de Pisa e a intriga cavernosa das grutas da Capadócia.

O TEMA

Por fim, nessa terceira parte foi identificado o tema recorrente, lembrando que no filme movimentam-se três duplos. Como sabemos, o duplo é um tema central da literatura antropológica, sobre o qual foi produzida uma infinidade de materiais mitológicos em quase todas as culturas.

a) O primeiro duplo é o do Centauro, representado como personagem mítica que vive sua "dupla" natureza, humana e animal, toda dentro da sacralização da natureza, quando ainda, atrás de cada árvore, escondia-se um deus; pelo contrário, o simples homem-centauro, sem mais a parte equina, produz – nesse diferenciar-se, nesse separar-se – o nascimento da própria razão, em função da qual o poder do mito dissolve-se em lenda, laiciza-se em "fábula".

b) O segundo está todo inserido na extraordinária sequência do rito: como já foi dito, o sacrifício do jovem que representa a divindade implica o desmembramento de seu corpo, sua sepultura para a futura ressurreição, sua deglutição, para absorver "eucaristicamente" as virtudes divinas. Graças aos poderes do mito e do rito, o desmembramento é a premissa para uma futura recomposição, sendo que a fratura busca e remete a uma nova e mais profunda unidade, como aquela que liga a fertilidade genital à agrária e, ambas, ao riso. Pouco tempo depois desse sacrifício ritual, Medeia, a sacerdotisa, celebra outro ato igual e contrário, uma espécie de duplicata sem mais nenhuma relação com o sagrado: o fratricídio como degolação profana, caracterizada por uma escaldante paixão amorosa e por uma funcionalidade em relação ao objetivo. O desmembramento do corpo do irmão não se destina à sepultura, à custódia da terra à espera do novo ciclo de fertilidade, mas é jogado sobre a terra, para ser visto, nu e despedaçado em todas suas partes. Por isso, a piedosa recomposição do cadáver é vista como um horror supremo e quase inexplicável, como uma morte duplicada para cada seção do corpo. Não serão previstos retornos de ambos os filhos, do degolado e da degoladora. Por isso, na sequência final, eleva-se estrídulo e apavorante o berro materno de dor, "eterno" pranto ritual de toda a bacia mediterrânea. Em suma, o fratricídio é uma réplica racional do primeiro sacrifício, porém já despido de qualquer investidura sagrada.

c) No terceiro e último duplo, Pasolini representa a *hybris*, a suprema infração das regras do comportamento adequado, por meio da duplicação da morte de Glauce e Creonte, uma imaginada e outra vivida. Quando Medeia descobre sua natureza solar, seu poder de maga, tem a visão daquilo que, na filologia da tragédia, deverá acontecer com Glauce, a noiva prometida. Mas, aqui, o diretor desenvolve um segundo discurso semelhante ao já expresso por Jasão sobre o colapso dos símbolos: as roupas que os filhos de Medeia oferecem a Glauce não possuem qualquer valor mágico, como a pele de carneiro descontextualizada. É preciso "simpatizar" com a magia, para poder receber seus efeitos. Enquanto agora a ação se desenrola na terra do *logos,* aliás, com uma genial invenção poética, no território de *psyché:* a noiva prometida não consegue suportar psicologicamente o fato de ter de acarretar uma dor tão grande a outra pessoa como Medeia que, além do mais, é tão doce a ponto de enviar-lhe seus filhos com uma rica indumentária como presente de casamento. O novo poder do vestido não reside mais nos artifícios da era mítica, mas nas dobras da civilidade do complexo de culpa. É para representar essa duplicidade de poderes em ação que Pasolini duplica a morte de Glauce e Creonte – uma infeliz; o outro, indeciso – cujo ato final transforma o escaldante homicídio no mais terrível e no mais "moderno" suicídio voluntário. De fato, a imagem que Glauce não consegue suportar é justamente a dela, que o espelho – reprodutor primeiro de duplos – lhe remete no esplendor do novo vestido.

Por fim, nos três duplos, representa-se a sucessão das fases do filme: o começo, com o duplo centauro que se transforma de expoente híbrido do mito em representante da *ratio;* o momento central, que vai do caráter sagrado dionisíaco do rito ao fratricídio desconsagrado; o momento final em que a magia arcaica deixa lugar à nova *hybris* do complexo de culpa. No duplo, há o conteúdo e a forma de verdade para a dialética do processo de civilização, e a imagem final do espelho resume tudo isso como o verdadeiro sinal que reflete – como *espéculo* – a passagem fatal para a modernidade. Por um lado, o rito-mito-magia e, do outro, *ratio-assassínio-psicologia*: nesse rigoroso movimento lógico, a poesia de Pasolini funde-se com a antropologia.

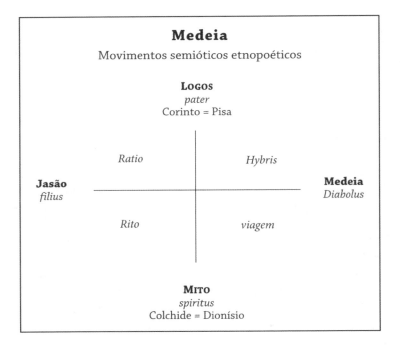

2. ÉDIPO REI

O SINCRETISMO MÍTICO

O que gostaríamos de enfatizar inicialmente, neste filme, é essa busca de um encontro, uma fusão entre o meio fílmico, o mais clássico dos mitos gregos e a biografia pessoal; tudo conduz a "preservar" um tema que nos é muito caro e que, em geral, continua a ser descuidado (CANEVACCI, 1976): o *complexo de Laio*. A abordagem antropológica dessa questão possui, para mim, o mesmo valor do rito arcaico descrito em *Medeia:* uma vez mais, não é possível encerrar Pasolini na gaiola da pura poesia e da intuição. Nele, é sempre fácil encontrar a linha de uma pesquisa complexa sobre temas fundadores da nossa cultura, embora sempre mediados por sua experiência biográfica. O tema de Édipo, com efeito, remete à questão do ovo e da galinha, transportada para pai e filho. Na gênese da dinâmica patológica intrafamiliar é certamente prioritária a persecução paterna em relação ao filho. A bibliografia etnoantropológica sobre o assunto já é abundante e difundida em nível comparado entre culturas muito diferentes entre si (PROPP, 1975; LÉVI-STRAUSS, 1969; DEVEREUX, 1978; FOX, 1979). É possível reconsiderar o complexo edipiano como o reflexo do terror de Laio: e é exatamente o que faz Pasolini em seu filme, cruzando mito e biografia. O obscuro presságio de Laio concentra a ameaça inconfessada que todo pai sente por parte de todo filho. A crise fatal de Laio origina-se no perigo – ao mesmo tempo histórico e cíclico – que todas as gerações de pais percebem em relação a si mesmas, a partir da própria presença nua de um filho: a sucessão dos bens, do sexo, da vida. A insídia aparente por parte da geração dos filhos – de todo Édipo – e de sua relação ambivalente de amor-ódio, oculta uma realidade bem diferente, um terror angustiante, profundo, irracional, que a geração dos pais percebe de forma inconsciente em relação àquele que, chegando à vida, anuncia sua caducidade e coloca em discussão os privilégios no âmbito do vivenciado. O complexo de Édipo é o produto do terror autoritário de Laio *negado, revertido* e *projetado*.

Como narra uma história zulu: "Contam que era uma vez um chefe, que gerou muitos filhos. Mas não gostava do nascimento dos filhos homens, porque, dizia ele, esses, quando adultos, lhe tirariam o poder" (PROPP, 1975, p. 95).

Cumpre-se então o infanticídio das formas mais diversas e cruéis: dos vários Édipos furam-se os pés, corta-se o ventre, corta-se a cabeça, atravessa-se o peito, castra-se – física ou psiquicamente – a genitália, e inclusive preparam-se as carnes para a mesa. O mito se abre numa persecução universal contra o ser mais indefeso dos inermes, por parte da família patriarcal e não-patriarcal. E, no entanto, a conclusão é sempre a mesma: "Édipo, que matou o pai, é um facínora, embora involuntariamente. Enquanto o crime de Laio, que tentou matar o filho, nunca é visto como delito" (p. 97).

A respeito desse juízo, a cultura dos pais unifica-se sem preconceitos raciais ou patrimoniais.

Tudo isso está exposto no filme em chave quase didática e, de qualquer forma, exemplar. A própria forma, dividida em três fases temporais, com a forma central propriamente mítica, filmada no Marrocos atual, onde, assim como na Capadócia, o mito arcaico continua presente; um prólogo ambientado na Itália monárquico-fascista e um epílogo nos anos de 1960, os anos do chamado "milagre econômico".

Essa construção temporal e formal estabelece uma trama que relaciona a infância de cada um (e, em particular, a do diretor) com a mudança histórica e os relativos modelos de autoridade, com aquela herança de memórias arcaicas que deriva da encruzilhada fatal (o trívio para Tebas?) entre instâncias bioinstintivas e socioculturais (hipoestrutura).

Para Pasolini, não há dúvidas: ao sentido oceânico de satisfação e onipotência originária que a criança experimenta durante a amamentação materna, ela relaciona uma produção de sentido que durará a vida inteira. Por isso, quisemos citar uma frase célebre de Karl Kraus – "a origem é a meta" – que parece resumir a tensão conciliatória de Pasolini. Com a *sedução do ciclo*, sustenta-se, num paradoxo aparente, que aquilo que o homem deseja acima de tudo, a ponto de ser colocado até como a *finalidade* de todo seu agir, outra coisa não é a não ser a própria *origem,* quando pôde "gozar" daquele sentido de bem-estar total que fazia coincidir seu eu com o mundo.

A tudo isso, a esse sinal materno, corresponde um sinal totalmente oposto de tipo paterno. Mais uma vez, a simples presença nua da criança atrai as atenções maternas, distraindo-as das conjugais e desencadeando a competição do pai-marido. Com efeito, sob as vestes de um oficial do exército: "Tu, que estás aqui para tomar o meu lugar no mundo, atirar-me no nada e roubar-me tudo o que tenho. A primeira coisa que me roubarás será ela, a mulher que amo. Aliás, já me roubas o amor dela".

A moderna Jocasta, a mulher-mãe, não goza mais das atenções sexuais do marido, mas é "tomada" pelo filho. É o terror de ser atirado no nada que obriga Laio a agarrar os pés de Édipo e apertá-los com força até fazê-los inchar. Édipo é, de fato, "aquele que tem os pés inchados" (*Oidípous*), porém, diz Kerényi, isso esconde uma origem diferente e mais arcaica: nos tempos antigos, os Dátilos – incontinentes "filhos nascidos da terra, a Grande Mãe dos deuses" (1963, p. 96) – usavam nomes próprios como *Oidiphallos,* em vez da perífrase "dos pés inchados", quando se aludia às características genitais próprias desses homens. Por isso, o *Oidípous* parece uma racionalização posterior do originário "de falo inchado" que, mesmo removido pelo pai, continua a sobreviver e a explodir novamente no corpo do filho. Essa consideração, que não é somente filológica, tende a subverter uma das teses mais aceitas da psicanálise, segundo a qual não é tanto o filho que sofre a supremacia fálica do pai, quanto também o seu oposto: cada filho anuncia ao pai a lei da decadência insustável, à qual corresponderá uma potência "megafálica" cada vez maior do primeiro. Édipo é o portador de uma sexualidade nova e mais potente, que é preciso punir ou transfigurar em metáfora. A frase de Pasolini acima citada não poderia expressar em termos mais claros o que nós entendemos por complexo de Laio.

A MORFOLOGIA

Inclusive neste caso, a análise morfológica do filme é dividida em três partes: a primeira, articulada na subdivisão lógica das fases do filme (viagem-mito-*pathos-hybris*); a outra, presa nos movimentos opositivos cruzados; a terceira, voltada a identificar o tema recorrente.

Viagem. O filme inicia-se com a viagem que todo ser enfrenta em duas direções opostas entre si: em direção ao futuro, ou seja, a história, e em direção ao passado, isto é, o mito. Essa oposição temporal, de divergente torna-se convergente no interior da experiência do ego, que é contemporaneamente vital e cósmica, onde o presente se cruza com o passado antes de produzir o futuro. E a viagem inicia-se com uma sombra: quando Jocasta está amamentando Édipo, produzindo a já citada identidade eu-mundo do narcisismo primário, um obscuro presságio atravessa seu rosto, quebrando essa fusão. Há nele a percepção de que a história avança e, contemporaneamente, regride em direção ao mito. O homem, todo homem, encontra-se sempre apertado por essas duas oposições. É aí que o pai se veste (ou se traveste) de oficial do exército italiano durante o fascismo, expressando todo seu rancor diante da simples presença filial. Há uma festa no clube dos oficiais: o menino é deixado pelos pais dormindo sozinho, mas o barulho o acorda. Ele levanta-se, vai para a sacada e vê os fogos de artifício que, explodindo, iluminam o mundo: mas chora e se desespera. Ele experimentou, pela primeira vez, sua solidão no mundo, percebeu o antagonismo paterno, enquanto a fusão que o amor materno prometia quebrou-se. O mundo não é mais um conjunto de atributos feitos para satisfazer suas necessidades: inicia-se a fase das grandes frustrações. E do vagar. Na viagem, com efeito, não há somente o prazer, mas também a obscura instância da busca, ou então, a busca de alguma coisa que foi percebida, mas que não se sabe mais o que é. Para Pasolini, a viagem, e não somente nesse caso, é um afundar no passado mais arcaico, até chegar ao mito mais intacto.

Mito. As etapas do mito são iniludíveis: ao jovem Édipo, que procura fugir de seu destino, e tenta a sorte em cada encruzilhada cobrindo os olhos, apresenta-se sempre somente a mesma escrita: Tebas. Aqui, o choque supremo entre um pai autoritário, quase sagrado, e um filho enraivecido e descontrolado encontra como arma parricida uma escolha particular do quadro: "uma lâmina de luz inunda a imagem no momento do golpe mortal, e cria uma sombra de compaixão mesmo na barbárie" (PETRAGLIA, 1974, p. 88). É a segunda sombra, esta também funérea, que aparece no filme; parece quase que à câmera tenha sido entregue a clareza de uma mensagem metacomunicativa, utilizando uma linguagem visual pura. Nessa contraluz, filmada de forma homicida, como uma arma que cai pesada e implacável, com a força da metáfora representa-se o sentido de uma arte parricida que é, enquanto tal, talvez salvadora, ou então – e cada vez mais – danada.

Pathos e hybris. A solução do enigma da Esfinge, e o prêmio da viúva, a mãe Jocasta, encadeiam-se na direção de um desejo expresso de forma inequivocável. Diz Jocasta ao filho-marido: "Por que tens tanto medo de ter feito amor com tua mãe... Quantos homens já não sonharam fazer amor com a mãe".

Essa declaração é a resposta à verdadeira pergunta que a Esfinge havia feito a Édipo antes de ser vencida e de enterrar-se no abismo:

"Esfinge: 'Existe um enigma em tua vida. Qual é?'

Édipo: 'Não sei, não quero saber.'

Esfinge: 'É inútil. O abismo para o qual me empurras está dentro de ti'."

A paixão de infringir as regras do incesto é incontrolável tanto quanto a de cortar os laços de sangue. A paixão torna-se sofrimento: quem não quis ver, não pode cegar-se. A pena pela infração pecaminosa, restabelecendo a ordem natural – na verdade a ordem altamente cultural – paga o preço da sobrevivência e recebe como prêmio a conquista da santidade. De acordo com Nietzsche – antecipador do problema de Édipo – poderíamos dizer que "aquele que resolve o enigma da Esfinge-Bifronte" encontra-se dentro da "rígida lei da identificação" (1967, p. 95) e estabelece uma regra definida: o domínio do sujeito sobre a natureza funda-se numa enormidade antinatural. Esse mito lembra que o saber e a racionalidade – sobre os quais se fundamenta o indivíduo moderno – desenvolveram-se procurando depurar o espírito dionisíaco. Sócrates e Cristo contra Dioniso.

"A ponta da ciência volta-se contra o sábio: a sabedoria é um crime contra a natureza" (ibid.).

Por trás da máscara de Édipo – rasgado o véu de Maia – esconde-se o rosto sorridente e terrível de Dioniso, o herói originário, cujas "dores" eram objeto exclusivo da tragédia. Por isso, o Édipo de Pasolini, investido de uma aura sagrada, pode voltar a viajar nos séculos, com sua flauta pânica, até a Itália consumista dos anos do *boom:* em Bolonha, tão esquerdista e opulenta quanto carente de conflitos. Aqui, ele atravessa o centro urbano "rico" de bares cheios de gente; depois, uma periferia homologada para a cultura dominante, com operários que não são mais classe – antagonista e irredutível – mas camada já há tempo conquistada; finalmente, chega num bosque, o mesmo onde Édipo, quando criança, havia experimentado o sentido de onipotência originária. A fusão eu-mundo, percebida como alegria do indefinido, reverte para um retorno obscuro, para a morte. Diz Édipo-Pasolini : "Cheguei. A vida termina onde começa".

Finalmente a *hybris* pode extinguir-se. Na última frase, o ciclo vence a história. O *prólogo é o epílogo.*

A ENCRUZILHADA

Pater versus spiritus: neste caso, também, a morfologia do filme adapta-se bem à semiótica remexida pelo autor (cf. esquema p. 205). Vejamos: o princípio da autocracia paterna, representado pelo duplo pai – o real e o mítico – desencadeia o mecanismo persecutório. Pelo contrário, o princípio materno apresenta aqui também um duplo sopro de satisfação de qualquer necessidade: a oral, da primeira infância, que estabelece a identidade eu-mundo; a genital, da idade adulta, que infringe toda regra natural-cultural. A oposição *pater-spiritus* em relação ao filho é decisiva para a constituição de sua personalidade e para o conflito entre história e mito, entre razão e instinto.

Filius versus diabolus: essas oposições cruzam-se com as outras duas que, desta vez, estão ambas no interior do mesmo sujeito, confirmando a hipótese de Nietzsche, segundo a qual as infrações edipianas giram ao redor da "rígida lei da identificação". Por um lado, o Édipo como *ego corintio,* como *filius* que possui seu modelo de subjetividade historicamente determinado, seu modelo de consciência e saber, que não para diante de nada, a não ser diante de si mesmo, contra aquela parte do eu que era desconhecida inclusive de si mesmo. É um herói incapaz de parar diante de algum obstáculo, que deve superar todas as provas, que precisa vencer mesmo contra si mesmo. Seu dúplice objetivo é o de afirmar-se como sucessor, para vingar-se do pai, o representante da história e do poder que infringiu seu prazer originário absoluto, reconquistar a mãe e, com ela, reconquistar o reino. O *filius* precisa procurar realizar como pode a infeliz tarefa de tomar o lugar do *pater* durante sua "viagem". Porém, a oposição do representante do super eu é bem mais enganosa, enquanto aquele é muito mais forte como morto do que como vivo. Neste sentido, o diálogo entre Édipo e a Esfinge nos introduz na dimensão oculta do ego, no inconsciente, e dentro do antagonismo que fica em seu interior. Eis a razão por que, do outro lado, há sempre o mesmo Édipo como *id tebano,* como *diabolus* que se alia aos desejos mais secretos de tipo materno, pulsões de natureza decisivamente conflitual em relação àquelas leis de cultura publicamente sancionadas pelo princípio paterno. Esse Édipo tebano torna-se porta-voz e representante de cada tentação que se origina em *diabolus,* donde explode a carga pulsional "cega" e extremada. Não é por acaso que a mãe-esposa alcança o orgasmo somente quando é invadida por esta carga libidinal irresistível, e não no primeiro amplexo marital, socialmente legítimo. O verdadeiro prazer reside na ruptura de todo limite, de todo liame que impede a restauração daquela identidade total e originária que fundiu o eu nascente, o ego auroral com o todo materno.

O TEMA RECORRENTE

Também neste filme, o tema recorrente – quase uma obsessão ou uma regra definida – parece concentrar-se no *duplo:* tudo é replicado duas vezes. Os personagens do triângulo familiar se replicam – como já dito – em tempos diferentes, nos quais mito e história correm um atrás da outra, reciprocamente.

Laio: a figura paterna histórica é uma réplica da figura mítica ou, melhor dizendo, está inserida no sulco do mito. Laio revive em cada pai: nos tempos históricos, como perseguidor consciente do filho, que lhe subtrai amor e vida, jogando-o ao nada; nos tempos míticos, como figura autocrática e monumental, fatalmente destinada a chocar-se com o filho. Talvez seja bom lembrar que Laio, considerado pelos gregos o fundador da homossexualidade (KERÉNYI, 1963), desencadeia a *hybris,* por um lado violando Crisipo – jovem filho de Pélops – e recebendo assim a maldição paterna; do outro, juntando-se a Jocasta em estado de embriaguez, apesar da proibição explícita do oráculo que havia previsto desgraças advindas de um eventual herdeiro.

Jocasta: Jocasta "duplica-se", por um lado, como imagem de amor--doação, pura oblação sensual pelo filho que, pelo contrário, subtrai atenção e paixão do legítimo esposo; por outro, como disponibilidade maliciosa que solicita fantasias eróticas "naturais" ao filho legítimo. As duas sombras que atravessam seu rosto são ambas causadas pela irrupção do tempo linear, que cinde e aplana o tempo cíclico: a primeira quando, amamentando o filho, antecipa-se a cisão; a segunda quando, ouvindo a narrativa do mensageiro, anuncia-se o reconhecimento. Inclusive nas duas ocasiões em que ela faz amor – antes distraída, com o marido, depois excitada, com o filho – revelam sem dúvida que, para Pasolini, o eros é infração das leis histórico-sociais e restauração de um modelo de fusão originária que coincide com o princípio de identidade. A ontologia "secreta" da homossexualidade é aquela que procura e escolhe o mesmo, o idêntico, enquanto recusa e rejeita o outro, o diferente (KRAHL, 1973, p. 131-134). Esse é o núcleo escaldante da homossexualidade que Pasolini parece querer colocar no fusionante papel materno que reconduz a "um" aquilo que deveria ser feito a "dois".

Édipo: Édipo, diferentemente dos dois outros lados do triângulo, torna-se triplo: ele viaja primeiro na história da Itália fascista, onde sofre a perseguição paterna, depois afunda no mito, no qual pode vingar-se da ofensa e casar com a mãe; por fim salta para o presente para encontrar a paz – só e cego – nas origens maternas. Este Édipo mítico perfura a irreversível linearidade do tempo e restaura – como um *trickster – o* poder do ciclo, voltando ao mesmo lugar onde se originou o tempo biográfico, recompondo aquela fratura *(chorismos)* que se produzira com a separação do seio materno. E, justamente nisso, o filme é filologicamente ortodoxo, apesar das muitas inovações: o

Édipo de Pasolini revive o drama de perseguir racionalmente aquilo que só pode levar ao abismo e o de gozar com passionalidade aquilo que se ergue para uma unidade originária.

Também neste caso, como em Medeia, o tempo redobrado escande a sequencialidade das três fases do filme, no qual história e mito, biografia e tragédia, razão e paixão perseguem-se e revertem uns sobre os outros.

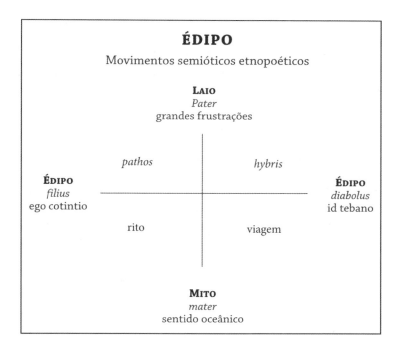

3. COMPARAÇÃO

O momento final, proposto por nossa metodologia aplicada aos dois filmes, consiste em reelaborar a comunicação da antropologia visual de Pasolini por um clássico método da antropologia: a comparação. Nesta perspectiva, colocamos agora num mesmo plano Édipo e Medeia, unificando tanto os sinais que emergiram como significantes, de forma rigorosamente qualitativa, quanto os lemas escolhidos como significativos, para que surja um único modelo sincrônico (cf. esquema p. 219). Ao elaborar essa fusão, precisamos partir dos modelos parciais, resultantes da análise de cada filme, que se baseiam nas oposições cruzadas, que produzem o desdobramento do autor em duplo sentido:

– no lado horizontal, os dois personagens, antagonistas entre si (*filius* e *diabolus*) emergem como um duplo que procura conciliar de forma sincrética o masculino e o feminino;

– no lado vertical, os dois personagens de *pater* e *mater* configuram uma alteridade visionária entre cultura e natureza sobre a qual ele, que seria obrigado a escolher entre os processos de identificação, pelo contrário, é destinado a romper-se – a fraturar-se – de modo claramente discriminatório.

A paixão do autor é o resultado da pressão exercida pelos quatro personagens. Em particular, os dois personagens "horizontais" resultam conciliáveis e cumulativos. Édipo, como *filius*, resume em si também os valores de Jasão: ele se revela um ator involuntário contra a natureza por excesso de racionalidade; enquanto Medeia, como *diabolus*, absorve em si a cisão edipiana, o seu id desejoso e descontrolado, ausente de códigos normativos dominantes: ela se revela uma "congênita" atriz *contracultura* por excesso de instintividade apaixonada.

Nesse cruzamento marcado por Édipo-Medeia – novo híbrido fílmico, herdado e reivindicado diretamente pelo mito – converge a identidade de Pasolini, contribuindo com isso para esclarecer sua predisposição para todo escândalo extremo, para cada violação exagerada. Todos os códigos de família mais sagrados são quebrados: parricídio, incesto, fratricídio, infanticídio: como é fácil notar, somente a relação materna não é assinalada pelo matricídio, mas pelo seu oposto, pela relação amorosa.

Seguindo o outro versante, os dois personagens "verticais" resultam antagonistas e discriminatórios, e ambos convergem do alto para baixo em direção ao autor. Do alto, o princípio de autoridade informa

CAPÍTULO 6 – O SINCRETISMO MÍTICO EM PASOLINI

de antagonismo a história do mundo paterno. É a esfera da cultura como civilização, como poder técnico-científico – como *logos* – ao qual deve (ou deveria) uniformizar-se o *herói-filius,* isto é, todo ego nascente. Aquele mundo grego, que realizou este modelo de racionalidade, foi herdado e desenvolvido pela moderna cultura ocidental (Pisa e a Renascença, Bolonha e o *boom).*

De baixo, levanta-se, impetuoso e indomável, o princípio do prazer, que difunde a primeira e inesquecível experiência ligada ao sentido oceânico, ao erotismo apaixonado, polimorfo e fúnebre. Nele se alimentam tanto as infrações de Jocasta, quanto a canção de ninar que Medeia, enquanto *mater,* dirige aos filhos antes de adormecê-los para sempre. É a terra sem-fim do mito, da irracionalidade como território específico de uma natureza que não tolera controle, mapas, fronteiras. Aquele mundo telúrico, dionisíaco, que ressurge a cada geração, com o ciclo como sinal, possui uma matriz bárbara que sobrevive em alguns territórios contemporâneos (o interior da Turquia e de Marrocos).

Na esfera exterior, para além das divergências, realiza-se uma compactação objetiva, característica da forma-família enquanto tal, e que é, em última análise, o resultado sinérgico de seus componentes, tão variados quanto indivisíveis. O conjunto dessas dinâmicas desenvolvem um *ressentimento paterno* que possui por fundamento a cultura e um *aperfeiçoamento materno* que possui por fundamento a natureza. Essas pressões, voltadas para o sujeito-autor, produzem uma dupla destrutividade perversamente aliada e convergente: uma destrutividade necrófila por excessivo ódio paterno, e uma destrutividade biófila por demasiado amor materno. Ambas as pressões parentais caracterizam-se pelo excesso, pelo transbordamento para além dos limites "cívicos" da normalidade; e, justamente por isso, pela expressão de uma verdade profunda e inconfessável.

De acordo com a mesma mitologia explicitada por Pasolini, "os arquétipos linguísticos dos im-signos são as imagens da memória e do sonho, isto é, imagens de comunicação dentro de nós mesmos" (1972, p. 177). Porém, justamente dessa forma, sua "tendência expressivamente subjetivo-lírica" reverte para uma síntese racional. Sua "subjetividade livre indireta" desvincula-se das possibilidades expressivas e científicas do meio, "numa espécie de retorno às origens: até reencontrar nos meios técnicos do cinema a qualidade onírica originária, barbárica, irregular, agressiva, visionária" (p. 183). E, justamente nisso, o cinema dele coincide com o método antropológico. O cinema é ficção, *fiction:* mas, nos lembra Geertz, isso caracteriza também os escritos antropológicos, que "são portanto ficções, ficções no sentido de que se trata de 'algo fabricado', 'algo modelado' – o significado originário *de fiction* – não é que sejam falsas, irreais, ou simplesmente hipóteses pensadas 'como se'" (1987, p. 53). É nesse processo que a ficção de Pasolini torna-se *cinema sincrético*, sincretiza-se com a antropologia cultural.

Em suma, a partir dessa paixão e pressão quaternária, é possível delinear o sentido da obra de Pasolini, de sua racionalidade e de sua poesia, de sua filologia e de sua fantasia, que ele mesmo definiu como um "álibi narrativo". Os mitos de Édipo e Medeia, assim como foram representados, inscrevem-se na configuração antropológica do duplo. Por um lado, os movimentos maternos de baixo (telúricos) configuram a perfeição originária do sentido oceânico: o mundo todo é-para-mim, à minha disposição, e a Mãe é a grande mediadora natural que impede a fratura entre o eu e o mundo, entre sujeito e objeto. Enquanto os movimentos paternos do alto (uranianos) configuram a angústia histórica da *era das grandes frustrações:* o mundo é outro-em-relação-a-mim, diferente e hostil, e o pai favorece a cisão com um cerceamento dinâmico do sujeito nascente por meio da cultura.

E assim Pasolini padece, com esses dois filmes, três tormentos:

– uma *destrutividade parental,* por demasiado amor e por demasiado ódio, por excesso de *pater* e por excesso de *mater;*

– uma *fusão genital,* reunindo em si a figura masculina de Édipo e a feminina de Medeia;

– uma *conciliação ética,* sincretizando *filius* e *diabolus,* o bem e o mal, dentro de sua identidade única e irrepetível.

CAPÍTULO 7

O HÍBRIDO INCORPORADO: *VIDEODROME*

> Max: Nunca acontece nada de pornô?
> Masha: É tudo pornô.

1. A SEQUÊNCIA

Um estúdio televisivo normal, aguardando um debate sobre pornografia, violência e as responsabilidades do meio televisivo. Max, diretor de uma rede – Canal 83 – que exibe vídeos violentos e pornôs, está sentado numa poltrona, cruza as pernas e acende um cigarro, falando alguma coisa de circunstância sobre a emoção que sempre toma conta das pessoas nos debates. Depois, vira-se para oferecer um cigarro à sua interlocutora. Sempre em plano de sequência, a câmera desloca-se da pessoa até focalizar a televisão de cena, onde uma bela mulher de vermelho vira-se para ele, dizendo: "Não, obrigada". O desvio seguinte de montagem mostrará o *set* onde a mulher de vermelho – Nicky – está ao lado de Max e da apresentadora.

A sequência tem a duração de cerca de 15 segundos, mas em sua sintaxe e, por que não dizer, em sua antropologia visual, assinala uma pedra básica. Assinala a passagem de um tipo de *sentir* o cinema em relação a outras formas da comunicação visual. O meio é sempre o mesmo – justamente o cinema – mas ele leva para alguma coisa completamente diferente. A mulher de vermelho "faz-se ver" encerrada no vídeo da televisão, de acordo com um novo cânone perceptivo que subentende ou solicita uma capacidade de decodificação diferenciada. A sequência assinala que a dela é uma presença essencialmente visual, antes que real. O real – se sobreviver – chegará depois. O filme foi realizado em 1984 por um diretor canadense, David Cronenberg[1]. O título, tão emblemático quanto sibilino, é *Videodrome*.

A partir da cena inicial recém-descrita, percebe-se que o diretor está explorando um módulo narrativo totalmente novo. Uma semiótica fílmica em que os limites (ou os fios) entre os códigos realistas e os códigos visuais tendem a confundir-se e, em consequência, a deslocar os hábitos perceptivos do espectador. É ele o primeiro a fazê-lo, com uma forte antecipação sobre um processo que irá difundir-se com força somente nos anos de 1990: aquele jogo de interfaces entre realidade e ficção que agora chama-se realidade virtual.

Todo o filme é um verdadeiro ensaio sobre as mudanças antropológicas determinadas pela invasividade da mídia, particularmente no espaço visual do desejo: aquele entrelaçar irrefreável entre TV e pornô como fonte de mudanças profundas – em grande parte ainda inexploradas – nas consciências e nos comportamentos. Seu tema geral, que irá continuar também nos filmes posteriores, diz respeito aos estados alterados de consciência e à forma pela qual eles são incorporados, difundindo o tema do duplo. Em certo sentido, justamente pela ambiguidade do duplo, pode-se aproximar Cronenberg de um diretor tão diferente quanto Pasolini, porque, do ponto de vista de sua linguagem, o canadense encontra-se muito distante do italiano. No entanto, apesar das diferenças, o tema do duplo os une, além de uma certa fascinação

---

[1] No mesmo período, um escritor também canadense, William Gibson, irá escrever um livro – *Neuromance* (1984) – que assinalará o surgimento de um movimento, não apenas literário, chamado de *cyberpunk*.

pelo irregular, pelo escandaloso e inclusive pelo homossexual[2]. Esses estados alterados relacionam-se à consciência somente enquanto se concentram no corpo. É do corpo que parte a alteração com base em técnicas experimentadas ritualmente. Até o *videodrome*.

Porém, é na linguagem visual expressa por Cronenberg que reside o verdadeiro sentido da inovação. Em sua comunicação metamórfica, partindo desse breve plano de sequência – sinal de uma nova cultura visual que o diretor consegue não somente captar antecipadamente, mas também, pelo menos em parte, construir – a relação entre cenário urbano, diálogo entre pessoas, sistema de percepção e imagens-TV se mistura. Cada um insere-se em todos os outros. É a pessoa-TV que se torna sujeito. Um "fazer-se ver" presente tanto quanto uma pessoa-corpo. Nela, antecipa-se tudo o que está por acontecer com Max, o desencantado herói de uma *network* sem escrúpulos.

Este filme antecipa uma tendência na comunicação visual cujos resultados são totalmente abertos: e sobre os quais irá decidir-se grande parte do sentido que é preciso dar ao nosso ser no mundo.

Por isso, *Videodrome* é um legítimo texto que manifesta uma mutação antropológica e, como tal, será abordado. Isto é, como uma ficção que plasma e modela, com uma década de antecipação, nossos modos de pensar e sentir. Uma ficção que faz cultura. Com esse filme, a comunicação visual, em seu significado mais invasivo e complexo, penetra literalmente em nossos corpos. *Videodrome* é um produto visual híbrido, como aqueles cruzamentos entre seres-humanos e seres-vídeos que ele coloca em cena. *Videodrome* é um ensaio sobre os estados alterados do corpo e sobre a mobilidade fascinante do prazer. *Videodrome* é *um videoscape: sua síndrome*.

O filme é decomponível em quatro planos – entrecruzados como na grade aplicada a Pasolini – tantos quantos são os personagens principais:

– Max, o herói-diretor do Canal 83: como *Filius*

---

[2] A esse respeito, é possível argumentar que William Burroughs – o escritor visionário e irregular de *Il pasto nudo* [traduzido no Brasil como *O almoço nu*] – está para Cronenberg como Sade está, com suas *120 jornadas*, para Pasolini.

– Nicky, a "melhor amiga" da Rádio 101: como *Mater*
– O'Blivion, o apóstolo da Cathod Ray Mission: como *Spiritus*
– Barry Convex, proprietário da *Spectacular Optical*: como *Diabolus*

Como é evidente, todos os personagens giram ao redor da mídia: são como representantes tipológicos dos diferentes tipos de mídia. Não existimos se não exercitamos um meio. Se não "somos" um meio.

2. NICKY: RÁDIO 101

Após o oferecimento do cigarro na memorável sequência recém-descrita, Nicky – estrela do rádio que representa o "partido moralista" – confessa "ter sido obrigada a viver num estado de excitação anormal" e logo é convidada para um jantar por Max.

Alguns dias depois, os dois estão na casa de Max e ela pede para ver alguma coisa pornô. Ele responde que só tem alguma coisa sobre torturas, homicídios, coisas que "não têm nada a ver com sexo". Mas Nicky responde: isso é o que você acha...".

Nicky começa a envolver o proprietário do Canal 83 numa relação sadomasoquista cada vez mais dura. Começa enfiando alfinetes nas orelhas. Depois, olhando fixamente para Max, acende um cigarro que coloca no seio, queimando-o. Por fim oferece o cigarro a Max que, horrorizado e seduzido ao mesmo tempo, tenta recusar. Mas acaba cedendo e quando o nariz se cruza com a fumaça do cigarro, sente o cheiro da carne dela: queimada. Talvez mais tarde, ele irá fumar o cigarro.

CAPÍTULO 7 – O HÍBRIDO INCORPORADO: VIDEODROME

Após ter assistido às cenas-pirata de tortura, ela quer saber a proveniência: é ali que ela deseja ir. Isso induz a uma modificação do estado de consciência dele. Numa dessas crises, sentado em sua casa, Max vê uma mulher encapuzada na TV: é Nicky que diz – persuasiva como numa *chat line*, após ter sido fustigada: "Queremos você, Max. Venha, venha perto da Nicky, não me deixe esperando, por favor". O corpo de Nicky transformou-se num *visus:* todo o rosto dela coincide com o tamanho do vídeo. E mais, começa a sair, a dilatar-se, a expandir-se. O próprio aparelho de TV se mexe, suspira, mostra veias inchadas de desejo ao toque da mão de Max. Agora são focalizados somente os lábios de Nicky que o convidam a entrar onde ela está. Dentro dela. E Max se dobra, coloca o rosto diante do vídeo da TV e, pouco a pouco, entra com a cabeça dentro daqueles lábios abertos.

Nicky prossegue sua viagem para a morte, que será filmada e mostrada em vídeo para Max. Porém, Nicky continua vivendo nas gravações de vídeo e/ou nas videoalucinações crescentes de Max. Na cena final, que iremos interpretar depois, é o rosto de Nicky que reaparece, chamando-o para a ressurreição da videocarne.

Nicky trabalha como voz amiga numa rádio; a cena do encontro com Max apresenta todo o trabalho no estúdio, baseado numa total hipocrisia em relação aos ouvintes. Uma mulher chora no telefone e Nicky lhe responde gentilmente indiferente, piscando para Max. Na mídia, tudo é falso e verdadeiro.

Nicky não é nem vítima nem carrasco. É um lento fluir para a morte-TV. É adesão visual à vida como tortura e à morte como libertação. Não é nem Justine nem Juliette. O bem e o mal não têm mais sentido, a não ser para oportunidades casuais de trabalho. Sade morreu. O que lhe acontece é um estado de frieza que se aquece somente incorporando-o no circuito neuronial e animado da mídia. Nicky é impalpável e inalcançável: é o *cheiro visual* de sua carne queimada. Carne sublimada em fumaça que se levanta para a desagregação. "Eis que chegamos onde devíamos chegar", dirá a Max no final.

É uma Medeia-sem-terra, desterritorializada e finalmente desincorporada, transformada em *videoscape*, panorama erótico-eletrônico. Sem origem, sem centro nem ascendências mágicas ou filhos trá-

213

gicos. Nicky desnaturalizada. É videonatureza como única condição de um existir que só pode gozar dentro de seu fim. É uma *videomater, uma visus-mater*. Ela aparece pela primeira vez no vídeo (ainda sem o corpo), para recusar o cigarro – e pela última (sem mais o corpo) para obrigar Max a recusar a vida. Do começo ao fim é desejo e anulação do desejo. Uma boca catódica.

3. O'BLIVION: CATHODIC RAY MISSION

Sempre no citado primeiro debate sobre o emprego da violência estava presente também um terceiro convidado: O'Blivion, aliás "oblívio", está presente somente de forma virtual, isto é, em vídeo: toda sua intervenção foi gravada antes, mas é como se fosse ao vivo. A intervenção dele situa-se entre a do sociólogo das comunicações e a do pregador: "O vídeo da televisão", diz ele, "é o único olho verdadeiro da mente humana. O'Blivion não é meu verdadeiro nome, mas um nome-TV. Nada mais. Logo, todos terão nomes-TV especiais, nomes estudados com cuidado".

Na entrada de sua igreja de nome insólito – a Cathodic Ray Mission – há somente uma fila de miseráveis, muitos sem-teto. Dentro do grande salão, Max descobre diversos reservados nos quais esses derrelitos da metrópole estão sentados vendo TV. Talvez programas suspeitos. A igreja catódica está tratando deles, diz a filha de O'Blivion: "por causa de uma doença provocada por uso insuficiente da televisão. Assistir TV ajuda a sentir-se parte da Grande Tabuleta do mundo". Max entra no estúdio de O'Blivion. Trata-se de um conjunto quase barroco de objetos de arte e de divindades provenientes de todas as partes do mundo. Não há um canto vazio na sala. Tudo é redundante. Tudo é uma inflação de símbolos mortos. Em frente à escrivaninha há uma telecâmera no tripé.

"Meu pai recusa-se a conversar com qualquer pessoa há pelo menos 20 anos. O monólogo é o único discurso que ele sabe fazer".

Em certo momento, O'Blivion descobriu que estava doente, tinha um tumor que lhe provocava alucinações. Depois, descobriu que era verdade o contrário. Não era o tumor que criava alucinações. Eram "as

CAPÍTULO 7 – O HÍBRIDO INCORPORADO: VIDEODROME

visões que se tornavam carne, muita carne que continuava crescendo. E, quando removeram o tumor, chamaram-no VIDEODROME. Eu fui o primeiro caso de *videodrome*, a primeira vítima".

Quando a filha decide apresentá-lo a Max, convida-o a entrar num quarto cheio de estantes apinhadas de fitas VCR: "Este é ele... meu pai".

A sensação é a de entrar naquelas igrejas xintoístas, onde as cinzas dos antepassados são conservadas em urnas. As urnas atuais – ou as do futuro – são os videoteipes. Nelas, podemos guardar, em vez de nossas cinzas, nossos discursos – nossos monólogos – a serem entregues para a memória futura. E nossos herdeiros poderão catalogar essas nossas presenças "imortais" e exibi-las, selecionando o discurso mais adequado para a ocasião, *como* se fosse ao vivo. Tudo está morto e vivo ao mesmo tempo.

As igrejas catódicas são uma realidade muito mais presente do que se pode pensar. A grande ofensiva das igrejas protestantes, principalmente evangélicas, no Brasil ou nos Estados Unidos, deriva do emprego maciço e inteligente das TV e dos sermões-TV. Suas estratégias retóricas parecem copiar as do "padre" O'Blivion: o conhecimento estatístico de que qualquer sermão-TV conquistará uma parte do auditório. Com certeza. Trata-se apenas de percentuais. Se aumentarmos as frequências, aumentará o número de fiéis-TV[3].

O'Blivion, como Nicky, é estrangulado vivo por "alguém". Por *Videodrome*.

O'Blivion é um puro *visus-TV*. Sua imortalidade deriva do fato de ele ter-se pré-gravado numa quantidade inexaurível de teipes. O'Blivion, que oscila entre a mídia de MacLuhan e a seita de Padre Jones, impede o esquecimento com suas fitas vivas. A presença dele é totalmente espiritual. É *Spiritus*, cujo *logos* é imortal como suas videogravações. Nele, a autoridade espiritual convive com os símbolos mortos de todas as religiões da humanidade: mesmo porque a Catho-

---

[3] Não surpreende, pois, que a igreja católica do Brasil, diante de tantos irrefreáveis sucessos dos evangélicos, tenha decidido alugar uma faixa horária a fim de começar a transmitir seus sermões-TV. A teologia da libertação morreu. A ela, sucedeu a teologia da frequência.

215

dic Mission resume-as todas. O'Blivion é a síntese visual de qualquer autoridade-TV. Um verdadeiro excesso de bem.

4. BARRY CONVEX: SPECTACULAR OPTICAL

Essas videoalterações são propositais. Não casuais. E Max vai às origens dessas visões, por seu interesse pelas cenas de tortura emitidas por aquela que parecia uma *network* pirata e que, mais tarde, se descobre ser o próprio coração de *videodrome*. Um coração visual de trevas. Ao longo dessa pesquisa, Max encontrou Masha, uma mulher de idade e libertina que adverte: "Videodrome tem algo tão perverso que tu não tens. Possui uma filosofia própria...".

Videodrome é como a Aids: uma síndrome de imunodeficiência. Somente a origem é diferente: não é sexual, mas visual. E os sintomas são mais semelhantes do que se possa imaginar: produzem alucinações. Aqui desdobra-se toda a visão antropológica do diretor, por meio da ideia de uma mutação que incorpora literalmente o vídeo. Já vimos que Max entra na boca-TV de Nicky. A passagem posterior será o contrário: tornar-se vídeo e incorporar as fitas, incorporar as mensagens, "in-ver" as gravações em vídeo. Numa cena memorável, o estômago de Max se abre na vertical, como uma grande vagina, e é penetrado por uma fita empurrada nele por Convexo. "O que é, afinal, nossa realidade?" diz este, "a não ser a percepção da realidade?" E essa percepção deve ser modificada, incorporando as fitas de vídeo, fazendo *carne* das fitas.

CAPÍTULO 7 – O HÍBRIDO INCORPORADO: VIDEODROME

Convex – que possui uma cobertura numa loja singular de ótica, *Spectacular Optical* – cita Lorenzo, o Magnífico, para dizer que o olho é a verdadeira mente do homem. Sua associação secreta – que difunde a síndrome-do-vídeo – baseia-se no argumento de uma América que estaria prestes a tornar-se demasiado fraca, por isso "precisamos preparar-nos para sermos fortes a fim de sobreviver". E Max foi escolhido para esse algo novo: "Nós queremos que você se abra, se abra diante de mim. Quero que veja um vídeo", diz Convex de forma alusiva[4].

Seu objetivo é apoderar-se da *network* de Max, do Canal 83. Com essa finalidade, a ordem desse legítimo agente do mal – dessa variante de *Diabolus* – é matar: e Max obedece. Vai ao escritório dele e atira em três membros do conselho administrativo com seu revólver-prótese.

Essa *Spectacular Optical* apresenta-se como uma verdadeira organização terrorista clandestina que utiliza os níveis extremos da videotortura para contaminar os cérebros e produzir videotumores cerebrais. Porque "sinais maciços de *videodrome* contribuem para o crescimento do cérebro", diz Convex.

Em sua loja aparece uma escrita de conteúdo sinistro: "keeping an eye on the world". O mundo controlado por um único olho: o do *videodrome*. A companhia dele já produz óculos deformantes para o terceiro mundo e sistemas-guia para mísseis Nato. Com *videodrome* passa-se aos sistemas de alucinação programada.

Em Convex – e em suas espetaculosidades óticas – concentra-se a essência do mal, a excrescência do mal que, com suas mutações interconectadas em suas visões, poderá produzir estados alterados do corpo, alterações cerebrais aptas a restaurar a pureza nacional dos Estados Unidos. Mas Convex não é a TV enquanto tal, parece dizer nos Cronenberg. É uma das narrativas possíveis da TV-de-carne. Convex é o anticartesiano: a *res cogitans*, a capacidade da razão, é incorporada nas mutações induzidas para a *res extensa*: dentro de uma natureza totalmente visual. Um *megavideoscape*.

---

[4] Este emprego de "ver" parece uma verificação empírica do conceito, assim como foi proposto no começo deste livro.

217

No entanto, aquilo que parece o "corpo" de Convex morrerá, devido aos disparos de Max, numa infinidade de partes estilhaçadas, como se contivesse um monstro, um ser não totalmente vivo ou nunca totalmente nascido. Um corpo catódico. O fim dele é o eterno fim do mal, exorcizado infinitas vezes pelo cinema: mas seu antagonista não é mais o bem. É apenas Max.

5. MAX: CANAL 83

Eis, então, o herói do *videodrome* que corre como numa biga enlouquecida pelas autoestradas visuais excitadas por mensagens sempre mais duras. Seu despertador é programado por uma secretária que se insere diretamente na TV: a Civic-TV: "O canal que vos leva para a cama". Seu programa de trabalho é ordenado e neurótico como a pele de seu ator – Sam Wood – que se movimenta, de forma tão imperceptível quanto catastrófica, para seu dono. Uma pele televisiva. Max, no trabalho, contrata a aquisição de um pornô japonês, do qual se observam alguns momentos muito (demasiado) refinados. Depois, insinua-se no alçapão do *videodrome,* onde pessoas normais – talvez consencientes ou que "aproveitam bastante" – são torturadas. Começam suas videoalucinações, acompanhadas de penetrações, inicialmente apenas mentais, de videoteipes vivos.

Na verdade, o estado alterado de consciência é, em primeiro lugar, uma alteração do corpo que "padece" um tipo de mutação perceptiva e sensorial. Os sentidos se tornam gradualmente sensores. A alteração é uma alucinação, e toda alucinação é um programa inserido. "We're in record" diz ambiguamente Laurie Anderson em seu extraordinário álbum *Bright Red.* Isso deve ser entendido não no sentido de que "estamos gravando", mas que estamos dentro da gravação. Estamos na memória da telecâmera ou do gravador. Nós somos a memória do gravador: o gravador é nossa memória.

A alteração é dada por uma trama-que-conecta o vídeo televisivo, o videoteipe e a carne do espectador. A possessão transforma-se em videopossessão. A consciência é arrastada pela alteração que o corpo

– como vista, como mente, como estômago sofre. O termo mais correto deveria ser "padece": no sentido de que o *padecer* do sujeito sob *videodrome* é, ao mesmo tempo, um desejar e um sofrer. Max é um herói. É o herói: repercorramos a viagem de seu corpo. Porque Max "é" seu corpo. E, em seu corpo, prolifera o VCR.

No começo, Max se apresenta como um cínico negociante televisivo que, acordado pela Civic-TV, embebe os restos de uma pizza noturna no café da manhã, olhando de soslaio fotos *hard*. Embora por motivos profissionais esteja à procura de novos gêneros pornô ("o que nos falta é algo forte: que arrebente", diz ele após ter reprovado um filme japonês demasiado refinado), ele é sucessivamente sugado pelo jogo intrigante e obscuro das perversões sadomasoquistas, das quais se torna cultora a insuspeitável Nicky. É ela que o empurra além dos limites: antes apresentando-se de vermelho no debate televisivo, depois pedindo alguma coisa forte na casa dele e, por fim, exigindo práticas sádicas em seu corpo por parte de Max. Desde aquele momento – num jogo paradoxal de inversões – é o corpo de Nicky a tornar-se incontrolável por parte de Max: um corpo-TV, de grandes lábios que coincidem com o vídeo, que se abrem, começam a sair e a exigí-lo "dentro". A cabeça-falo de Max é engolida por esses grandes lábios de Nicky.

Toda etapa posterior da viagem de Max é acompanhada por um afundar pelos canais perversos da videocomunicação. Uma vez alterado o estado de seu corpo e alucinadas suas percepções, Max não tem mais freios. Seu corpo se abre: no meio do estômago aparece uma espécie de cicatriz que se abre como uma grande vagina. O videoteipe o penetra e se perde entre as vísceras. Max parece possuído. Seu corpo torna-se um videocassete. É um VCR. As imagens não são mais somente vistas, mas "percebidas": incorporadas. As imagens do *videodrome* escorrem por seu corpo. "We're in record". Como uma droga. Max pode viver o filme que lhe foi ministrado. Ele "é" o filme gravado. O videoteipe se movimenta, suspira, torna-se pedaços de carne. O videoteipe é sexuado. O videoteipe é fálico e deseja entrar no meio do corpo de Max, onde se abre aquela cicatriz-vagina que engole tudo.

É essa alteração do corpo que sacode Max e o incita a buscar a verdade: assim ele descobre o relicário de O'Blivion, preservado pela filha em sua missão "Cathodic Ray", um relicário de videoteipes prégravados e prontos a serem exibidos pela eternidade. O missionário – "apóstolo da mídia" – acreditava, de fato, nas novas tecnologias que "teriam ajudado a humanidade a viver melhor".

Mas o verdadeiro inimigo de Max parece ser outro: o inventor de *videodrome*. É um tal Barry Convex que utiliza sua loja de óculos como disfarce para um movimento político-TV que deseja restabelecer a ordem no país. A loja de ótica torna-se assim uma grande metáfora da supremacia do olhar: quem controla o olhar – os olhos, os óculos, a ótica – controla tudo. A campanha publicitária de Convex transforma em *slogan* uma frase atribuída a Lorenzo de Médici: "O amor entra em nós pelos olhos". Só que agora o objetivo da *Spectacular Optical* não é o de fazer entrar o amor, e sim o *videodrome*. E o *videodrome* "possui algo tão perverso", diz Masha a Max "que tu não tens. Possui uma filosofia". Essa filosofia comunicacional pretende alterar a carne em que caem as visões, fazê-la crescer até torná-la um tumor. "E quando removeram o tumor, chamaram-no *videodrome*". *Videodrome* morde. *Videodrome* significa torturas, homicídios, mutilações. *Videodrome* é como um circo ou uma arena: o local espetacular onde se realiza o massacre. Onde os atores são também vítimas. E ninguém é mais espectador. *Videodrome* é a morte ao vivo. É a morte que se tornou vídeo e foi incorporada pelo sujeito. E, assim, esse sujeito transforma-se de vítima em carrasco de si mesmo. Max experimenta a realidade virtual. Cronenberg faz com que ele vista um capacete luminoso que adquire os venados do cérebro. Ele grava suas perversões. Ou talvez ali insira as perversões de *videodrome*. Já nos encontramos num jogo de espelhos infinitos, no qual cada lado é uma interface do outro, e não tem mais sentido perguntar--se onde se origina a nova síndrome visual. Com efeito, Max aparece como alguém que está fustigando um aparelho de vídeo, dentro do qual está encerrada a imagem de Nicky. No começo, fracamente e titubeante, depois cada vez mais convicto e violento, Max começa a fustigar a TV-Nicky.

Max já está em poder de Convex: penetrando-o com os teipes, ele faz com que Max mate seus sócios do Canal 83. Seu corpo muda de novo: o revólver, que antes pensara ter perdido dentro de seu estômago, agora reemerge preso em sua mão. É um grumo de matéria orgânica cujas extremidades alongam-se como garras de ferro que penetram até seu braço. Max, agora, "é" o revólver. Seu corpo é a prótese de uma arma videodirigida que mata. Mas quando tenta matar também a filha de O'Blivion, esta o segura com outras imagens-TV de Nicky: estrangulada pelos criadores de *videodrome*. A partir desse momento, Max parece quase rebelar-se contra o *videodrome*, por ser seguidor do "apóstolo da mídia"[5]. Ao grito de "morte ao *videodrome*. Viva a nova carne", mata Convex e vai para um lugar abandonado no cais de Toronto (a cidade natal do diretor). Aqui reaparece a imagem de Nicky na TV. O discurso dela é um discurso final: "a morte não é o fim de tudo", diz ela. Sua presença-TV atesta seu ser divino e imortal: é ali que Max precisa alcançá-la, realizando o último ato.

A cena final é emblemática daquilo que será o destino de Max (e talvez não somente dele): do mesmo vídeo de onde havia falado Nicky, Max observa a si mesmo pré-gravado (um Max-VCR) que atira em si mesmo. O vídeo explode atirando pedaços ensanguentados de carne humana (ou videocarne). Após ter visto a cena, Max copia o

---

5 "Agora você é a videopalavra que se fez carne."

mesmo gesto. E, no mesmo instante em que aperta o gatilho, a tela do cinema (ou do teipe VCR ou de Max) se apaga. À morte corresponde o final do programa de TV. Ou do filme. Depois do término da vida, segue-se um estado idêntico ao de um canal morto, fora do ar.

A grande metáfora final será, pois, exatamente aquela da qual surgirá o maior romance do gênero *cyberpunk* (*Neuromance*, de outro canadense, William Gibson) cerca de dois anos mais tarde: "O céu sobre o porto tinha a cor da televisão sintonizada num canal de TV morto" (1986, p. 3)[6]. Agora Max é um canal morto, fora do ar. Tem a cor dele. E também a biografia.

6. O DUPLO-VIDEO

Há outra cena exemplar que resume todo o sentido do filme. Max acabou de matar seus colegas. É procurado. Caminha por uma rua e para em frente à loja *Spectacular Optical*. Espera alguém que logo reconhece como seu ex-ajudante, na verdade um espião a serviço de *videodrome*. A seu lado, há um singular videomendigo: ou seja, um sem-teto que colocou a TV num pequeno pedestal ao lado dele. Enquanto está de pé pedindo esmola, assiste TV: e naquele momento está passando o telejornal que está exibindo justamente a cara de Max, que está perto dele. Todo o panorama urbano (*visualscape*) pode ser inscrito no circuito da mídia. Até o subproletário mais miserável é um videodependente.

---

[6] Para uma análise detalhada dessa frase, tomo a liberdade de remeter a meu Sincretismi (1995).

Tudo tem seu duplo no filme. Ou melhor: cada personagem possui suas réplicas. Nicky é respeitosa e masoquista, amante apaixonada e adepta do *videodrome*, ela é feita de carne e de TV, seu rosto coincide com o vídeo: é realmente um enorme *visus*. O outro *visus* – o de O'Blivion – é uma cópia serial e infinita de si mesmo. Convex é homem e cátodo, homem e *cyborg*, humano e alienígena. Max possui e é possuído, é homem e mulher, é *observer* (empresário) e *viewer* (usuário), vítima e carrasco, em seu *visus* permanecem todos os tremores imperceptíveis de quem está viajando nos territórios desconhecidos da nova síndrome visual.

Scott Lash afirma que "Cronenberg realizou seus filmes, *Scanners, The Fly, Videodrome*, partindo do ponto de vista dos vírus" e compara justamente essa metodologia àquela utilizada por um dos maiores sociólogos contemporâneos: "Nesse sentido muito importante, o que Bauman consagrou é uma espécie de sociologia do vírus" (1993, p. 15).

Sua análise do estrangeiro (aquele que experimenta a culpa sem crime) apresenta mais afinidade com o cinema viral de Cronenberg do que com a filosofia respeitosa de Habermas. Trata-se de uma bela mudança de paradigma a ser compartilhada. Justamente por ter assumido a antiecologia da mente como espaço empírico da pesquisa (uma ecologia pervertida, serializada, fetichizada), também o sentido deste livro se configura como uma *antropologia do vírus*. Uma antropologia viral que, somente ao entrar na enfermidade ou na acidez da comunicação, em seu ambíguo "fazer-se", prenuncia a ruptura de seu duplo vínculo. Uma antropologia viral nas veias da antropologia visual.

O tema da alteração dos corpos e das consciências será constante nos filmes posteriores de Cronenberg. Porém, aqui assistimos a alguma coisa ainda não superada. O poder de suas imagens, as inovações de sua sintaxe, a reflexão sobre nossas condições contemporâneas (como o pornô, que dissolve as identidades sociologicamente definidas e se transforma em política), fazem de *Videodrome* um filme que antecipa e obriga a refletir sobre a invasividade semiótica e política das novas tecnologias de forma semelhante somente a outros dois filmes: *Cidadão Kane* (1941), de Orson Welles, para o papel impresso, e *Um rosto na multidão (1957),* de Elia Kazan, como transição do rádio à televisão. Com *Videodrome* (1982), Cronenberg indaga o nexo sentidos-sensores entre videocassete e a nascente realidade virtual. Neste sentido, seu legítimo herdeiro é o filme *super-splatter The iron man (Tetsuo,* 1989), de Shinya Tsukamoto[7].

Esses quatro filmes constituem a tetralogia sobre a comunicação e as dissolvências antropológicas. O cidadão Kane, o vagabundo Lonesome Rhodes, Max com sua videocarne, o metálico Tetsuo estão todos destinados ao mesmo fim. Uma dissolução: a mídia mata a si mesma e a suas amostras. Esse é seu *sex-appeal* inorgânico. Seu irresistível fetichismo visual.

7. SAME TIME TOMORROW

Como comentário final, agora gostaria de reproduzir inteiramente a poesia-canção de Laurie Anderson citada. Nela, encerram-se as sensações sutis de quem, por meio da poesia e da música, está dando voltas ao redor de nosso problema da incorporação midiática, e evoca – mais do que afirmando ou criticando – a verdade. A verdade, com efeito, não é demonstrável empiricamente: é apenas evocável poeticamente. Cada um – ouvinte ou leitor, antropólogo ou músico – faça sua escolha final. *Same Time Tomorrow* é o título da poesia-música,

---

[7] Esse filme genial também mereceria uma análise aprofundada. Queremos somente lembrar que, aqui também, o fim do grande pesadelo feito de enxertos de corpos, metais e circuitos de vídeo termina com a escrita: *game over.*

CAPÍTULO 7 – O HÍBRIDO INCORPORADO: VIDEODROME

cujo texto desenvolve uma rara capacidade de inserir, na própria trama de sua narração, a evocação de uma verdade incerta. Texto muito
simples e polifônico. Ensaio antropológico, análise midiática, explo-
ração poética, tensão musical, exposição biográfica.

Sabe aquele pequeno relógio, aquele do seu videocassete, aquele que
pisca sempre doze horas, meio-dia, por que nunca pensou em mudá-lo?
Assim é sempre a mesma hora, assim como saiu da fábrica.
Bom-dia. Boa-noite.
A mesma hora amanhã. Estamos gravando [mas estamos também dentro da gravação]. Então são estes os problemas: o tempo é comprido ou
é largo? E as respostas? Às vezes as respostas chegam pelo correio. E
um dia chegará aquela carta que estava esperando desde sempre. E tudo
aquilo que ela diz é verdade. Então, na última linha diz:
Queime esta carta. Estamos gravando.
E o que quero saber verdadeiramente é: as coisas estão melhorando ou
piorando? Podemos recomeçar [*start*: no sentido também de gravar] do
começo? *Stop. Pause.* Estamos gravando. Bom-dia. Boa-noite. Agora estou em você sem que meu corpo se mova. E voamos em nossos corações.
Standby.
Bom-dia. Boa-noite.

Como para Max, o relógio já não é alguma coisa autônoma, mas
algo a ser inserido no videocassete. O tempo que ele marca é um tipo
diferente de tempo. Puntiforme. Imóvel. Imutável. Ao tempo não
pertence mais o comprimento, mas a espacialidade: o novo tempo
-VCR é espaço interno. Nós estamos gravando e, ao mesmo tempo,
somos gravados. Um tempo largo...

A verdade que a carta tão esperada diz é que a verdade deve ser
queimada... E assim o círculo, ao invés de fechar-se pacificado, continua abrindo- se.

Neste estranho mundo, onde é difícil dizer se as coisas estão melhores ou piores, talvez seja suficiente apertar a tecla "pause" para
recomeçar. De qualquer jeito o bom-dia pode ser também uma boa-
-noite. O tempo será sempre igual amanhã. Mas e agora? Agora posso
estar em ti sem um movimento do corpo. E o ficar para sempre em
standby. We are in record, diria Max.

225

CAPÍTULO 8

WEB-ETNOGRAFIA

Todo universal é parcial – todo singular é plural – toda pureza
é híbrida, toda história é multivocal, toda taxonomia é anômica.

1. AS PESQUISAS NA *WEB*

Este capítulo desenvolve uma etnografia aplicada *à web* e transformada *pela web* para procurar deslocar e multiplicar os pontos de vista, e afirmar (em vez de lamentar) que acabou a centralidade monológica da escrita ensaística. Não a escrita em si. O desafio que o *mix-linguístico* traz à monoescritura torna-se apaixonante e multiplicativo – não redutivo. Para enfrentar a crise de um tipo de escrita monológica, a *web*-etnografia experimenta o uso multilinguístico, plurilógico e transicônico da comunicação digital. Esse âmbito de pesquisa e de conflito tem como objetivo a dissolução da lógica da identidade, de todo princípio universalístico de "civilização", dos renascentes dualismos entre bem-mal, virtual-real ou natureza-cultura.

Monologismo, universalismo, dualismo, lógica identidária, dialética sintética pertencem a um único modelo que constituiu, ao longo dos séculos, um dos instrumentos mais eficientes para o domínio que o Ocidente exerceu, pelo uso de uma linearidade discursiva que das "coisas" (corpos, mercadorias, metrópoles) transita nos "textos" (escritas, *performance*, comunicação).

A etnografia é uma metodologia de pesquisa de campo que, da matriz antropológica, difundiu-se entre outras disciplinas. Sua referência foi tradicionalmente de tipo social e material, sobre a qual se construíram paradigmas, métodos, escrituras. Desde que o contexto de pesquisa começou a mudar e a tornar-se sempre mais um *mix* pós-dualista de material/imaterial, iniciou-se uma fase em que é necessário aplicar uma etnografia comunicacional à *web* como *fieldwork*. Por isso, esta web-*etnografia* não consegue mais utilizar instrumentos clássicos como a observação participante, a comunicação *face-to-face*, colher o ponto de vista nativo; e, como o objeto da pesquisa não é neutro, ela influencia e pluraliza o método, desafia a monoescritura, experimenta a representação multilinguística, ataca a lógica da identidade.

Desde que a *web* e a comunicação digital tornaram-se também *fieldwork*, iniciaram-se pesquisas que elaboraram metodologias para serem aplicadas, *na web* e *por meio da web*, no escorrer simultâneo de códigos, ícones, grafismos, *links*, nas passagens lógicas e linguísticas e em sua montagem desordenante. *Web-etnografia* e não só. Uma vez que a pesquisa desloca-se sobre a *web*, os resultados compositivos devem levar isso em conta: o método, em alguns aspectos, adapta-se ao seu objeto. A pesquisa não é mais apenas na *web*, mas também por meio dos novos códigos plurilógicos ou iconológicos expressos na *web*. Esta entra no método e modifica-o: de objeto de estudo, a *web* subjetiva-se e multiplica métodos e representações.

As consequências produzem deslocamentos: ao ser aplicado na *web*, o método etnográfico não pode permanecer o mesmo ou ser levemente "reformado"; para não se tornar inadequado, pretende mudanças radicais. Basta ler a primeira página de um jornal de papel e a *home page* do mesmo jornal em formato eletrônico. As diferenças saltam aos olhos literalmente: a quantidade e qualidade de imagens, vídeos, fotos, músicas, conexões a crescentes *links* paralelos do mesmo grupo editorial etc. transformam a experiência tranquila e privada da leitura em uma conexão contínua transitiva entre focos curtos e densos do ponto de vista da experiência visual e, de qualquer modo, sempre multirreceptivos. A *web-etnografia* digital experimenta um *morphing* linguístico-icônico por meio do qual se expressam as tramas multissequenciais da representação.

A realização de *hipertextos* é ainda, em grande parte, decepcionante, enquanto baseada em uma lógica do passado: simples justaposi-

CAPÍTULO 8 – WEB-ETNOGRAFIA

ção de diferentes traços narrativos (ensaios, imagens, sons, narrações etc.) conectados por palavras-chave a fim de produzir uma teia de significados que não conseguem ser novos, uma vez que se trata da soma de códigos tradicionais. Por isso, o *hipertexto* mantém-se abaixo de suas potencialidades. A tarefa que se abre à comunicação digital é bem outra: elaborar particulares tramas narrativas que, desde seu próprio interior, desenvolvam uma experimentação de lógicas não lineares: tramas escriturais, sônicas, icônicas e gráficas que, já em sua imanência comunicacional, elaborem outras sintaxes, lógicas, perspectivas, identidades.

Esse contexto flutuante expande-se graças à *reprodutibilidade aurática* da comunicação digital. As tramas da *web* e digitais expandem novos cenários em que reprodutibilidade e irreprodutibilidade – em vez de dialetizarem-se tradicionalmente –*morfizam-se* uma dentro--fora da outra. Esse *hipertexto* imanentemente alterado não tem fim nem começo e, talvez, nem um sentido completo; brinca com uma constante e irresolvível mixagem de lógicas figurais, escrituras sônicas, códigos óticos, audições táteis. E a experiência identidária que cada *multivíduo*[1] realiza correndo sobre esse mix pluritextual é tendencialmente atípica e não comparável com aquela de qualquer outro sujeito habituado à mídia clássica.

Na *web-comunicação*, os fluxos mentais, perceptivos, visuais, cognitivos, estéticos são multilineares, multissequenciais, multiprospectivos no interior de cada traço particular e também, podemos dizer, de cada segmento conceitualmente expressivo. Sempre mais serão traços plurissensoriais, em que *web-sinestesias* poderão atravessar novas lógicas. Lógicas aporéticas, identidades pós-dualísticas, corpos táteis e retráteis. Lógicas diaspóricas. A diáspora – não mais marcada pelo desenraizamento violento – entra na lógica e transforma-a em *sensoralia*[2].

---

[1] O conceito de indivíduo (*in-dividuus* tradução latina do grego *atomon*) identifica um sujeito indivisível, seja do lado psicológico ou sociocultural. O multivíduo exprime um desejo e uma busca de experimentar uma multiplicidade de eus no mesmo sujeito que flutua nos espaços digitais e nas metrópoles comunicacionais (cf. p. 173).

[2] O sujeito diaspórico é o multivíduo que transita, cruza e penetra as sensorialidades digitais que favorecem lógicas pluralizadas.

229

FISIONÔMICA

As tramas *web-comunicacionais* deslocam os discursos e desordenam as sequências da representação. A etnografia *na web* e *por meio da web* favorece módulos linguísticos e expressivos coexistentes e *morfizantes*. Se um código alfabético e um icônico são colocados um diante do outro e depois *morfizados*, o resultado é uma inserção *in-between* alfa-icônica: um mix alfabético-fisionômico. Liberam-se **fisionômicas** que não podem mais ser lidas, interpretadas, transcritas segundo a semiótica tradicional. São corpos-signos (*body-sign*) sincréticos, e não sintéticos, fisionomias "escorregadas". Adiciona-se uma ulterior linguagem musical ou cromática pela qual vejo sons, sinto códigos, toco ícones. E, se alguém tentar aplicar as tradicionais ciências que produzem regras estruturalistas, quadrados semióticos, oposições binárias, todo resultado estará ultrapassado. A semiótica cruza-se com a fisionômica e torna-se um *crossing* lógico-figural. Os sentidos não são cinco, como costumávamos classificar, mas sim uma constante montagem de diversos tecidos sensoriais possível de fixar apenas caso a caso.

Por muito tempo, sustentou-se – seguindo uma abordagem antropológico-filosófica baseada em critérios fundamentalísticos, vitalísticos, objetivísticos – que as descobertas tecnológicas do Ocidente seriam próteses adicionadas aos órgãos humanos para favorecer operações que aqueles "naturalmente" não poderiam realizar (GEHLEN). Daí as estranhas teses: o telefone como prótese da orelha, o cinema do olho, o automóvel das pernas etc. até a atual discussão sobre o computador como prótese da mente, ou o seu colapso. A absurdidade ou ingenuidade reducionista dessa posição é tão clara que não se entende como continua a ser professada. Nela, mantém-se a pior tradição, segundo a qual, de um lado, existe uma natureza constituída evolucionisticamente por parte do *Homo sapiens*; de outro, a tecnocultura acrescenta-se a partir de um certo período (o famoso "ponto crítico") deixando inalterado, em sua *naturalidade,* qualquer sentido particular.

> Evidentemente, não é assim. Nenhuma dessas tecnologias é acrescentada a um órgão deixando-o ontologicamente intacto e separado do "resto".

O nexo tecnologia-corpo (tecnocorpo, ou corpo pós-humano) conecta-se não apenas ao longo "do" sentido de referência, mas difunde-se também sobre toda outra sensorialidade, ativada pela prótese. Isto é, cada sentido está entrelaçado em uma densa teia sensível que o coliga, se não a todos, a muitos outros sentidos, próximos e interconectados. Também por isso, o corpo dilata-se ao longo dos canais através dos quais viaja a comunicação (cf. Bateson). Nessas perspectivas, os traços bioculturais não excluem a tecnologia, mas a incluem. Como dizia e filmava poeticamente Pasolini, na natureza do olho não há nada natural. Este coparticipa dos processos difusos da tecnocomunicação segundo módulos permeantes que deixam tudo mudando diante de seu ver. E em seu ver-se! Não existe, aqui, a prótese do binóculo ou da tela de TV e, lá, o olho em espera natural. Os sistemas perceptivos, a sensibilidade do olhar, a arte de ver, a velocidade no decodificar afinam-se, modificam-se, desenvolvem-se, aceleram segundo módulos quotidianos diversificados por cada sujeito e que a *web* empurra na direção de novos inexplorados entrelaçamentos.

O nexo biologia-tecnologia (ou infobiologia) é sempre mais denso e complexo. Com isso, o "ver" tranforma-se numa espécie de adestramento contínuo, o qual torna problemáticos os tradicionais limites que separavam nitidamente os dois níveis natureza/cultura. As novas fronteiras do olhar são porosas, favorecem fluxos bidirecionais – bioculturais e tecnonaturais – que difundem modelos não mais captáveis por uma prótese adicionada ao órgão deixando-o invariado. Se, então, inserimos as novas visões do olhar na perspectiva aberta pela comunicação digital, esse modelo-prótese torna-se totalmente obsoleto e emerge, na interface, algo de muito mais interconectado.

Videodrome de Cronenberg é o manifesto visual, de longe o mais avançado das próteses de Gehlen: "ele" inocula mutações de videocorpo que anunciam, já na década de 1980, os novos espaços-tempos.

MY-SELVES

A *web-comunicação morfiza* os corpos e os *selves*. *Body-selves*, os muitos si-mesmos coabitam no dentro-fora do corpo. *My-selves*. Cada si-mesmo é um cacho plural de si-mesmo que a língua inglesa exprime melhor do que a portuguesa. *Digital morphing* como *digital collage*. Não mais *collage* no sentido surrealista de justaposição entre dois códigos incongruentes entre si. O *morph* inocula transformações figurais nos novos produtos das culturas visuais, que entram um no *pixel* do outro, derrubando as tradicionais distinções entre animado e inanimado, humano e animal, inclusive aquelas de gênero e etnicidade, até dissolver as identidades estatísticas e singulares do eu.

> Uma antropóloga que supera os tradicionais dualismos linguísticos é Nancy Scheper-Hughes (1994). Para dar um sentido às novas configurações que vão além dos tradicionais modos de classificar as consciências, a autora fala de *mindfull-body* e *body-self*. Com esses termos, ela quer delinear um corpo panorâmico que tem, em sua inteira configuração, as próprias específicas plenitudes mentais espalmadas, inervadas, "montadas". O si-mesmo de uma nova subjetividade conectiva semeia-se como uma diáspora corpórea no multivíduo. Se o *pixel* é também parte de minha retina, não é mais possível fixar onde começa e onde termina a materialidade-imaterial de meu *mindfull-body*

Uma etnografia comunicacional aplicada à *web* e transformada pela *web* não define mais uma visão uniforme da cultura (ou da subcultura) como de um sujeito. Mas experimenta o trânsito de um *indivíduo*, que procura representar sua compacta identidade psíquica e lógica, para um *multivíduo* que pode desenvolver uma multiplicidade de si (*body-selves*) em perspectivas fluidas, plurais e múltiplas.

A comunicação é mais significativa do que a sociedade para compreender e modificar a contemporaneidade.

O trânsito comunicacional atual ultrapassa aquela ideia sociológica de um sujeito baseado em uma passiva homologação, gerida e programada de cima, para transformá-lo em um construtor ativo da própria multividualidade também narrativa. O digital favorece o tornar-se *performer mix-medial*, que aprende a gerir sua conexão com vários meios, segundo sua própria sensibilidade; cria sua viagem na *web* contratando, contrapondo-se a, ou descartando os novos poderes globais. Sua força expressiva é aurática e, ao mesmo tempo, reproduzível: *hacker art* e crise do *copyright*, reprodutibilidade digital aurática (ADR[3]), colagem de *pixels*, polifonias figurais, autoproduções e autorreproduções, *face-book* e *you-tube*, *web-cam* e telessondas, *net-art*, vídeo-jogos. A ideia do *peer-group*, que antes delimitava os próprios pares por geração, agora se dilata até a inverificabilidade: na rede, pares podem ter todas as idades, todos os sexos, todas as etnias, todos os espaços que se queira. E as trocas, na *web-comunicação*, são potencialmente sempre mais horizontais.

Esse novo nível da subjetividade entrelaça-se com o *morphing*, que oferece, não casualmente, para diversos artistas contemporâneos, a possibilidade de experimentar os próprios *selves*, como Orlan (anteriormente citada), que hibridiza o próprio *visus* com máscaras incas pré-colombianas. O *morphing* é um indicador do "*quick-change*", isto é, da transformação sempre mais acelerada da comunicação visual que, por meio da *web*, expande-se para arquiteturas, artes visuais, *design*, *mix-media* e, também, para a pesquisa etnográfica. O *morphing* é um constante *shape-shifting* que difunde instabilidades perceptivas, torna flutuante cada código, pluraliza cada identidade. No final da década de 1920, um grande diretor (citado por sua caixa preta) já havia elaborado uma reflexão que antecipava essa tendência: "*Decoupage*: Segmentación. Creación. *Escisión de una cosa para convertirse en otra. Lo que antes no era, ahora es. Creación por segmentación. El cineasta no lo es tanto en el momento de la realización como es tanto en el instante supremo de la segmentación*" (Buñuel, 1929).

Escisión de conceitos, escrituras, disciplinas, método*s*; *segmentación* da criatividade etnográfica e dos *selves*; *segmentación* que ataca as totalidades compactas do objeto e do sujeito, e as cindem em confetes policromos. Conceitos separatistas. Como afirma Sobchack,

> (...) the morph interrogates the dominant philosophies and fantasies that fix our embodied human being and constitute our identities as discrete and this remind us of our true instability: our own physical flux, our lack of self-coincidence, our subatomic as well as subcutaneous existence that is always in motion and ever changing (...). At the same moment,

---

[3] Com a expressão Digital Auratic Reprodutibility (DAR) quero dizer que a tradicional oposição dialética entre aura (aristocrático – *bourguese*) e reprodutibilidade (operária) elaborada da W. Benjamin não funciona mais com a comunicação digital, que sincretiza e fluidifica uma dentro da outra.

its very fluidity destabilizes dominant Western metaphysics (primarily focused on essences, categories, and identities including those of gender and race) and dramatizes a process that is less about *being* than about *becoming* (2000, xii).

Essa não coincidência entre o próprio si-mesmo e a existência subcutânea, não vai na direção de uma perda, mas sim na direção de multiplicações identidárias densas de corpos-mentes. Este novo nível imaginativo do *morphing* poderia desestabilizar a velha metafísica do Ocidente e descentrar o debate sobre a mudança de valores e de autoridades. O *morphing* é parte de um processo tumultuoso e incorreto que contribui para a decadência de sociologias e politologias, para incrementar entrelaçamentos desordenados entre corpos, metrópoles e comunicação.

Essas novas infobiologias conectam *mindfull-body* e *web-comunicações* além do tradicional conceito de sociedade; ativam algumas tendências performáticas que um multivíduo pode expressar; o plural do eu não tem mais a gramática apenas do "nós", mas também no sentido dos "eus", que forçam a lógica identidária. Um politeísmo de *selves, eus, os*.

REALIDADE MEDIAGÊNICA

O *morphing* digital pode favorecer cisões segmentadas do passado e das variegadas mitopoéticas elaboradas por muitas culturas, para inserir-se entre as "clássicas" metamorfoses e produzir nelas disjunções figuracionais e narrativas. Uma inquieta fisionômica transita da colagem ao *cut-put* e chega ao *morphing*, pelo qual exprime a inquietude de um sujeito que experimenta a pluralidade extravagante do *eu-rosto*.

Para Mason e Dick, hipermídia oferece convergências potenciais entre uma nova teoria crítica e uma etnografia pós-paradigmática:

A new multi-semiotic ethnography is becoming possible through digital technologies, which will have to develop new ways of ordering academic argumentation and analysis. We argue that finding creative means of assembling narrative sequences will be germane to the "art" of hyperauthoring for ethnography, as it has been for the book and the film (although in different ways). We offer some insights from our own experiences of constructing an "ethnographic hypermedia environment" as a means of illustrating some of these dilemmas.

A comunicação visual está deslocando-se no sentido de uma *Mediagenic Reality:* com esse conceito independentista entende-se um contexto no interior do qual aquela que era vista como uma realidade fixa, ontológica, uma realidade realista, apresenta-se como realidade produtora de mídia, que gera mídia e que, portanto, é também gerada pela mídia. A importância comunicacional do termo está na composição de *gênese* e *mídia* que, compenetrando-se reciprocamente, produzem realidade: uma realidade justamente *mediagênica*. Esta é a poética e a política visual que conecta Bateson, Pasolini, Cronenberg à *web-etnografia* digital. E, com eles, até o perfume *Egoïste* ou *Ferrè...*

2. *VIDEOSCAPE* E *VISUALSCAPE*

Aquiles: Oh, agora me lembro: o famoso Koan Zen sobre o Mestre Zen Zenão.
Tartaruga: Koan Zen? Mestre Zenão? Que está dizendo?
Aquiles: Diz: dois monges estavam discutindo a respeito de uma bandeira. Um disse: a bandeira se mexe. O outro disse: é o vento que se mexe. Zenão estava passando por aqueles lados por acaso. Ele lhes disse: nem o vento, nem a bandeira; é a mente que se mexe (HOFSTADTER,1984, p. 32)[4].

Nos videoclipes concentra-se uma capacidade de antecipar e de conferir sentido – por meio de imagens, sons, montagens, panora-

---

[4] O texto continua assim: "TARTARUGA:Tenho a impressão de que você está fazendo uma certa confusão, Aquiles. Zenão não é um mestre Zen (...). Nos séculos vindouros será famoso por seus paradoxos sobre o movimento. Num desses paradoxos, a competição de corrida que você e eu teremos que enfrentar possui um papel principal. AQUILES: Estou realmente perplexo. Lembro-me de que me repetiam continuamente os nomes de seis patriarcas Zen e eu dizia sempre: 'O sexto Patriarca é ZZ... enão'".O ensaio procura conexões entre Bach e Escher e outras histórias. Da mesma forma, neste capítulo buscam-se analogias, somorfismos, conexões entre corpos, penas e vídeo

mas, corpos – a tudo aquilo que está mudando na comunicação contemporânea. Desse ponto de vista, o vídeo de George Michael – um *cover* de *My Papa Was a Rolling Stone* – representa um exemplo extraordinário. A metrópole eletrônica é o contexto panoramático do vídeo: os produtos da publicidade navegam entre arranha-céus e estradas. Biscoitos e astronaves. As palavras da canção são duplicadas em quadrinhos eletrônicos como se fossem comerciais. Os corpos multiétnicos em cena – uma mulata que dança, duas violinistas japonesas – cruzam-se entre corpos-edifícios e corpos com o *piercing* para difundir uma sedução erótica. Um jovem usa um anel no lábio que antes é esticado e, depois, como que sugado pela boca da parceira. Os códigos visuais que pertencem a gêneros diferentes (quadrinhos, publicidade, videoarte) *mixam-se* num novo produto da percepção, da estética e do corpo. O novo panorama que encontramos à nossa frente é o resultado de cruzamentos sincréticos entre sinais publicitários, cenas metropolitanas, *cover* musicais, tramas corporais. A publicidade mais *trash* é "jogada" num contexto visual móvel e inovador que vai além da arte *pop* que, no entanto, é sua inspiradora.

A oni-invasividade da mercadoria-visual é panoramizada e revertida em seu oposto, por meio da representação lúdica de seu próprio inflacionismo. O diretor – indiferente à qualidade modesta da música – aplica o fetichismo metodológico à realização do vídeo. As mercadorias *se fazem ver* e nós, espectadores, podemos ver-nos *ver* com elas.

Para tentar dar um sentido a esse modificado panorama visual gostaria de utilizar a expressão *videoscape* para indicar a extensão da comunicação digital no corpo do *visualscape*, isto é, do panorama urbano. *Videoscape* e *visualscape* dispõem-se em recíproca tensão transitiva, projetiva e de compenetrações: entre panoramas (urbanos ou corpóreos) auráticos e panoramas digitais reproduzíveis saltam as distinções opositivas (dualismos) e afirmam-se entrelaçamentos, citações, cisões e contrações. Projetando seus códigos mediáticos, o *videoscape* contribui de modo determinante com o trânsito entre a cidade industrial e a metrópole comunicacional; absorvendo e reelaborando fragmentos de *videoscape*, o *visualscape* muda e influencia, segundo pulsações reflexivas e retroativas, os panoramas digitais

CAPÍTULO 8 – WEB-ETNOGRAFIA

(CANEVACCI, 2007). Assim, a expansão da comunicação visual produz uma mutação na ordem dos panoramas. Uma mutação que envolve os códigos e a percepção de olhar a natureza circundante. Essa "natureza" aparece apenas como natureza artificial ou de uma segunda natureza. Uma natureza "primeira" e incontaminada – que prescinde de sua relação com o ser humano e suas tecnologias – resulta inexistente.

A expansão da cultura visual – com atenção particular ao corpo, a um corpo também alterado em panorama metropolitano – é um indicador extraordinário da mutação comportamental, perceptiva, dos estilos de vida que o atual nível da comunicação alcançou e que, continuadamente, dissolve e reconstrói.

Ela produz uma modificação da paisagem natural *(landscape):* com o conceito de *videoscape* pode-se denotar um panorama midiático expresso em cada sequência, normalmente muito breve, do clipe. Isso é possível por meio da montagem digital que produz *uma oferta crescente de imagens ou de sinais por unidade de produto* (isto é, por sequência). Esse *videoscape* expande-se e reproduz-se na paisagem metropolitana da cultura visual. Ao mesmo tempo, produz-se um processo inverso: o panorama do corpo-metrópole – *visualscape* – assume cada vez mais sobre seu "corpo" os traços distintivos dos panoramas eletrônicos. O *videoscape* prolonga-se e alonga-se nos espaços corporais metropolitanos, configurando-os à sua imagem. O que aparece como panorama visual devora cotas crescentes de sinais eletrônicos. A MTV, certos seriados de TV, os cenários temáticos, os grande *malls,* a publicidade de rua, uma certa arquitetura que foi definida como pós-moderna – antes Las Vegas e agora Dubai, que atuam um *morphing* arquitetônico –, o cenário urbano estão na vanguarda da produção e da construção desses novos panoramas.

POLIMORFISMOS: PRINCE, ESTORNINHOS, MARCEL-LÍ

Vou selecionar, agora, três panoramas de corpos urbano-digitais exemplificativos deste discurso: um retirado da *videomusic*; outro dos estorninhos metropolitanos nos ocasos romanos; o terceiro, o corpo de um artista corporalmente digital.

237

POLIMORFO I: PRINCE

Deixando de lado, neste momento, a linguagem estritamente musical, é possível focalizar os produtos da *videomusic* como inovadores da relação entre traços corporais, comportamentos sexuais, processos de dessimbolização. Entre psique digital e corpo narcisizado, o sexo é muito mais sexo se for visualizado, musicado e representado em público. Ou seja, os símbolos sexuais, expressos tradicionalmente pela música e pela dança, estão agora concentrados e acelerados em *performances* repetitivas que exibem atos genitais dessimbolizados.

A música é a imagem, e a imagem é a música; os cortes da montagem são sintonizados com as escansões sonoras (como nos comerciais); o sentido da narrativa gira ao redor do sexo cada vez mais explícito. Enquanto a mimese sexual da dança tradicional (de discoteca, de balé ou de possessão) desenvolvia técnicas corporais que imitavam o ato amoroso, agora o *videoscape,* acelerando ao máximo a unidade música-dança-sexo, não tem mais a incumbência de dar voltas ao redor de simulações miméticas da sexualidade, mas pode tornar a sexualidade completamente manifesta. Olhar, corpo e sexualidade estão interconectados pela dimensão visual dessimbolizada.

A paisagem do vídeo é, ao mesmo tempo, tecnicizada e narcisizante: ela "espelha" a centralidade do sujeito musical e a perifericidade dos espectadores. Essa paisagem narcísico-digital é um novo grande *híbrido* no qual os *mitos* se concretizam com os *vídeos*. Alguns desses *videoscapes* são verdadeiros manuais representativos do componente dessimbolizado do sexo.

Uma grande virada foi realizada por Prince, cantor e solista de guitarra elétrica, líder do grupo *The Revolution*, que pode ser considerado o máximo representante de um *black narcisism* polimorfo. Entre suas primeiras *performances,* num vídeo "histórico", ele se apresenta de peito nu, com a guitarra ereta no púbis até acima da cabeça, girando sobre si mesmo com a guitarra-falo como eixo. Esse centro giratório emite um furacão sonoro de carga genital exagerada. Muito mais do que uma verdadeira simbólica (que tradicionalmente remete, aludindo a alguma outra coisa mais geral) tudo, na mensagem, é explícito. A

CAPÍTULO 8 – WEB-ETNOGRAFIA

guitarra não é mais metáfora do falo que reclama e declama, emite e distorce a excitabilidade de uma urgência genital-sonora. Em duas cenas, manifesta-se essa decadência das simbólicas pela imediata identificação da guitarra-falo. Na primeira, esta se levanta, como sempre, da região púbica; a função da guitarra que acompanha é realizada por uma mulher com a qual, inicialmente, também Prince se movimenta sincronicamente: e é justamente ela que, sem interromper o acompanhamento, atira-se para seus joelhos e, aproximando a cabeça da guitarra fálica de Prince, simula uma felação que, obviamente, acentua ainda mais a emissão dos sons. O elemento não-simbólico da representação torna-se ainda mais evidente pela presença, no *videoscape*, de rápidas ações de montagem, de duas garotas – elas também brancas, como a guitarrista – que, da plateia, olham a cena atraídas e mascando chiclete como que em espera.

A segunda cena, grande final de um narcisismo visual-sonoro global, mostra o mesmo Prince re-percorrendo ao vivo as três clássicas fases freudianas; primeiro, acaricia suas nádegas bem expostas ao público; depois namora oralmente o microfone; por fim, isolando-se do complexo musical, dobra-se de joelhos, o tronco e a cabeça jogados para trás, a guitarra ainda mais apertada e "vibrante" enfiada bem no meio das pernas. Numa réplica quase filológica do mito de Narciso, Prince mergulha, completamente só, nas "águas" do *videoscape*, confundindo-se e anulando-se num inequivocável ato masturbatório, nas ondas finais exasperadas dos fluxos sonoros: no momento culminante, da ponta da guitarra sai um jato de líquido soluçante que rega o público já em delírio. A mundo-visão ao vivo não suporta alusões. Os símbolos decaíram: tudo é exatamente o que é.

O videograma musical de Prince produz uma paisagem cultural-visual que unifica códigos e comportamentos pela dessimbolização do *eros* em público. Entre os corpos sonoros das paisagens eletrônicas – que imitam a explosão dos símbolos, visualizando tudo e, logo, aquilo a que antes se ousava apenas aludir – joga-se parte do destino ecológico da comunicação visual, com os símbolos reduzidos a serialidades mínimas e aceleradas.

POLIMORFO II: ESTORNINHOS METROPOLITANOS

Paris muda, mas nada em minha melancolia mudou: edifícios novos, pedras, velhos subúrbios, estruturas, tudo se transforma para mim em alegoria. BAUDELAIRE, Le Cygne.

Esses versos de Baudelaire sobre Paris foram arrancados de seu descanso entre "As flores do mal" para serem vivificados nas novas paisagens urbanas em Roma. Nenhuma metodologia quantitativa é comparável a essa abordagem, em que cada muro, pedra ou animal se "transforma em alegoria". Essa alegoria – irmã pobre, mais materialista e temporal do que o símbolo – tem a tarefa de dar um outro significado a uma esparsa manifestação da vida urbana. A alegoria urbana dispõe-se como método qualitativo, isto é, que procura decifrar os significados outros, visivelmente ocultos entre nós, inclusive por meio das imagens dialéticas de pássaros urbanizados.

Algo performativo está acontecendo faz algum tempo no céu, nas árvores e nas ruas de Roma. Nos meses frios, o centro arbóreo desta cidade transformou-se em "residence" para milhares de estorninhos migradores[5]. Consequentemente, a paisagem urbana foi mudando no alto, no meio e em baixo, de acordo com um esquema triádico que pode ser inserido no campo de uma nova alegoria ecológica. O drama dos estorninhos ao pôr do sol será interpretado como uma sequência em três fases: no alto, no centro, na parte de baixo.

No alto. Já há alguns anos, com base em mutações ecológicas, alguns bairros romanos, característicos da pós-unificação – com grandes edifícios, amplas alamedas, árvores altas como as da *Piazza della Repubblica*, *Piazza Indipendenza*, *Viale delle Milizie* – passaram por uma transformação ambiental que vem do alto. No inverno, o céu anima--se repentinamente ao pôr do sol. O crepúsculo torna-se ocaso: um drama uraniano que um sem-número de estorninhos, reunidos em grupos inconstantes, desenham no céu crepuscular. Esses desenhos

---

[5] *Sturnus vulgaris.*

CAPÍTULO 8 – WEB-ETNOGRAFIA

puntiformes, uma espécie de divisionismo volátil livre, são como rendas que se dilatam de improviso, explodem quase como forças centrífugas, para reunir-se e encorpar-se como se fossem animadas por forças contrárias, centrípetas. Explosões e implosões alternam-se e sobrepõem-se como fogos de artifício vivos, patrulhas acrobáticas, flechas azuis sob forma de estorninhos. Parece uma dança cósmica cheia de delírios etológicos e dores ecológicas. A morte do sol pode ser acalmada e anulada somente por exageradas circunvoluções, sinais em arabescos da ânsia irrefigurável por um dia morto também.

Storni weather[6].

Ao redor da velha praça Esedra, com suas ninfas, tritões e fontes – entre o velho Departamento de Sociologia (agora sede da *Terza Università*), o Ministério da Defesa, a estação de trens Termini, a redação de *La Repubblica* – estudantes apressados, turistas perdidos, funcionários indiferentes, intelectuais céticos param e levantam a cabeça em direção ao céu, abrindo boca e olhos na contemplação de um rito asteca, que revive misteriosamente por obra de uma infinidade de *estorninhos-quetzalcoatl*.

Os miseráveis de Zavattini e De Sica em *Miracolo a Milano* [Milagre em Milão], olhavam impressionados e encantados o pôr do sol, alinhados em velhas cadeiras, quotidiano *mass medium* gratuito e popular programado pela natureza. Pelo contrário, a ecologia romana da década de 1980 parece empurrada para a homologação com as produções no estilo Spielberg, em que as emoções devem ser exageradas, multiplicadas por meio de unidades de imagens, tecnicizadas. Ao Neorrealismo pós-bélico, segue-se a nova espetaculosidade digital também *in natura*. Os estorninhos romanos inseriram – por adequação – nos ocasos entorpecidos e chorosos, grafias tipo videoarte, *computer-graphic, laser* puntiformes.

Talvez os antigos arúspices tivessem ficado horrorizados diante de tanta premonição de um caos incumbente: um caos natural e, ao

---

[6] Jogo de palavras com referência à canção *Stormy weather*, em que *"storni"* significa estorninhos em consonância com *stormy*, que significa tempestuoso: "estorninhos que criam tempestade" (N. do T.).

mesmo tempo, divino. Ou, talvez, completamente artificial. Os espectadores atuais, atônitos diante de um fenômeno incontrolável e temendo parecer antiecológicos, alternam os olhos em vertical para o céu, com sorrisos em paralelo para os vizinhos ocasionais, a fim de tranquilizar-se, tranquilizando.

O *centro*. Com o desaparecimento da claridade solar, os estorninhos, como muitas Cinderelas ensandecidas, precipitam-se entre os galhos das árvores, alinhadas nas alamedas ou nas praças, com o terror de encontrá-los ocupados. Talvez exista uma ordem de precedência relacionada com o tempo de chegada no céu que cobre as respectivas áreas arborizadas, para evitar o risco de choques quando da eventual descida. Essas altas árvores transformam-se em albergues insuficientes para um número crescente de hóspedes. Olhando-se com atenção, as fartas árvores sempre verdes tornam-se contêineres de uma dança infinitesimal e exaustiva, como um formigueiro virado do avesso e destampado. Cada minúscula folha é agitada pela emoção dos pássaros que vai se acalmando progressivamente. Folhas e asas, no escurecer crescente, tornam-se indistinguíveis: ambas parecem tremer[7]. Contemporaneamente, o pipiar coral torna-se estrídulo até diminuir num "pianissimo". E, depois, há um último tremelicar: um estrídulo final apaga a luz. Tudo está pronto para o sono noturno. E, então, os olhos fechados, acalmada a tensão, finalmente abre-se o ânus.

Na parte de baixo. Desde a *Piazza Indipendenza* à *Repubblica*, o "baixo" corpóreo e estradal unifica-se, num elogio a Rabelais e a Bakthin: cada cabeça está ameaçada por quentes gotas branco-escuras que, suaves, deitam sobre inermes e indefesos transeuntes, cujos pés começam a escorregar entre os grumos crescentes de excrementos que entulham as ruas, arriscando contaminações indesejadas. Caso

---

[7] Então, quem mexe as asas e quem mexe as folhas, retomando o paradoxo de Hofstadter citado no início do capítulo?

a chuva também caia do céu, a situação torna-se incontrolável: até os carros arriscam a tornar-se desgovernados. A água, junto com o excremento, produz um líquido viscoso. Os estorninhos, agora já um poder invisível da paisagem urbana, porque perfeitamente mimetizados, circunscrevem seu território regando-o com a rápida digestão de azeitonas da campanha romana, por eles "bicadas" durante o dia. Os estacionamentos assistem à transformação dos carros parados em máscaras deformes e inutilizáveis de cera aos excrementos. As paradas dos ônibus tornam-se alçapões: se o ônibus atrasa, o pedestre é "maquiado" como num filme de horror. Todos olham agora só para baixo, num gesto de proteção e de nojo, o nariz ofendido por cheiros nada normais, como se proviessem de um galinheiro-modelo, cujos restos o sol da manhã deverá esquentar e enxugar. As plantas eventuais dos pequenos jardins que ficam embaixo queimam por causa das excessivas regas, as calçadas tornam-se esbranquiçadas: uma espécie de paisagem lunar deforma aquilo que antes era um panorama urbano ordenado e um acúmulo terroso na parte de baixo.

No poema citado de Baudelaire, no começo aparece um cisne que, "ridículo e sublime como os exilados" caminha inexplicavelmente pelas ruas de Paris, invocando "o belo lago natal": sua imagem de natureza torna-se alegoria de um mundo harmonioso que a nova cidade engoliu. Por isso, o pássaro é ridículo somente aos olhos citadinos, já desacostumados às paisagens naturais.

Na nova espetaculosidade dos crepúsculos romanos, os estorninhos dançantes e evacuantes são a nova alegoria urbana. Suas vibrações no grande escudo celeste – que assinala a volta imprevista da natureza ao espaço urbano – significam o fim do terror asteca (ao qual já faz tempo nem os pássaros acreditam mais) de um sol que morre e o nascimento de seu alinhamento por meio de um *display* de tecnologias informatizadas. O ambientalista ingênuo vê nisso o equilíbrio alcançado entre estorninhos e praças, a ser defendido em nome da nova ecologia. Ele imagina estar protegendo uma natureza eternamente virgem, não-evolucionista, enquanto legitima o oposto, isto é, um resultado dissoluto da mutação histórica na relação cidade-

-campo, da qual inclusive os estorninhos são uma parte ecologicamente conectada aos hábitos urbanos. Ele acredita estar defendendo a pureza de uma natureza "boa" enquanto tal, enquanto está zerando e imobilizando a dialética sujeito-objeto. Na outra vertente, o cidadão ofendido e inerme instala, nos espaços contaminados, alto-falantes que difundem chamamentos gravados (o "grito de angústia") que se desejariam etologicamente ameaçadores, a fim de aterrorizar e, portanto, espantar, os estorninhos; estes, pelo contrário, sempre mais tecnologicamente advertidos, continuam esperando somente o tepor primaveril para seu armistício sazonal.

Os estorninhos metropolitanos são a imagem dialética na qual o mito da natureza animal parece unir-se às novas formas da espetaculosidade urbana; o arcaísmo do pôr do sol, reduzido a alegoria quotidiana do eterno retorno, é sacudido pela modernidade excessiva dessas imagens de estorninhos. A evocação pré-histórica de pássaros incontroláveis casa-se com a utopia de ecologias possíveis; o terror se transforma em maravilha, em epifania de um mundo em devir que se anuncia cheio de alegorias dramatizadas, inesperadas e incompreensíveis.

POLIMORFO III: *EPIZOO*

> Et je voyage pour connaître ma géographie.
> (MARCEL RÉJA, 1907).

No centro da pequena sala, o artista visual – o *homem-cyborg* – está de pé sobre um rotor, uma plataforma cilíndrica que pode girar por uma proteção que lhe cobre o sexo. Em algumas partes do corpo, estão inseridos ganchos ortopédicos que, por meio de um mecanismo pneumático, podem realizar "movimentos impossíveis": as orelhas se mexem, os glúteos tremem, o nariz se levanta, os músculos peitorais se agitam, as faces se dilatam. Um espectator-operador, por meio do computador, aciona os movimentos do *homem*-cyborg, cuja imagem-programa é visível no vídeo. O programa do computador prevê doze gráficos interativos sobre o corpo, efeitos sonoros, um *timer* que marca a troca dos jogadores *(players)*. Num grande vídeo, atrás do artista visual, são projetadas infografias do computador, de modo que todos os espectadores possam ver[8].

A performance chama-se enigmaticamente *Epízoo*. Talvez haja uma alusão a alguma coisa relacionada com o ser-animal. Como o céu dos estorninhos, gira ao redor de um *display* volátil. O artista visual chama-se Marcel-lí Antunes Roca e foi membro fundador do grupo teatral mais experimental e mais duro da década de 1980: a *Fura del Baus*.

Na *performance* deles, o que emerge é o corpo do ator, um verdadeiro *bodyscape* etnodramatúrgico, um *ethnobody* e um *cyberbody*. Os atores *fureros* são movidos como se tivessem dentro deles um ser brutal que os golpeia, os persegue, os atormenta, quase para dissolver continuamente o limiar simbólico da *performance*. É como se procurassem dar forma a todos os pesadelos encenados pela interação entre comunicação visual, corpos panorâmicos, tecnologias em mutação.

Trata-se de um estado realmente alterado do corpo de um corpo lamarkiano, que evoluem somente nos membros mais utilizados.

Com o fim do chamado "terceiro teatro", a *Fura del Baus* desencadeou ações irresistíveis *pós-punk*, das quais, afinal, saía-se excitado e trêmulo. O espaço da ação se torna imundo: um espaço onde homens e carros correm uns atrás dos outros e se chocam, se destroem e se misturam. As máquinas são in-corporadas e os corpos são in-maquinados. Extraordinário exemplo de teatro antropológico: híbrido, assexuado, destoante. Um teatro sujo, cheio de crostas, hematomas, abcessos. Cheio de watts. Na busca etnográfica, não se encenam bons sentimentos, autenticidades incontaminadas, e tampouco origens. *Folders* para turistas em viagens-sem-fronteiras. É como se o próprio sentido da antropologia se dissolvesse. Esse é o risco que a etnodra-

---

[8] A performance estreou na Cidade do México em outubro de 1994 e, no começo de 1995, foi apresentada em Roma.

maturgia libera no ritual liminoide. No *corpo furero,* as memórias arcaicas se transformam em panoramas eletrônicos.

Toda essa antropologia lamarkiana é agora continuada e concentrada apenas no Marcel-lí. Seu corpo oferece-se às novas tecnologias informatizadas e o espectador é obrigado a tornar-se o controlador dos tempos e dos métodos de trabalho e também a modificar parcialmente as imagens animadas. "Num ato de prazer e tortura, o público manobra o artista sem manchar as mãos", diz o programa. Assim, o corpo nu volteia sem parar, enquanto os ganchos esticam até o limite suportável as faces cheias de pus, as narinas se abrem dolorosamente, as nádegas dão pulos, graças ao espectador transformado em cúmplice. E seu duplo informatizado, dilatado na tela, mostra-se lacerado, incrustado de metais. Nas minhas imagens finais o corpo *epizoológico* mostra um panorama demasiado semelhante ao dos estorninhos metropolitanos; e no mesmo tempo, ao *videodrome pós-humano.*

Cruzando os panoramas polimórficos de Prince, estorninhos e Marcel-lí, o primeiro apresenta um *soundscape* pulsional que elimina toda simbólica alusiva por meio de um *bodyscape* totalmente aberto por cada "perversão" e que, justamente graças a essa normalidade obscena (ou por causa dela), o que se considerava pecaminosamente perverso, agora, torna-se um código quotidiano narcisista para espectadores que podem ser narcisados. Em tempo...

O segundo produz um cenário aterrorizante e maravilhoso pelo qual o espectador-transeunte não pode deixar de sentir uma forte atração e uma repugnância enojada. Basta observar esses coagidos espectadores de cabeça para cima, com os olhos muito abertos, a boca escancarada, observando as circunvoluções que acompanham a chegada do ocaso; e quando – pouco depois – caminham pelas ruas infectadas pelos excrementos, com os olhos baixos, cerrados pela circunspecção, a boca fechada para evitar o cheiro nauseabundo, os passos cuidadosos. O espetáculo acabou: e o que fica são os *restos.* A alegoria agora torna-se dura, obscena, revoltante.

CAPÍTULO 8 – WEB-ETNOGRAFIA

Os rendados que os estorninhos desenham e dissolvem sem parar parecem transformar o céu numa tela de TV ligada num "canal morto" que não consegue mais exibir os programas tradicionais de entretenimento, mas que, pelo contrário, parece desenfreado e distorcido numa representação experimental. Uma legítima *performance* volátil revive a cada pôr do sol o drama do fim do dia como se fosse o fim do mundo. O céu-canal morto assume os contornos de uma gaiola de pássaros: algo que gira ao redor da animalidade de todos e a circunscreve.

No último, são as relações ecológicas modificadas, conectando o corpo à máquina digital, que obrigam o espectador a entrar – "espontaneamente" – num jogo de interfaces por um novo contexto panoramático: o corpo do ator como corpo artificial, como corpo visual, como coisa que incorporou o vídeo ou como tela que in-maquinou o corpo. Um *bodyscape* como *videoscape*. O *habitat* mudou e a alegoria expressa o estado alterado do corpo e da visão

A trama – o *plot* performático – produz um cenário que conecta, num jogo entre vítima e carrasco, o artista-ator-visual com o espectador-móvel-visual. O carrasco é o espectador que age como mediador no corpo do ator ou, mais sutilmente, é o ator que faz o espectador agir de forma cruel sobre si: o jogo dos espelhos – das interfaces, ou melhor, dos intercorpos – é um infinito S/M. O corpo do ator torna-se um São Sebastião informático que, em vez de ser traspassado pelas flechas, é recortado por ganchos cirúrgicos e por programas de computador. O espectador é obrigado, de modo lúdico, a agir sobre o computador e a modificar o estado do corpo do *performer,* do *display* que só ele manobra, e da grande tela diante de todos os espectadores. Talvez não perceba que foi envolvido num jogo extremamente doloroso no corpo do *performer.* A *performance* é cruel, porque o espectador é levado ludicamente a agir sobre as carnes do ator: de um ator passivo, um ator-manequim, um ator santo-robô. Um ator de *videogame* que penetra no *videodrome.* É disso que deriva o sentido final de ter participado de algo obsceno. Obsceno em seu sentido mais sagrado. Alguma coisa que põe no corpo e no vídeo – no vídeo-corpo – o fascínio do horror.

Entre estorninhos metropolitanos, corpos musicais e artistas visuais foi tecida uma serialidade de fios e *chips* que introduz a ambos num *videoscape*. E o que os movimenta é de fato nossa mente.

Zen Zenão está certo.

ÚLTIMAS DESCONEXÕES

Os homens são comunicação.
O vídeo é comunicação.
Os homens são vídeo[1].

Finalmente, acompanhando, desenvolvendo e, em parte, traindo Bateson, o conceito de ecologia foi desvinculado de sua coincidência com o ambiente numa acepção "naturalística", para ser estendido às influências crescentes que se originam daquilo que é o panorama por excelência da nossa cultura: o ambiente visual. Tal ecologia visual procurou seguir, compreender e, se possível, também de transformar aquela poluição simbólica que se gera a partir do desenvolvimento crescente e insustável da comunicação visual. Por isso, ela experimentou o seu *fazer-se* fetichista e assumiu os traços de uma *antropologia visual*. Animismo, totemismo, fetichismo são retomados da tradição etnográfica, descontextualizados, redefinidos e deslocados para dentro das modificadas condições panorâmicas. São como *vírus* injetados entre os *videoscapes* e os *videodrome*.

Com o objetivo de *comunicar a respeito da comunicação,* é preciso retomar a distância, o desenho, a margem, a trama que conecta "fontes" tão diferentes entre si. Panoramas urbanos e faciais, panoramas étnicos e eletrônicos foram transportados para a *constelação da cultu-*

---

[1] Como podemos notar, este é um silogismo errado, retomado modificado, em seus predicados, do silogismo de um esquizofrênico citado por Bateson (1972): "Os homens são mortais/ a grama é mortal/ os homens são grama". Em ambos os casos, estão contidas algumas verdades, em que pese seu erro lógico, ou talvez justamente por isso, pois está explicitada aquela "estrutura que conecta" a grama, o vídeo, o homem, em oposição àquelas rígidas categorias classificatórias que teorizam uma separação ontológica entre natureza, cultura e comunicação visual.

ra visual em fragmentos qualitativos, que agora talvez seja possível recompor de acordo com um sentido. Com efeito, a ordem lógica da comunicação contemporânea não é dada *a priori*, não apenas pela nebulosidade do objeto que transita nas dissolvências, mas também, e sobretudo, por uma reivindicada escolha metodológica que tende a adequar-se de forma não-determinada às flutuações existentes na coisa visual. Por isso, foi recusada a prioridade do método, ou seja, canalizar o objeto da pesquisa, ou a elaboração de uma hipótese unitária de trabalho, a ser verificada ou legitimada sucessivamente; no entanto, procurou-se uma forma mais descentralizada e individualizada, mais sensível à variabilidade dos muitos e variegados veículos da comunicação. Por isso, recusamos uma abordagem sintética, tão frequentemente predeterminada, e pesquisamos visões sincréticas, fetichistas, polifônicas. Somente a perspectiva final – como para as peças de um mosaico – ampliando a percepção e atravessando transversalmente os vários gêneros, pode conferir um sentido e desenhar um mapa da cultura visual.

A interpretação de cada seção procurou desenvolver um diálogo com os diversos fragmentos da comunicação, como se fossem sujeitos interrogados e interagentes – cada um com sua própria sensibilidade e sua própria biografia – e não meros objetos para ver e classificar.

A constelação da comunicação visual é o resultado de uma seleção essencialmente qualitativa, que busca dar orientação e representação à complexidade da mudança cultural hoje. Para mim, já está claro que, um segundo depois, esse mapa já está mudando; e essa extrema temporaneidade, em vez de incômodo ou incerteza, me traz uma pessoal e estranha euforia. Essa mudança parece delinear uma "ordem mediante flutuações". Tal conceito parece adequar-se àquela fase, que se desenvolveu a partir da década de 1970 e que, depois, se acelerou com o digital: uma espécie de acúmulo originário de imagens em analogia com aquela dinâmica corsária já percorrida pela indústria. Esse período "anárquico" da comunicação visual conduz a um novo tipo de ordem, na qual se regulam e se dissolvem em continuação novos equilíbrios, caracterizados por um alto grau de *entropia visual*[2]. A comunicação visual – que transita e conecta a mente individual com os circuitos da informação – sofre vários graus de misturas, desordens, indiferenciações, imprevisibilidades e casualidades como qualquer outro agregado. Essa entropia visual emana tramas que "alimentam" em seu interior, uma *estrutura dissipativa* (Prigogine, 1979) que as torna obsoletas, ineficazes, superadas em relação a impulsos imanentes na direção de acelerações de sinais dissolventes. O que perturba na comunicação visual é sua desordem, que exige a mudança de qualquer código dado; o hábito e o reconhecimento devem dar lugar ao estupor, para fluidificar uma trama da atenção culturalmente dissipativa.

Vimos que a relação entre centro e periferia da comunicação visual consiste no enxerto de uma tensão dificilmente resolvível que oscila entre mutação e estagnação. Nessa contradição, os sujeitos fracos, quanto mais longe estiverem dos círculos que irradiam – como de uma pedra jogada no riacho – tanto mais os modelos comportamentais vencedores da comunicação visual podem esticar-se e lacerar-se (no esforço de não integrar-se) ou então se afrouxam e decaem, cedendo à homologação. Difunde-se assim um duplo vínculo de tipo antropológico, cada vez mais transcultural, multiétnico e polissêmico: isso que Bateson chama de estrutura, modelo ou trama que conecta os mundos humanos, animais, vegetais e também inorgânicos, que está sendo realizada de acordo com um esquema imprevisto. É uma espécie de antiecologia da mente, na qual sempre mais numerosos espaços da humanidade se encontram envolvidos por laços contraditórios, segundo os quais aceita-se a mudança cultural, dissipa-se a identidade própria e, ao ficar-se fixado nesta, afunda-se na anomia folclórica. O grande desafio da comunicação atual é o de aceitar o in-

---

[2] Na arte e na comunicação, em geral, existe um tipo de mecanismo interno que obriga a desordenar os níveis estéticos e perceptivos historicamente consolidados. Cfr. o metalogo de Bateson *Perché le cose finiscono in disordine* (Porque as coisas acabam em desordem), com o qual, não por acaso, inicia sua "Ecologia da mente" (1976, p. 35-40).

suprimível processo de transformação, descentralizando o mais que se pode cada solução, na busca de um equilíbrio instável – sempre delicado e experimental – no qual a troca entre centros diferentes, sem deixar nenhum deles na periferia, conduza a sincretismos digitais criativos e recíprocos (CANEVACCI,1995).

Quebrar esse duplo vínculo é fundamental, e nas próprias experiências de Bateson citam-se casos de libertação de potencialidades criativas. A produção e o consumo visual podem conduzir ao longo de tramas sincréticas de culturas não-conciliadas, nem com os vínculos da integração, nem com os do isolamento museificado.

Voltamos, consequentemente, ao silogismo esquizofrênico citado no início, pois justamente em seu erro oculta-se uma grande verdade. O erro, por vezes, possui a capacidade de explorar aquelas regiões irracionais da existência que não são controladas pela pura racionalidade. Ou que com ela não coincidem. No erro, pode haver uma aporia para a lógica (ou uma certa lógica), porém nem sempre também para a existência. Por isso, nas dobras daquele erro – que vê uma contiguidade ecológica entre grama e humanidade – o fato de também ser grama, por parte da humanidade, estabelece uma verdade diferente: a de que existe ali uma contiguidade imanente entre cada forma de vida e inclusive entre o orgânico e o inorgânico.

Eu procurei transportar aquele erro de uma trama ecológico--naturalista para uma ecologia-comunicacional.

É interessante notar que, aceitando-se jogar com esse erro, é possível elaborar uma trama em forma de *patchwork* – ou seja, conferir sentidos e sensores, visões e visores – para conectar as pesquisas exploradas ao longo do ensaio: as mudanças expressas no *videodrome* de Cronenberg, no videocorpo de um artista *epizoo*, nos corpos balineses em *transe,* nas formações dos estorninhos, no enroscar perfumado dos corpos, no corpo da Tigra; ou nas poesias mítico-fílmicas de Pasolini ("não existe nada de natural na natureza"), na proliferação do *visus* e de *videoscapes* panorâmicos. Talvez a mesma luz ou o mesmo ruído fascinante e sinistro emitidos pelas caixas de *A Bela da Tarde,*

Pulp Fiction, Mulholland Drive. No silogismo errado – os homens são vídeo (ou videodrome) – é possível encontrar uma parte de verdade daquilo que se afirmava no início: que a fantasmagoria visual pode ser decifrada e liberada somente arriscando-se fetichisticamente a *fazer-se ver.*

BIBLIOGRAFIA

ADORNO, T. W. *Stelle su misura*. Turim: Einaudi, 1983.
_____, T. W. et al. *La personalità autoritaria*. Milano: Comunità, 1973.
_____, T. W; HORKHEIMER, M. *Dialettica dell'Illuminismo*. Torino: Einaudi, 1966a.
_____, (org.). *Lezioni di sociologia*. Torino: Einaudi, 1966b.

APPADURAI, A. (ed.). *The social life of things: commodities in cultural perspective*. Cambridge: Cambridge University Press, 1986.
_____. *Disjunture and difference in the global cultural economy*. In: FEATHERSTONE, M. 1990.

BAKHTIN, M. *L'opera di Rabelais e la cultura popolare*. Torino: Einaudi, 1979.
_____. *L'autore e l'eroe*. Torino: Einaudi, 1988.

BALÀZS, B. *Il film*. Torino: Einaudi, 1975.

BALIKCI, A. (ed.). "Commission of visual anthropology", *CVA Review*, Quebec, 1989.

BATESON, G. *Verso un' ecologia della mente*. Milano: Adelphi, 1976.
_____. *Mente e natura*. Milano: Adelphi, 1984.
_____. *Naven: un rituale di travestimento in Nuova Guinea*. Torino: Einaudi, 1988. (Ed. original *Naven: a survey of the problems suggested by a compositive picture of the culture of a New Guinea tribe drawn from three points of views*, 1936).

_____; MEAD, M. *Balinese character: a photographic analysis.* (Special publications of the New York Academy of Sciences). New York: Wilbur G. Valentine Editor, 1942.

BATESON, M. C. *Con occhi di figlia.* Milano: Feltrinelli, 1985.

BAUDELAIRE, C. *I fiori dei male.* Milano: Feltrinelli, 1964.

BAZIN, A. *Che cos'è il cinema?* Milano: Garzanti, 1973.

BENJAMIN, W. *Angelus novus.* Torino: Einaudi, 1962.
_____. *L'opera d'arte nell'epoca della sua riproducibilità tecnica.* Torino: Einaudi, 1966.
_____. *Il dramma barocco tedesco.* Torino: Einaudi, 1971.
_____. *Lettere 1913-1940.* Torino: Einaudi, 1978.
_____. *Parigi, capitale dei XIX secolo.* Torino: Einaudi, 1986.

BERMAN, M. *All that is solid melts into air: the experience of modernity.* New York: Simon and Schuster, 1982.

BETSKY, A; ADIGARD E. *Architecture must burn.* San Francisco: Ginkgo Press, 2000.

BHABHA, H.K. *I luoghi della cultura,* Roma: Meltemi, 2001

BLISSET, L. "Strategia del multiple name", Roma:, *DeriveApprodi,* n. 7, 1995.

BOCK, P. K. *Antropologia culturale moderna.* Torino: Einaudi, 1978.

BOON, J. A. *Other tribes, other scribes.* Cambridge: Cambridge University Press, 1982.

BIBLIOGRAFIA

BOURGUIGNON, E. *Antropologia psicologica*. Bari: Laterza, 1983.

BUÑUEL, L. *Sette film*. Torino: Einaudi, 1974.
_____. *Decoupage*, 1929

BUREAU, G. *Les masques*. Paris: Seuil, 1948.

BURROUGHS, W. *Ragazzi selvaggi*. Milano: Sugarco, 1969.
_____. *Il pasto nudo*, Milano, Sugarco

CAILLOIS, R. *I giochi e gli uomini. La maschera e la vertigine*. Milano: Bompiani, 1981.

CANEVACCI, M. *Dialettica della famiglia*. Roma: Savelli, 1976 (Trad: *Dialética da família*. 5.ed. São Paulo: Brasiliense, 1988.)
_____. *Antropologia dei cinema*. Milano: Feltrinelli, 1982 (Trad: *Antropologia do cinema*. 2ª ed. São Paulo: Brasiliense, 1990)
_____. Image accumulation and cultural syncretism. *Theory, Culture & Society*. Londres: Sage, v. 9, n. 3, 1992.
_____. *La cittá polifonica*. Roma: Seam-TCC, 1993 (Trad: *A cidade polifônica: ensaio sobre a antropologia da comunicação urbana*. 2. ed. São Paulo: Nobel, 2004).
_____. 1999 *Culture eXtreme: mutazioni giovanili tra i corpi della metropoli*. Roma, Meltemi (Trad: *Culturas eXtremas*. Rio de Janeiro: DpA, 2005)
_____. *Sincretismi*. Gênova: Costa & Nolan, 2004
_____. *Una stupita fatticità: feticismi visuali tra corpi e metropoli*. Milano, Costa&Nolan, 2007

CHIOZZI, P. *Manuale di antropologia visuale*. Milano: Unicopli, 1993.

CLIFFORD, J. *The predicament of culture*. Cambridge, Mass.: Harvard University Press, 1988.
_____; MARCUS, G. *Writing culture*. Berkeley: University of California Press, 1986.

257

COOPER, M; ROWAN, J. *The plural self.* London: Sage, 1998.

COURTINE, J. J; HAROCHE, C. *Storia del viso.* Palermo: Sellerio, 1992.

CRANE, G. "Composing culture: the authority of an electronic text", *Current Anthropology*, v. 32, 1991.

CRAPANZANO, V. *Tuhami.* Chicago: University of Chicago Press, 1980.
_____. *Hermes' dilemma*: the masking of subversion in ethnographic description. In: CLIFFORD-MARCUS (eds.). 1986

CURI, U. (Org.). *La comunicazione umana.* Milano: Angeli, 1985.

DELL HYMES, H. "Anthropology and poetry", *Dialectical Anthropology*, v. 11, n. 2-4, 1986.

DE MARTINO, E. *Sud e magia.* Milano: Feltrinelli, 1959.
_____. *Il mondo magico.* Torino: Boringhieri, 1973.

DENZIN, N. K. *Images of postmodem society*: *social theory and contemporary cinema.* Londres: Sage, 1991.

DÉTIENNE, M. *Dioníso e la pantera profumata.* Bari: Laterza, 1983.

DEVEREUX, G. *Saggi di etnopsichiatria generale.* Roma: Armando, 1978.

DIAMOND, S. "Anthropology and Poetry", *Dialectical Anthropology*, 2-4, 1986.

DICKS, B; MASON, B. "The digital ethnographer", *Research Methodology Online.* Disponível em: http://www.cybersociology.com/files/6_1_virtualethnographer.html . Acesso em: 1º nov. 2008.